こうぶん エデュ

プレ漢字ワーク

1年

読み書きが苦手な子どもに

漢字を楽しむ1冊を！

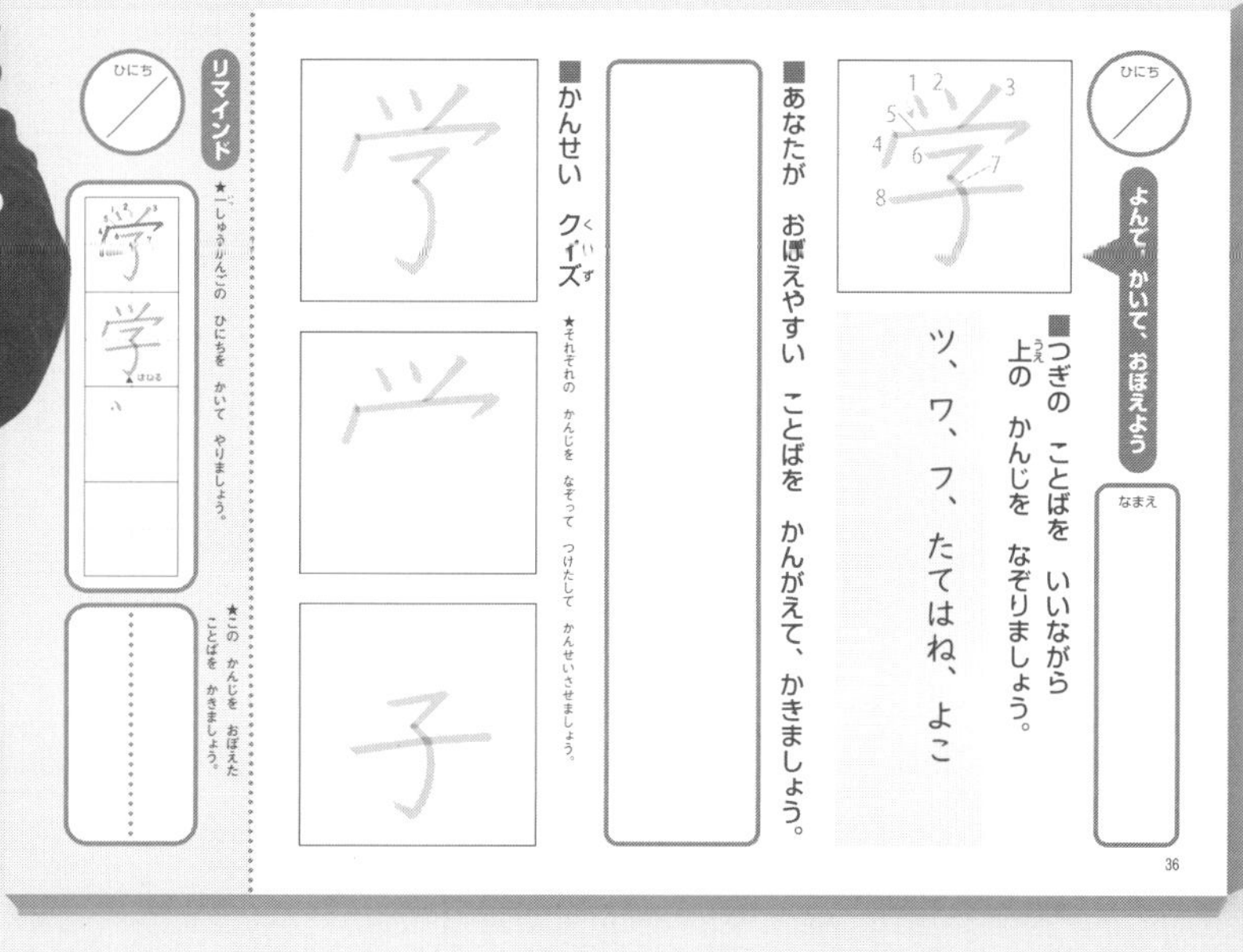

ひにち
よんで、かいて、おぼえよう
なまえ
■つぎの　ことばを　いいながら
上《うえ》の　かんじを　なぞりましょう。
ツ、ワ、フ、たてはね、よこ
■あなたが　おぼえやすい　ことばを　かんがえて、かきましょう。
■かんせい　クイズ《くいず》
★それぞれの　かんじを　なぞって　つけたして　かんせいさせましょう。
リマインド
★一しゅうかんごの　ひにちを　かいて　やりましょう。
★この　かんじを　おぼえた　ことばを　かきましょう。
36

3大ポイント

- 何度でも使える **コピーフリー！**
- 負担のない **1漢字で2枚～！**
- 楽しみながら取り組める **クイズ形式！**

【監修】
小池 敏英　特別支援教育
尚絅学院大学教授
東京学芸大学名誉教授

学ぶことが好きになる。
光文書院

はじめに

漢字の書き取りは、子どもにとって大切な学習課題です。はじめて読む文でも、漢字単語を読むだけで、何について書いているのか、すぐに知ることができます。それだけ大切な学習なので、努力して繰り返し練習することを、子どもに求めてきました。

しかし、繰り返し練習だけでは、うまく習得できない場合があります。うまく習得できない場合には、はじめは積極的に練習しても、すぐにドリルを放り出してしまいます。

そのような子どもの中には、「読み間違いが多く、教科書の音読が苦手」という子どもがいます。また、「読むことは苦手でないが、書くことが苦手」という子どもや「漢字の小テストが半分もできない」という子どもがいます。「ノートの文字がぐちゃぐちゃで、後で読むことができない」という子どももいます。

苦手の原因や背景には、「学習障害（ＬＤ）」だけではなく、読み書きの発達の偏りがあります。また、注意の困難、社会性の困難も関係します。背景はさまざまですが、支援する上で共通して大切なことは、子どもが取り組むことのできる教材を通して、読み書きに対する苦手意識の軽減を図ることです。

この「プレ漢字ワーク」では、子どもがチャレンジできて、読み書きの基礎スキルを伸ばすことができるような課題を作りました。「部品を意識し、視覚的に慣れる課題」や、「書字の手がかりとなる言葉を覚えたりする課題」を含むワークを通して、読み書きの基礎スキルを伸ばします。これらのワークは、「漢字をすぐに書き始めて反復練習する」段階の前段階にある漢字ワーク（プレ漢字ワーク）として位置づけました。また、漢字書字の手がかりをリマインドできるように、ワークの構成を工夫しました。学習努力に応じた定着を経験する中で、子どもの注意力と学習に向かう力を促します。

【プレ漢字ワークの目的と期待される効果】

漢字学習が苦手な子どもでは、注意力の維持に配慮した課題の中で、読み書きの基礎スキルの形成を促すことが効果的です。また、学習努力に応じて、学習漢字が定着できるように配慮することが大切です。

「プレ漢字ワーク」は、読み書きの基礎スキルを促す中で、読み書きの力を伸ばすことを目的としました。また、リマインドの手続きを通して、学習漢字の定着をはかることを目的としました。

期待される効果は、次の３つです。

①読み書きの基礎スキルを促し、漢字学習を改善します。

文字をまとまりとして読むスキルを促す課題により、漢字を読む力の基礎を育てます。

また、漢字の部品を意識して組み立てるスキルを促すことにより、複雑な漢字を意識して書く力を育てます。

②リマインドの手続きにより、漢字の定着をはかります。

漢字書字の手がかりを無理なくリマインドできるように、ワークの構成を工夫しました。これにより、学習努力に応じた定着を経験する中で、子どもの注意力と学習に向かう力を促します。

③「くりかえし」による漢字ドリルの学習に、無理なくつなげます。

漢字の読み書きの基礎スキルを身につけ、漢字の部品を組み立てる力が育つことを通して、「くりかえし」による漢字ドリルでも、効果的に学習できるようになります。

【監修：小池敏英】

低学年（一・二年生）の読み書き

ここでは、小学校低学年で読み書きの苦手を示す子どものうちで、代表的な事例や、その支援について考えます。また、そのなかで、本ワークブックが効果的な事例について述べます。

【1】一年生のAさんは、国語の教科が苦手で、二学期の時点で、ひらがな単語の読みが難しいために、教科書の音読にとても苦労しています。

◆◆支援の考え方◆◆

ひらがな文字の読み習得が難しい子どもに対しては、「いぬ」の「い」のように、文字と関連をもつキーワードを用いた指導が効果的であると報告されています。

例えば、キーワードを表すイラストと「い」を提示し、「いぬ」の「い」を提示し、しだいに、「い」のみで"いぬ"の「い"と言わせ、「い」のみ言うように指導します。（図1）

【イラスト文字カードの例】

図1

【2】二年生のBさんは、教科書の音読に強い苦手を示します。音読では、一文字ずつ読む様子が見られます。音読の練習に対して拒否的です。

◆◆支援の考え方◆◆

読ませたい文章中にある単語をターゲット単語とします。

ターゲット単語を短時間提示し読む練習をします（図2）。

また、ターゲット単語の一文字にシールをはり、単語をまとめて読む練習をします（図3）。

ターゲット単語と無意味単語を含むリストを作成し、決められた時間で、できるだけ多くのターゲット単語を見つける練習をします（図4）。

このような練習を行うとターゲット単語を含む文章の音読が、明瞭に改善します。教科書に合わせてターゲット単語を用意したい場合には、スマイル・プラネットからダウンロードできるプリント教材が利用できます。

NPO法人スマイル・プラネットWebサイト
スマイルプラネット　検索

スマイル式　読み書き・計算の苦手克服教材　▶活用実績紹介

小学校で一般的に使われている読み書き・計算教材では、学習が困難な児童を支援する目的で開発した教材です。無理やりドリルで反復練習させるのでなく、その児童に合った手立てとして、認知特性に配慮するなどした多様なプリントを用意しました。

小池敏英
東京学芸大学教授

読み書きスキル簡易アセスメント
・20〜30分程度の課題に取り組み、具体的な教育支援につなげるためのアセスメントをご用意しました。
・読み書きの達成の程度と、読み書きを支える基礎スキルについて評価します。

「読書力」サポートアプリ
・読書の苦手な小学生向けの「読み改善アプリ」国語の教科書に載っている教材が読めるようになるためのコンテンツをご用意しました。

教科書準拠版　プレ漢字プリント
・光版と読み進め方、習達度・得意・不得意に応じて、6種類のプリントから選んでお使いいただけます。授業の前に取り組んでおくと、授業にスムーズに入ることができます。

標準版　プレ漢字プリント（1〜3年）
・「1漢字1プリント」で構成しており、どの教科書をお使いでも手軽にご利用いただけます。

九九プリント
・九九は、数の関連を配慮したり、計算の意味を理解したりすることが大切です。九九の苦手の背景に対応した支援を反映したプリントをご用意しました。

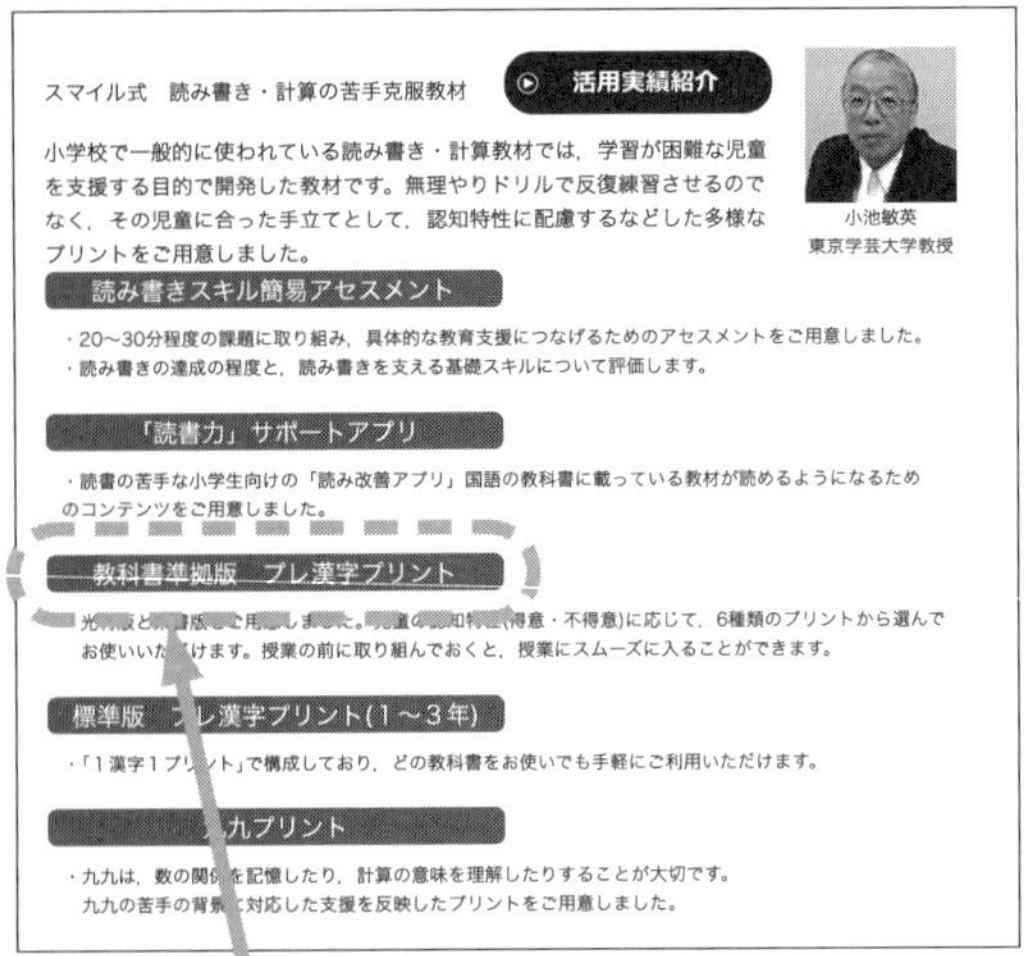

【教科書準拠別プレ漢字プリント】
プリント教材がダウンロードできます。

図4

さけ　うみ　さかな
おおきな　かわ

きさけくうみ
せいさかな
ろおおきな
かわらすこよ

図3

おおきな
おお●な

図2

おおきな
おおきな

【3】二年生のCさんは、教科書の音読に苦手を示しますが、漢字の書字の習得にも強い苦手を示します。また、同じ二年生のDさんは、教科書の音読に苦手を示すことはないのですが、反復書字の練習では、書字を習得することが困難です。このような子どもでは、筆順に従って書くことが苦手で、子どもによっては、絵のように書字する子どももいます。

◆◆支援の考え方◆◆

本ワークブックは、このような漢字の書字の苦手を示す子どもが、効果的に書字習得できるように作成しました。その背景について述べます。

漢字の書字習得を促す方法として、部品を絵で表し、その絵を手がかりとする方法と、部品を表す言葉を利用する方法があります。図5は、絵を手がかりとする方法の例で、手がかりとして用いられた「雪」を表す絵です。

部品を表す言葉を利用する方法では、子どもの認知スキルによって、部品を表す言葉が違うことが分かってきました。

言語記憶が苦手な子どもでは、視覚的表現を言葉の手がかりとして利用します。例えば「雪」であれば、「上から雨のように降ってきて、下に雪だるまがある」というような表現をします。また、言語記憶が比較的良好な子どもでは、「雨の下に、カタカナのヨ」のような表現をします。

私たちの取り組みから、学習してから一週間と二週間目に、その言葉の手がかりについて、思い出させるということ（リマインド）をしました。その結果、リマインドから四週間でもよく保持できていることが分かりました（図6）。

本ワークブックでは、運筆での覚え言葉や部品を意識した覚え言葉など、子どもにとって覚えやすい言葉を決めて、その言葉を手がかりに書字練習するとともに、リマインドを行うことで保持を促すという方法を用いて、漢字の書字の促進を図っています。

図5

図6

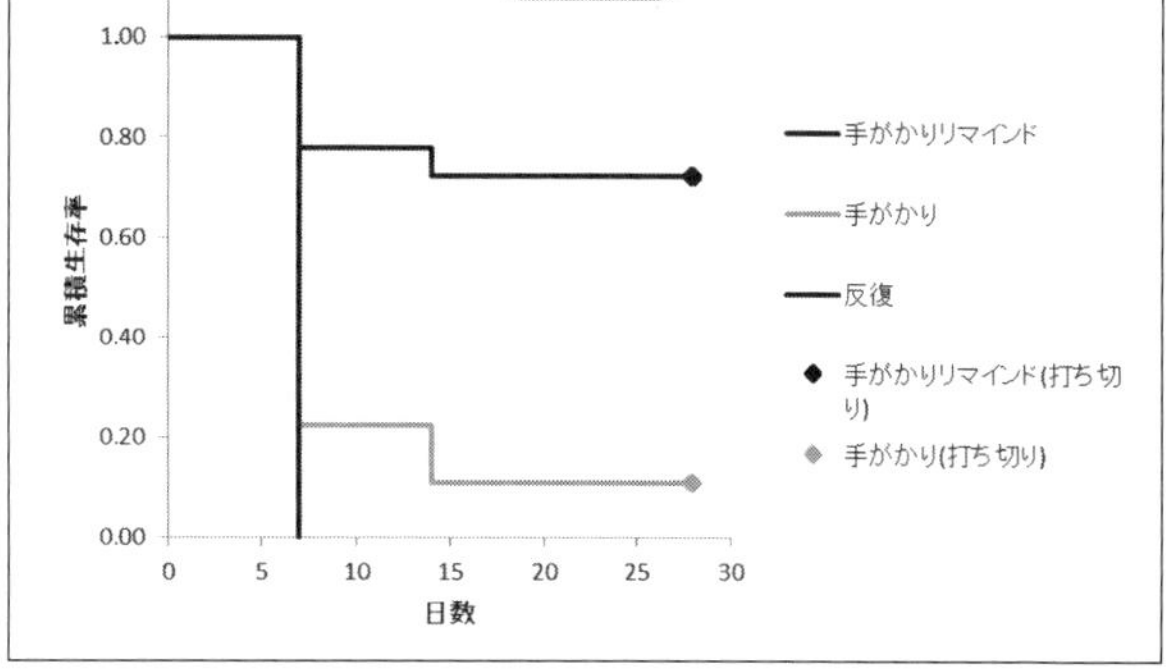

二年「光」の例

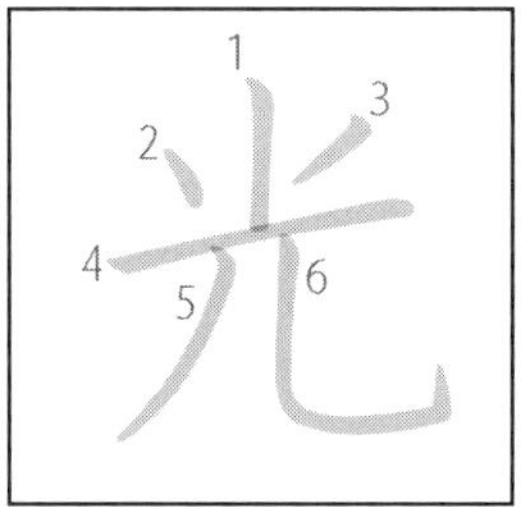

★つぎの ことばを いいながら 上の かん字を なぞりましょう。

たてのりょうわきにソ、
よこ、ノ、
たてよこはね

おススメの覚え言葉を提示しています。まず，この言葉で，「光」をなぞって，漢字の形に馴染みます。

★あなたが かん字を おぼえやすい ことばを 考《かんが》えて 書《か》きましょう。（上と おなじでも よい。）

たて、ウルトラマンの目《め》に、
よこ一《いち》、ノ、シュワッチ

子どもたちなりに，この漢字を覚えやすい言葉を考えて書きます。漢字のイメージを言葉に置き換えることで，保持・定着が進みます。

リマインドの際も，この覚え方で，漢字を思い出せるようになります。

目次

七（見る・読む）……77
七（読む・書く）……78
車（見る・読む）……79
車（読む・書く）……80
手（見る・読む）……81
手（読む・書く）……82
十（見る・読む）……83
十（読む・書く）……84
出（見る・読む）……85
出（読む・書く）……86
女（見る・読む）……87
女（読む・書く）……88
小（見る・読む）……89
小（読む・書く）……90
上（見る・読む）……91
上（読む・書く）……92
森（見る・読む）……93
森（読む・書く）……94
人（見る・読む）……95
人（読む・書く）……96
水（見る・読む）……97
水（読む・書く）……98
正（見る・読む）……99
正（読む・書く）……100
生（見る・読む）……101
生（読む・書く）……102
青（見る・読む）……103
青（読む・書く）……104
夕（見る・読む）……105
夕（読む・書く）……106
石（見る・読む）……107
石（読む・書く）……108
赤（見る・読む）……109

赤（読む・書く）……110
千（見る・読む）……111
千（読む・書く）……112
川（見る・読む）……113
川（読む・書く）……114
先（見る・読む）……115
先（読む・書く）……116
早（見る・読む）……117
早（読む・書く）……118
草（見る・読む）……119
草（読む・書く）……120
足（見る・読む）……121
足（読む・書く）……122
村（見る・読む）……123
村（読む・書く）……124
大（見る・読む）……125
大（読む・書く）……126
男（見る・読む）……127
男（読む・書く）……128
竹（見る・読む）……129
竹（読む・書く）……130
中（見る・読む）……131
中（読む・書く）……132
虫（見る・読む）……133
虫（読む・書く）……134
町（見る・読む）……135
町（読む・書く）……136
天（見る・読む）……137
天（読む・書く）……138
田（見る・読む）……139
田（読む・書く）……140
土（見る・読む）……141
土（読む・書く）……142

【三漢字一まい】

【六漢字一まい】

使い方❶ みて、よんで、おぼえよう

視覚的イメージを高めることを大切に

【本プリントの意図】

漢字の読みの定着は、漢字の書きの学習のためにも大切です。読みの習得を促進する上で、読みの視覚的イメージを高める方法はとても効果的です。視覚的イメージを高めるために、このプリントでは、絵を利用しています（❶）。また一部欠けた読みを完成させる課題（❸）や、文字の形を探す課題（❹）を取り入れました。子どもが経験したことについて子どもと話す中で、話しの中で漢字の読みを教えることは、読みの定着につながります。

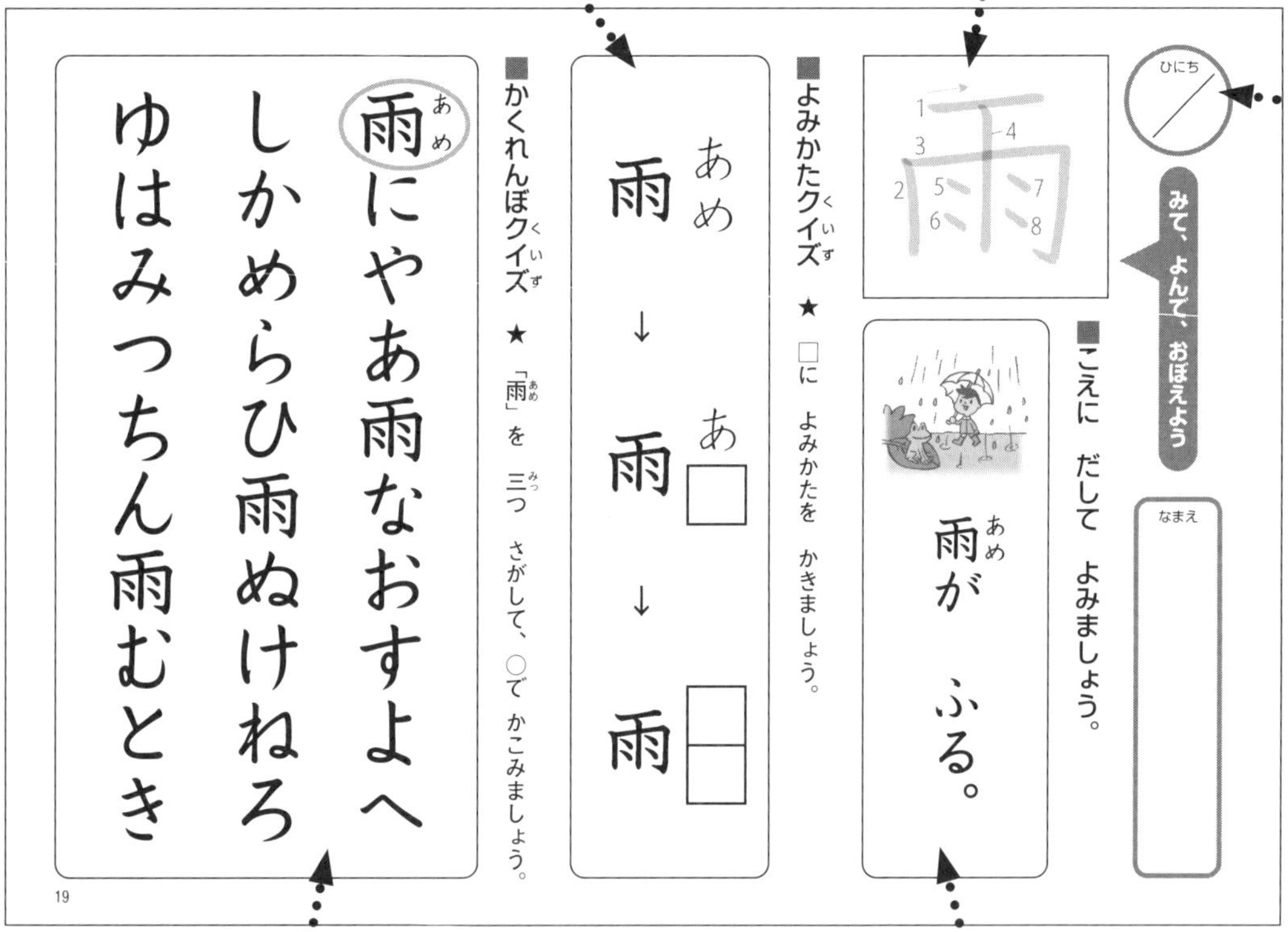
ひにち

みて、よんで、おぼえよう

なまえ

■こえに だして よみましょう。

雨《あめ》が ふる。

■よみかたクイズ《くいず》 ★ □に よみかたを かきましょう。

雨

あめ 雨 ↓ 雨 あ□ ↓ 雨 □□

■かくれんぼクイズ《くいず》 ★ 「雨《あめ》」を 三《みっ》つ さがして、○で かこみましょう。

雨《あめ》にやあ雨なおすよへ
しかめらひ雨ぬけねろ
ゆはみっちん雨むとき

19

取り組んだ日の、日づけを書きましょう。

❶
- 絵を見ながら，２～３回，声に出して読みましょう。
- 絵にかかれている様子のイメージをふくらませましょう。

❷
- 数字は書き順です。書き順の通りに，ゆっくり，ていねいになぞりましょう。書くときに，「とめ」や「はらい」に気をつけましょう。

❸
- 漢字の読み方です。
- いちばん上で読み方を確かめましょう。
- □に読みを書きましょう。

❹
- ○で囲んであるのは<例>です。
- かくれている文字を探して囲みましょう。○をつけた漢字の読みにふりがなを横に書きましょう。

使い方❷

よんで、かいて、おぼえよう

漢字の部品の「言葉のてがかり」を大切に

【本プリントの意図】

漢字は複数の部品からできています。部品について、言葉の手がかりを教えることで書きの習得を促します。このプリントでは、言葉の手がかりの例を示し、言葉の手がかりを言いながら書くことを促しています（❶）。子どもはユニークな手がかりを考えることできます。どのような手がかりがよいか話し合い、独自の手がかりを決めると効果的です（❷）。漢字の画要素をおぎないながら書字する課題（❸）は、取り組みやすく、まちがえた字で練習することを防ぎます。このプリントでは、さらに、1週間後に、思い出す手続き（リマインド）を取り入れました（❹）。リマインドにより、漢字の定着が促進されます。

取り組んだ日の、日づけを書きましょう。

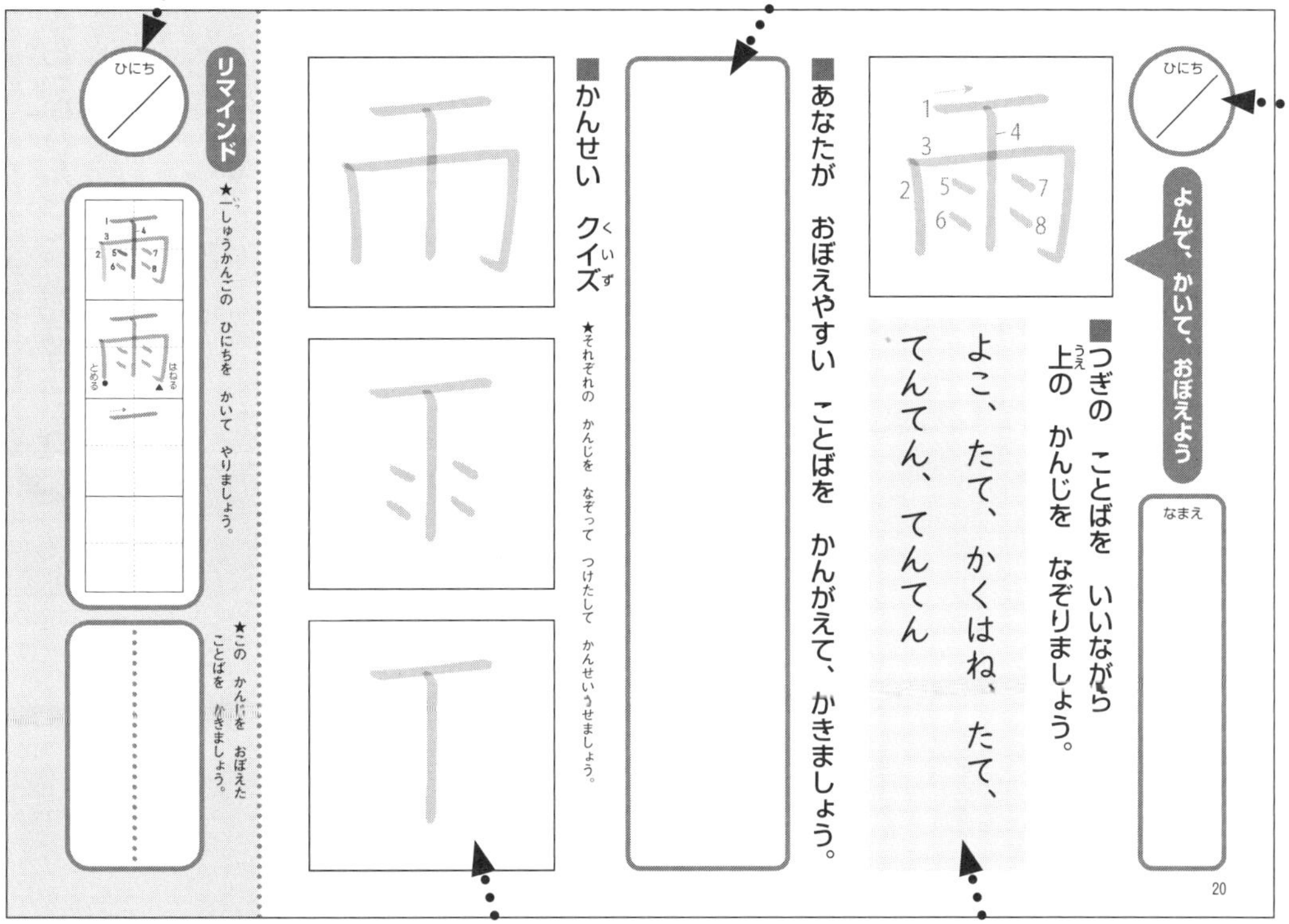

よんで、かいて、おぼえよう
なまえ
ひにち
■つぎの ことばを いいながら 上《うえ》の かんじを なぞりましょう。
よこ、たて、かくはね、たて、てんてん、てんてん
■あなたが おぼえやすい ことばを かんがえて、かきましょう。
■かんせい クイズ《くいず》
★それぞれの かんじを なぞって つけたして かんせいさせましょう。
リマインド
ひにち
★1しゅうかんごの ひにちを かいて やりましょう。
とめる
はねる
★この かんじを おぼえた ことばを かきましょう。
20

❶
・上の漢字を見ながら，この言葉を2～3回声に出して読みましょう。
・読んだ後，言葉を言いながら，上の漢字をなぞりましょう。

❷
・ここには，この漢字を覚えやすい言葉を自分なりに考えて，書きましょう。
・右下と同じでもよいです。

❸
・うすいところもなぞりながら，漢字を完成させましょう。
・完成させるときに，右上の書き順も確かめながら書きましょう。

❹
・右上の日にちから，一週間後の日にちを書きましょう。
・一週間後に忘れずに，もう一度，この漢字を書きましょう。

使い方③ ぶぶん(ぶひん)で、おぼえよう

部品のたし算は能動的な学習に役立つ

【本プリントの意図】

漢字が部品からできていることを、部品のたし算で確認することで、書きの定着が促進されます。手がかり（漢字の部品）が示されている中で、必要な部品を選んで組み立てるという活動は、子どもにとって取り組みやすく、学習に対する能動的な気持ちを維持するのに効果的です。漢字の書き順に従って、部品の足し算を行うように、教示します。

この方法は複数の漢字の書きのリマインドに効果的です。今まで学習してきた漢字についても、この形式のプリントを作成して用いると、能動的な学習を促すことができます。

・3つの漢字について，部品が並べられています。漢字の形がわかると，部品を早く探すことができます。部品を早く探してみましょう。

学習漢字

取り組んだ日の、日づけを書きましょう。

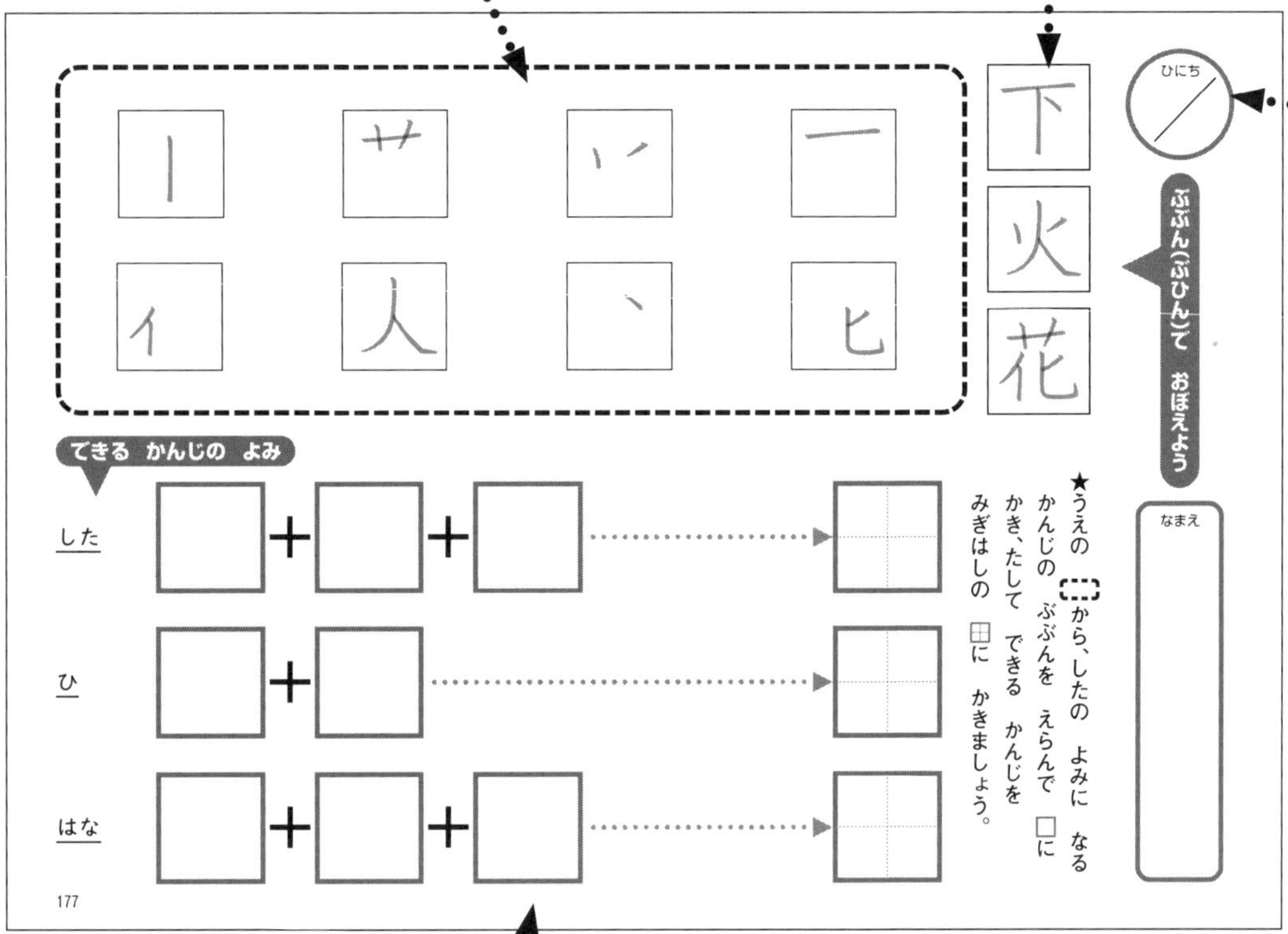

・上の囲みから，学習漢字の部品を選んで，□に1つずつ書き入れましょう。
・書き順に従って，部品を書きましょう。
・□の部品をたしてできる漢字を，右の⊞に書きましょう。

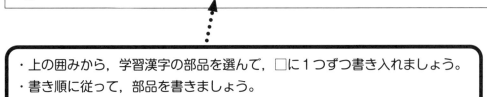

使い方④ ぐるぐる かんじ・ぶんづくり

経験を手がかりにした文作りを大切に

【本プリントの意図】

漢字の意味を考えながら書くことで、書きの定着が促進されます。このプリントでは、漢字の意味を考える手がかりとして、「生活の中で、どんなことに使うか」「どんな絵でこの漢字を覚えたか、思い出す」という手続きを、お勧めしています。子どもが文を思いつくことがむずかしい場合には、大人が見本を示して、望ましい文を作って見せてあげてください。「話し合いながら、子どもと一緒に考えること」そのものが、楽しいエピソードになり、漢字の書きの定着を促します。

このプリントでは、ぐるぐる漢字で部品の位置情報を示すことで、子どもが「ていねいに書くこと」を、容易にしています。

・上に６つある，「ぐるぐる漢字」の　ゆがんだ形を正しくして，下のマスに書きましょう。
・ぐるぐる漢字をてがかりに、正しい漢字の形を思い出しましょう。部品の位置に注意をして，正しい漢字を書きましょう。

取り組んだ日の、日づけを書きましょう。

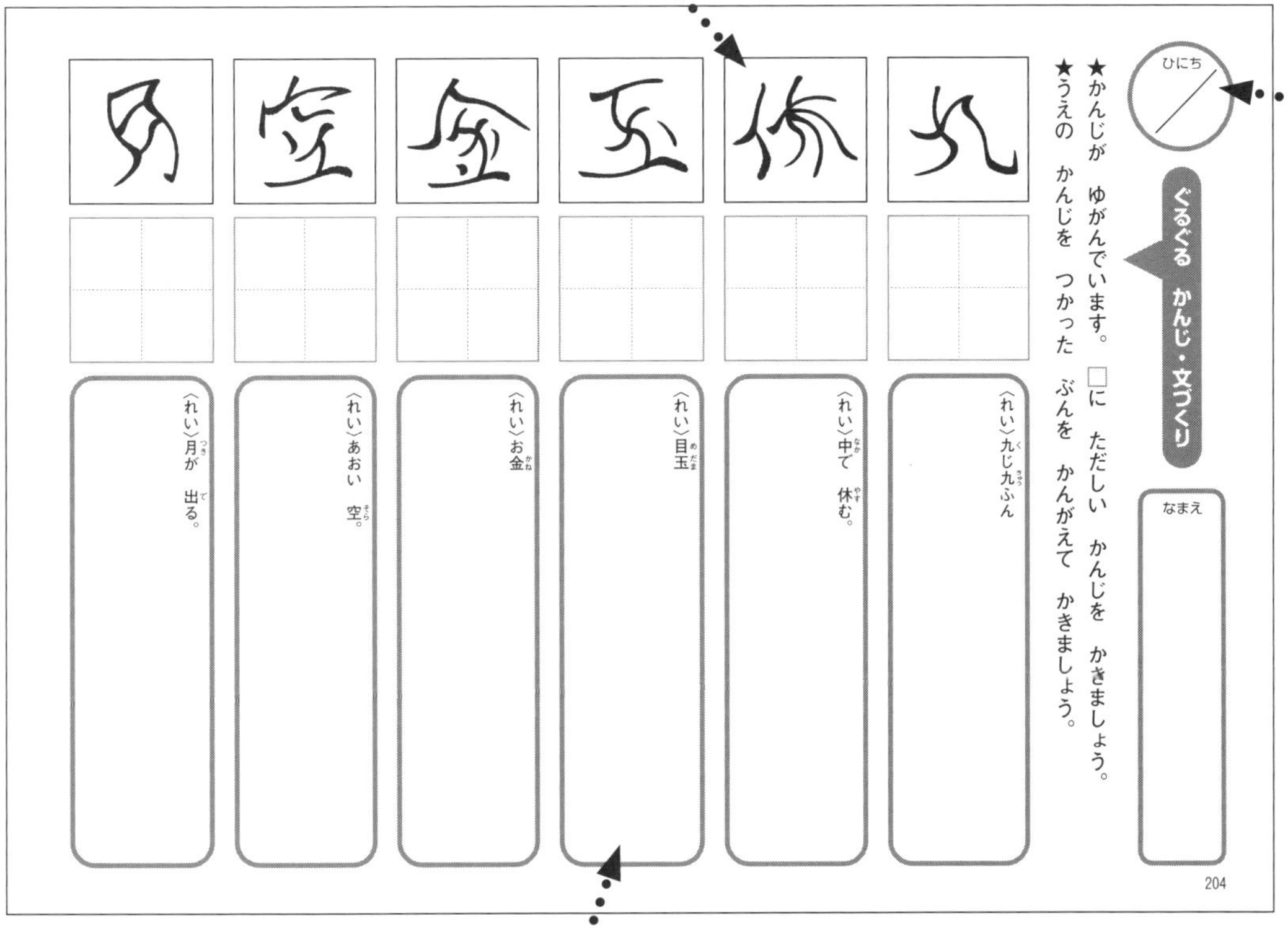
ひにち
なまえ
ぐるぐる　かんじ・文づくり
★かんじが　ゆがんでいます。□に　ただしい　かんじを　かきましょう。
★うえの　かんじを　つかった　ぶんを　かんがえて　かきましょう。
〈れい〉九じ九ふん
〈れい〉中で　休む。
〈れい〉目玉
〈れい〉お金
〈れい〉あおい　空。
〈れい〉月が　出る。
204

・それぞれの漢字の下には，その漢字を使った文を，考えて書きましょう。
・生活の中で，どんなことに使うか，どんな絵でこの漢字を覚えたか，思い出すのもよいでしょう。
・よい文が思いつかなかったら，<れい>をもう一度，書きましょう。

ひにち　／

みて、よんで、おぼえよう

なまえ

1

■こえに　だして　よみましょう。

一《いち》ばんに
なる。

■よみかたクイズ《くいず》

★□に　よみかたを　かきましょう。

一《いち》ばん
↓
一《い》□ばん
↓
一□□ばん

■かくれんぼクイズ《くいず》

★「一《いち》」を　三《みっ》つ　さがして、○で　かこみましょう。

一《いち》めちせて一かつひね
うりおる一ふみともは
ぬしろ一やくよゆんこ

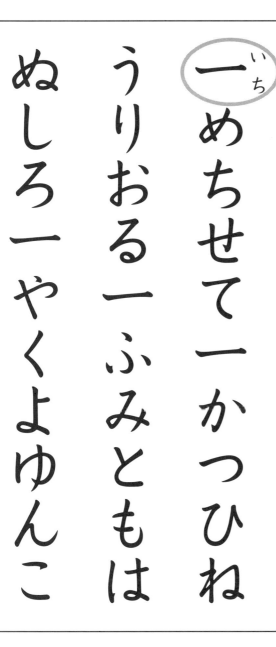

ひにち

なまえ

よんで、かいて、おぼえよう

■つぎの ことばを いいながら 上《うえ》の かんじを なぞりましょう。

よこ

1

■あなたが おぼえやすい ことばを かんがえて、かきましょう。

■かんせい クイズ《くいず》

★それぞれの かんじを なぞって かんせいさせましょう。

ひにち

リマインド

★一《いっ》しゅうかんごの ひにちを かいて やりましょう。

とめる

★この かんじを おぼえた ことばを かきましょう。

ひにち ／

みて、よんで、おぼえよう

なまえ

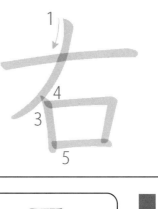

右

1 2 3 4 5

■こえに だして よみましょう。

右《みぎ》に いく。

■よみかたクイズ《くいず》

★ □に よみかたを かきましょう。

右 みぎ
↓
右 み□
↓
右 □□

■かくれんぼクイズ《くいず》

★ 「右《みぎ》」を 三《みっ》つ さがして、○で かこみましょう。

右《みぎ》ねけもむいや右さあ
ちこよ右かはまくきみ
右てとにぬせれるなゆ

ひにち　／

よんで、かいて、おぼえよう

なまえ

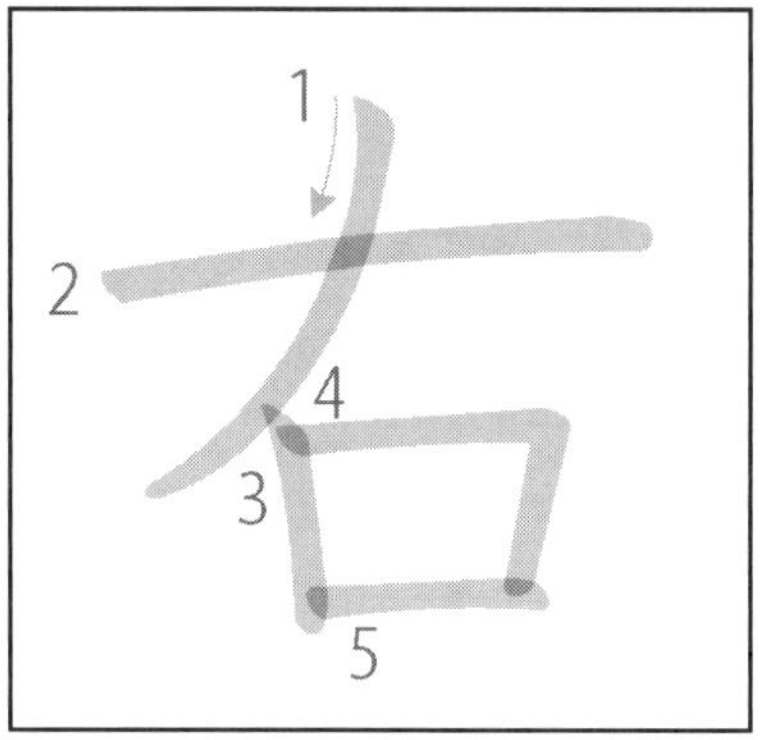

■つぎの　ことばを　いいながら
上《うえ》の　かんじを　なぞりましょう。

ノ、よこ、たて、かく、よこ

■あなたが　おぼえやすい　ことばを　かんがえて、かきましょう。

■かんせい　クイズ《くいず》

★それぞれの　かんじを　なぞって　つけたして　かんせいさせましょう。

リマインド

★一《いっ》しゅうかんごの　ひにちを　かいて　やりましょう。

ひにち　／

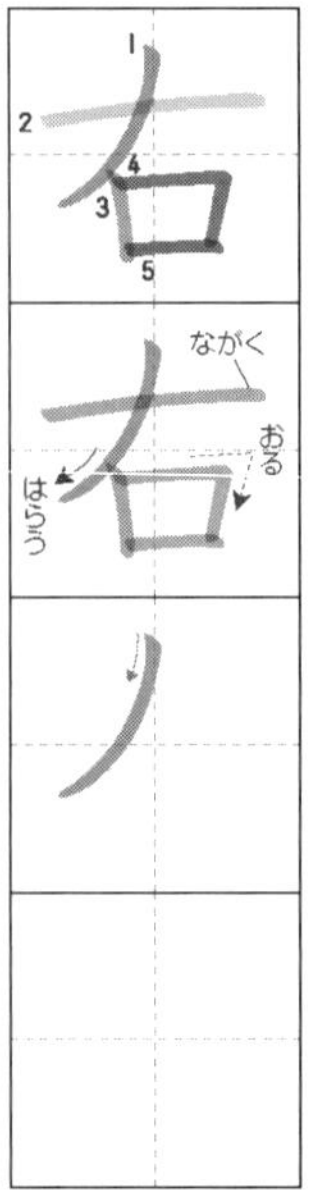

★この　かんじを　おぼえた　ことばを　かきましょう。

ひにち

/

みて、よんで、おぼえよう

なまえ

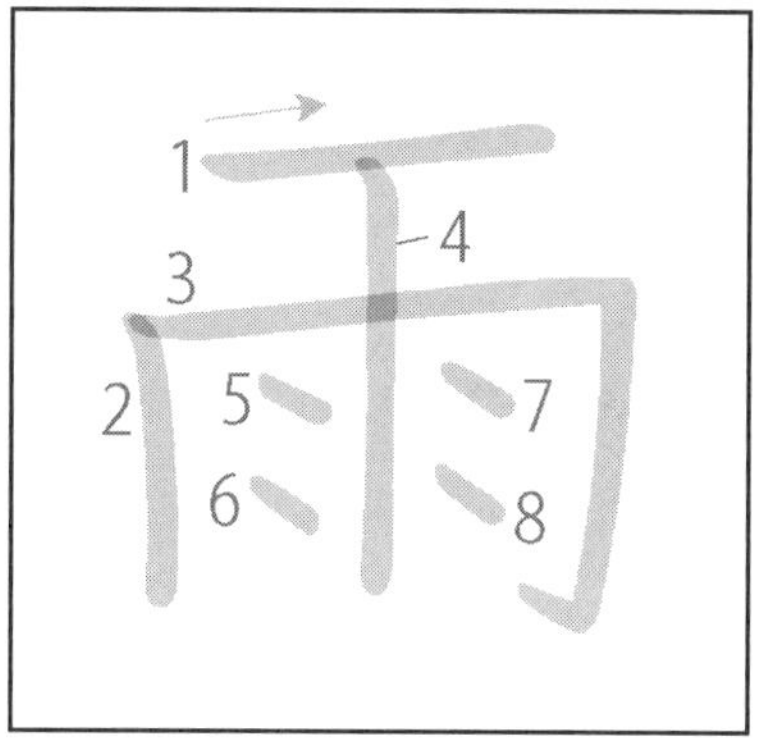

■こえに だして よみましょう。

雨《あめ》が ふる。

■よみかたクイズ《くいず》

★□に よみかたを かきましょう。

雨《あめ》

↓

雨 あ□

↓

雨 □□

■かくれんぼクイズ《くいず》

★「雨《あめ》」を 三《みっ》つ さがして、○で かこみましょう。

雨《あめ》にやあ雨なおすよへ
しかめらひ雨ぬけねろ
ゆはみつちん雨むとき

ひにち
／

よんで、かいて、おぼえよう

なまえ

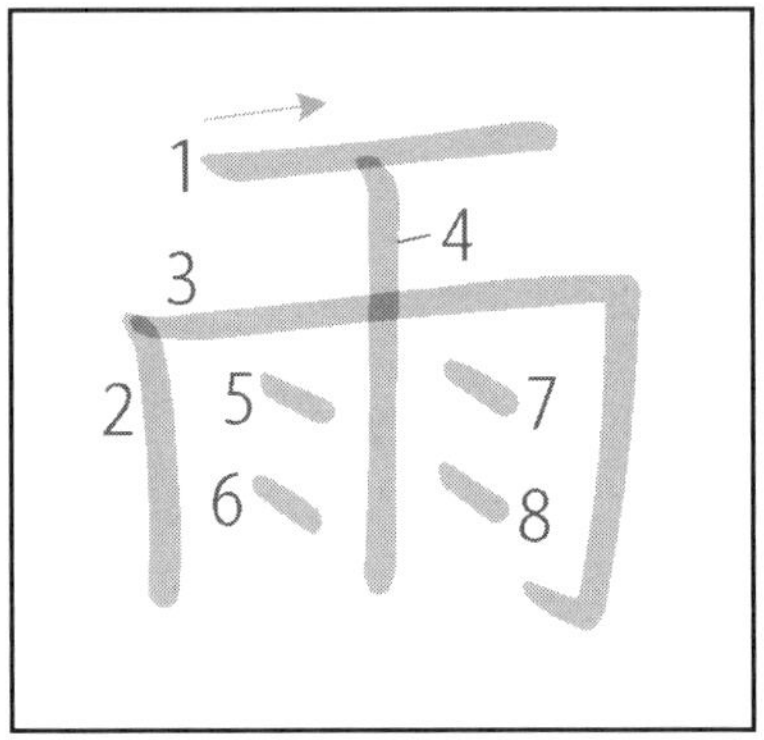

■つぎの ことばを いいながら
上《うえ》の かんじを なぞりましょう。

よこ、たて、かくはね、たて、
てんてん、てんてん

■あなたが おぼえやすい ことばを かんがえて、かきましょう。

■かんせい クイズ《くいず》

★それぞれの かんじを なぞって つけたして かんせいさせましょう。

リマインド

★一《いっ》しゅうかんごの ひにちを かいて やりましょう。

ひにち
／

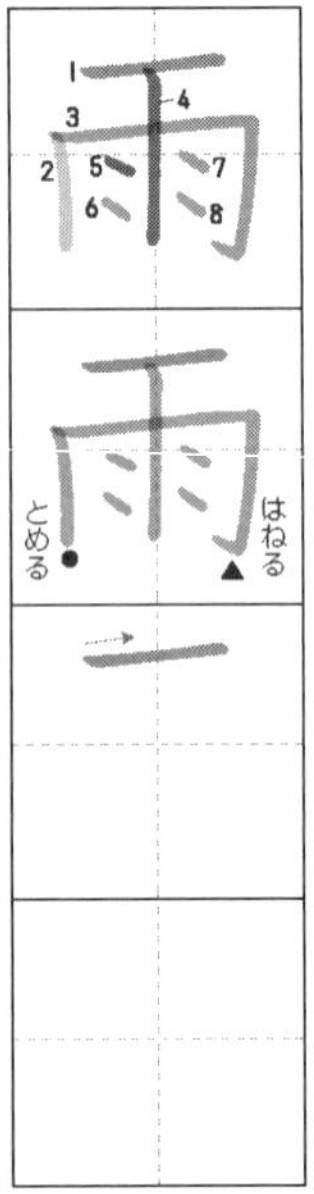

★この かんじを おぼえた
ことばを かきましょう。

ひにち

なまえ

みて、よんで、おぼえよう

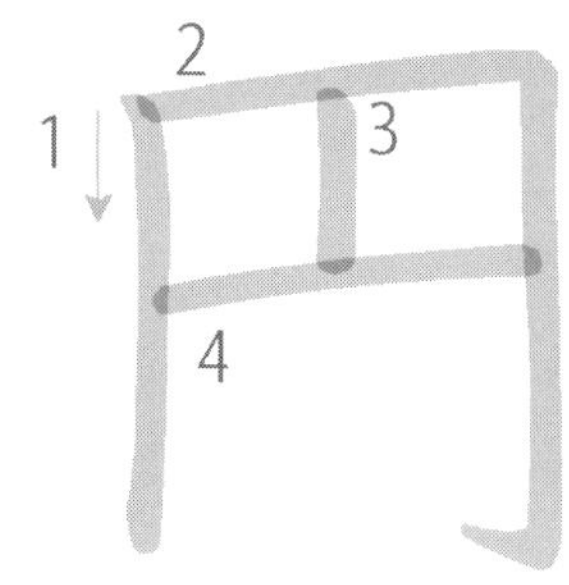

■こえに だして よみましょう。

円《えん》に、ならぶ。

■よみかたクイズ《くいず》

★□に よみかたを かきましょう。

円《えん》
↓
円 え□
↓
円 □□

■かくれんぼクイズ《くいず》

★「円《えん》」を 三《みっ》つ さがして、○で かこみましょう。

円《えん》こす円ぬかまら円あ
とのちそうへふん円も
くひしろりてれるゆに

ひにち　／

よんで、かいて、おぼえよう

なまえ

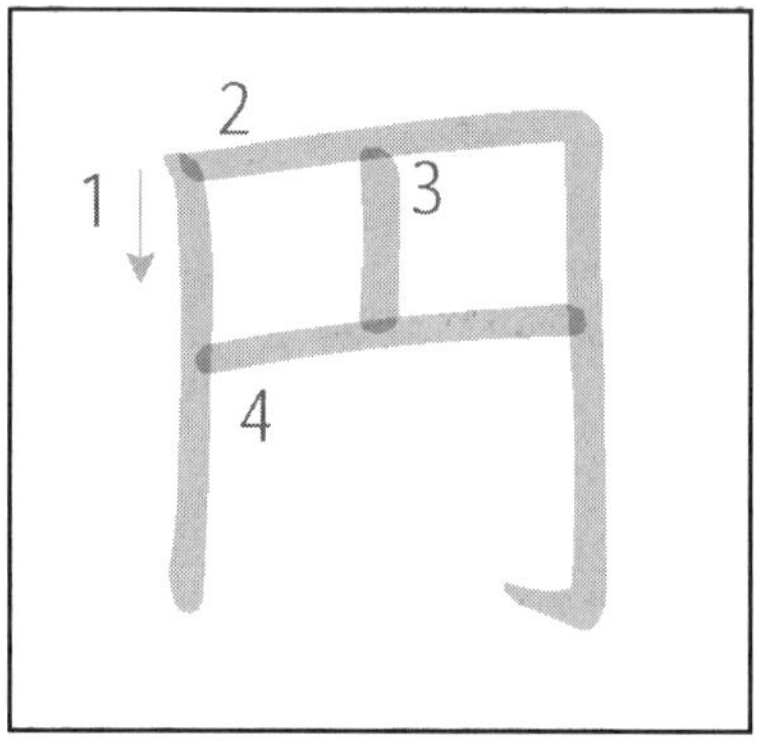

■つぎの　ことばを　いいながら　上《うえ》の　かんじを　なぞりましょう。

たて、かくはね、たて、よこ

■あなたが　おぼえやすい　ことばを　かんがえて、かきましょう。

■かんせい　クイズ《くいず》

★それぞれの　かんじを　なぞって　つけたして　かんせいさせましょう。

リマインド

★一《いっ》しゅうかんごの　ひにちを　かいて　やりましょう。

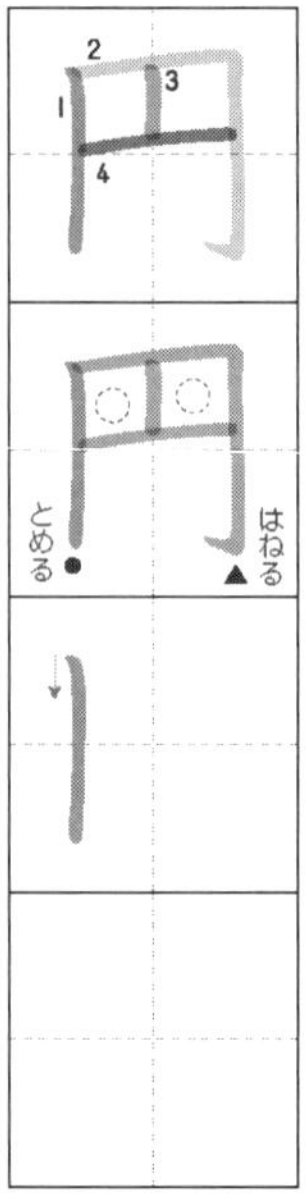

★この　かんじを　おぼえた　ことばを　かきましょう。

ひにち　／

ひにち　／

みて、よんで、おぼえよう

なまえ

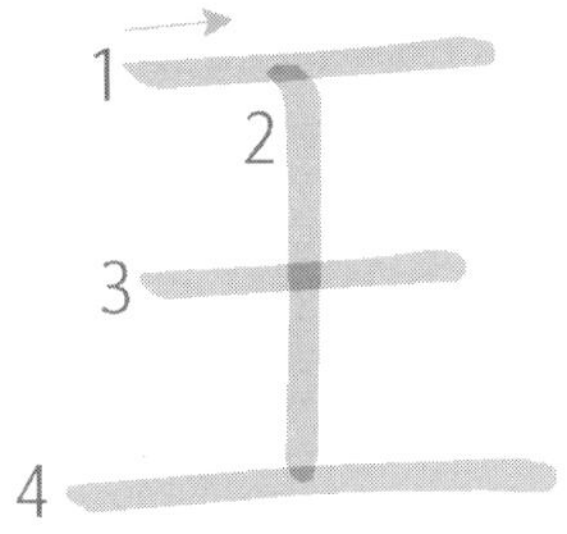

■こえに　だして　よみましょう。

王《おう》に　なる。

■よみかたクイズ《くいず》

★□に　よみかたを　かきましょう。

王《おう》
↓
王《お》□
↓
王□□

■かくれんぼクイズ《くいず》

★「王《おう》」を　三《みっ》つ　さがして、○で　かこみましょう。

王《おう》もにれはか王るおん
ひあ王けたぬのくしき
さへふまこす王めてた

ひにち

よんで、かいて、おぼえよう

なまえ

■つぎの ことばを いいながら 上《うえ》の かんじを なぞりましょう。

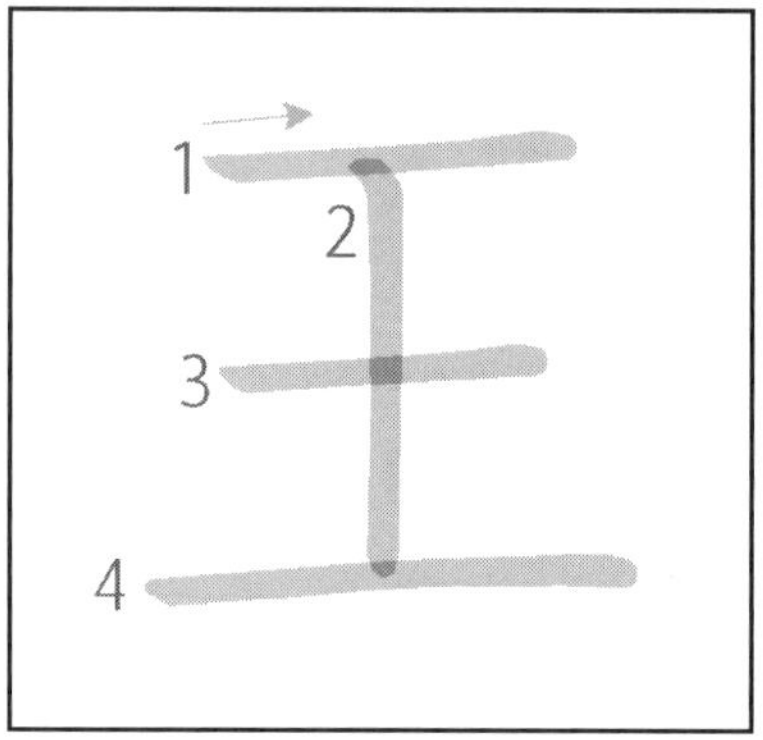

よこ、たて、よこ、よこ

■あなたが おぼえやすい ことばを かんがえて、かきましょう。

■かんせい クイズ《くいず》

★それぞれの かんじを なぞって つけたして かんせいさせましょう。

リマインド

ひにち

★一《いっ》しゅうかんごの ひにちを かいて やりましょう。

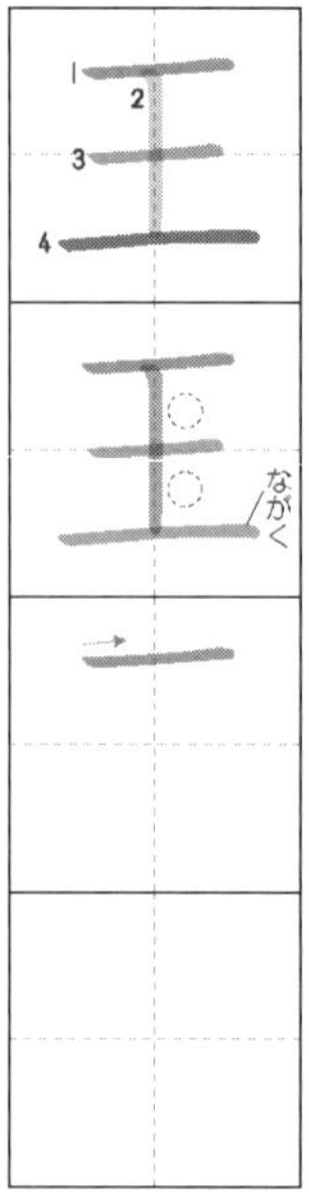

★この かんじを おぼえた ことばを かきましょう。

ひにち ／

なまえ

みて、よんで、おぼえよう

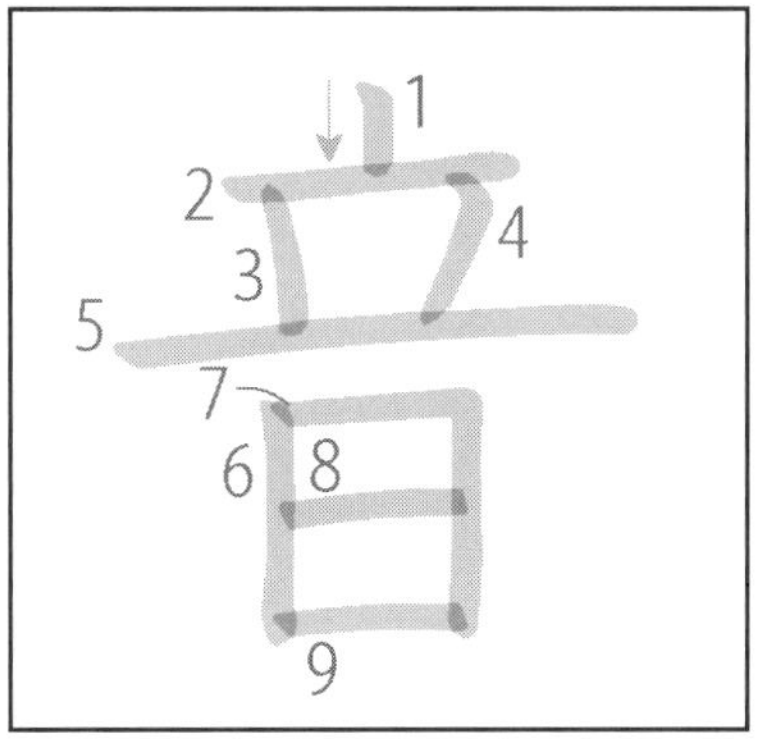

■こえに　だして　よみましょう。

音《おと》を　だす。

■よみかたクイズ《くいず》

★□に　よみかたを　かきましょう。

音《おと》
↓
音 お□
↓
音 □□

■かくれんぼクイズ《くいず》

★「音《おと》」を　三《みっ》つ　さがして、○で　かこみましょう。

音《おと》	み	ふ
ふ	あ	す
は	へ	さ
え	に	と
の	た	音
ほ	ろ	き
音	ぬ	ち
け	な	り
か	く	め
音	む	て

ひにち

よんで、かいて、おぼえよう

なまえ

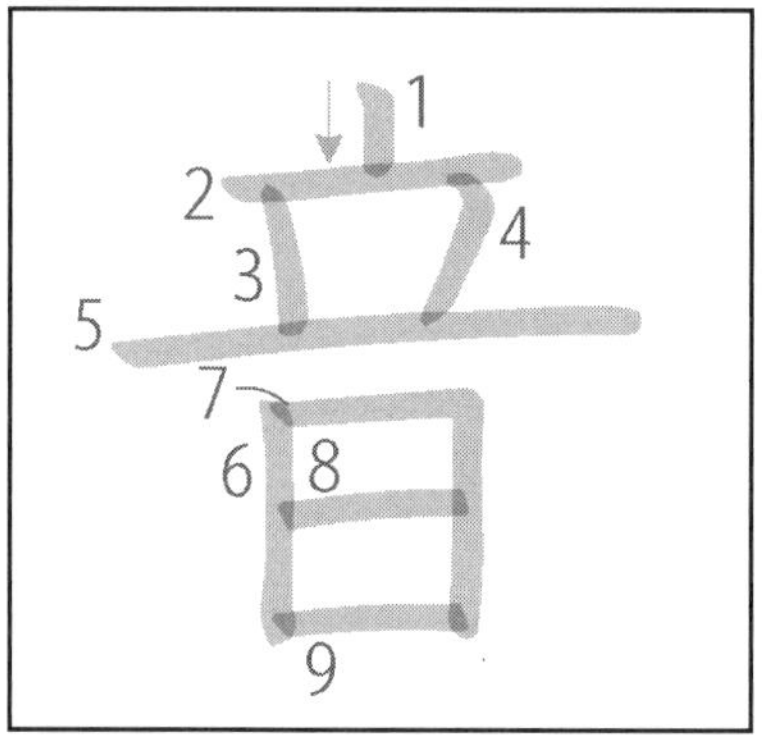

■つぎの ことばを いいながら 上《うえ》の かんじを なぞりましょう。

たて、よこ、ソ、よこ、たて、たて、
かく、よこ、よこ、よこ

■あなたが おぼえやすい ことばを かんがえて、かきましょう。

■かんせい クイズ《くいず》

★それぞれの かんじを なぞって つけたして かんせいさせましょう。

立

日

亠

リマインド

ひにち

★一《いっ》しゅうかんごの ひにちを かいて やりましょう。

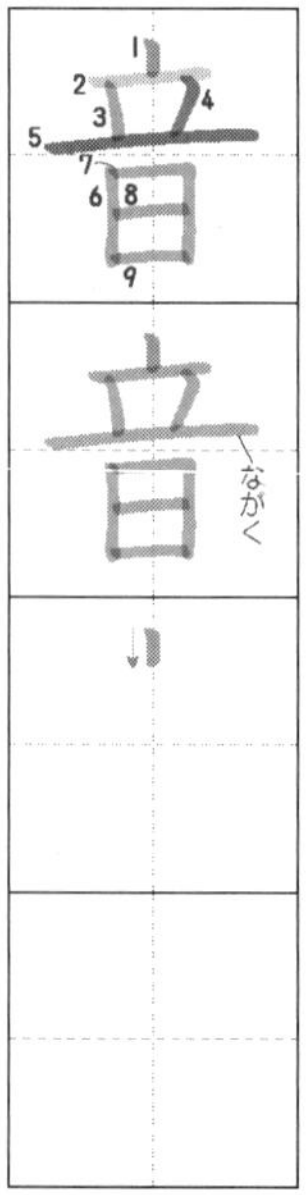

★この かんじを おぼえた ことばを かきましょう。

ひにち　／

みて、よんで、おぼえよう

なまえ

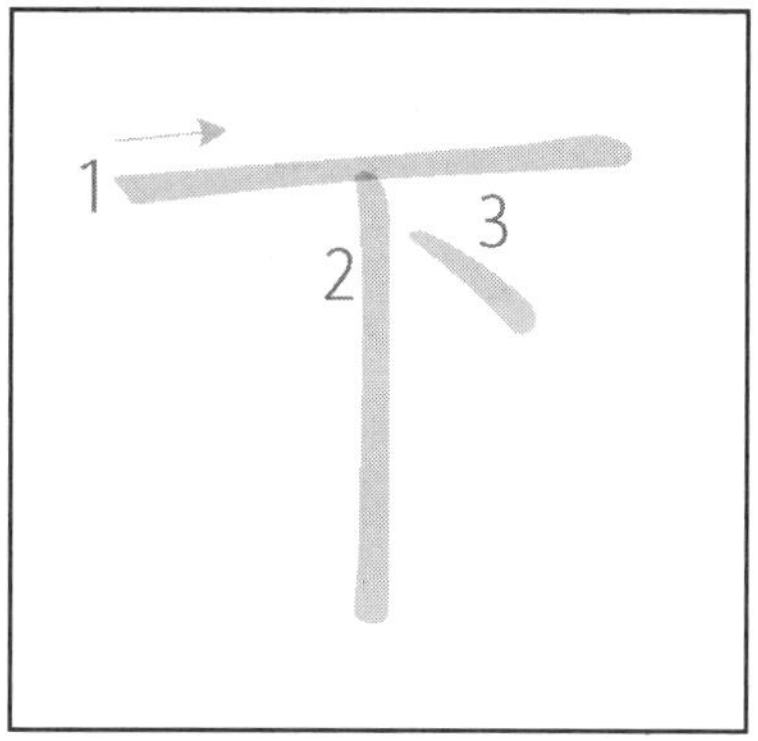

■こえに　だして　よみましょう。

やまの　下《した》に
いく。

■よみかたクイズ《くいず》

★□に　よみかたを　かきましょう。

下《した》
↓
下　し□
↓
下　□□

■かくれんぼクイズ《くいず》

★「下《した》」を　三《みっ》つ　さがして、◯で　かこみましょう。

下《した》なあふらえたゆぬい
せもさは下ちみへるく
下よね下にけそやのす

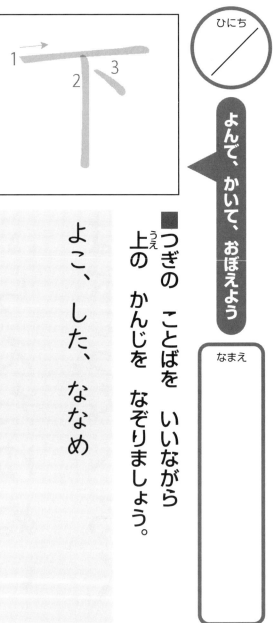

ひにち　／

なまえ

よんで、かいて、おぼえよう

■つぎの　ことばを　いいながら
上《うえ》の　かんじを　なぞりましょう。

よこ、した、ななめ

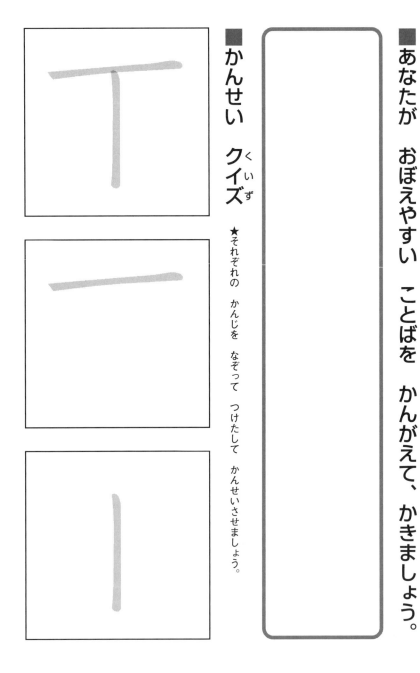

■あなたが　おぼえやすい　ことばを　かんがえて、かきましょう。

■かんせい　クイズ《くいず》

★それぞれの　かんじを　なぞって　つけたして　かんせいさせましょう。

ひにち　／

リマインド

★一《いっ》しゅうかんごの　ひにちを　かいて　やりましょう。

★この　かんじを　おぼえた
ことばを　かきましょう。

ひにち　／

なまえ

みて、よんで、おぼえよう

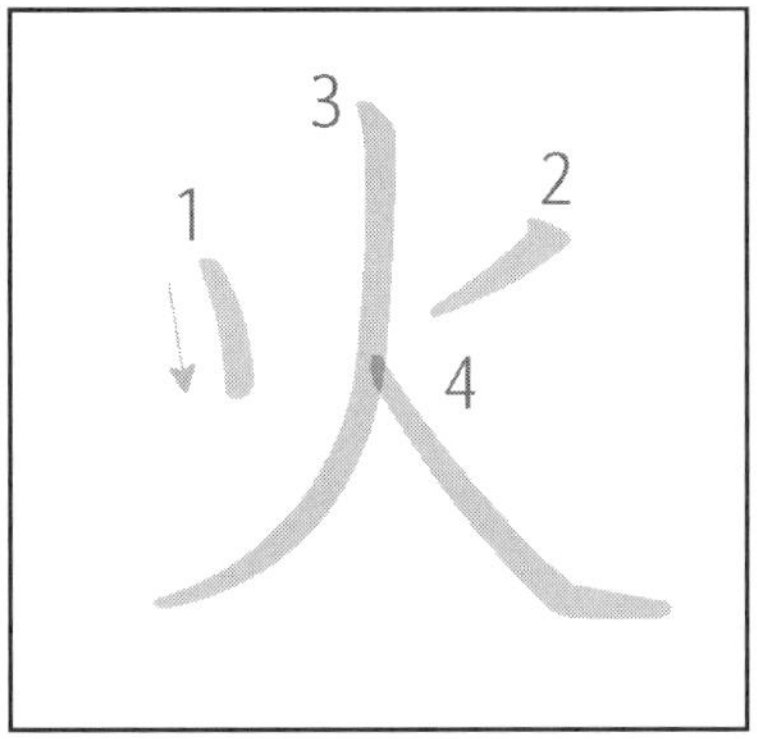

■こえに　だして　よみましょう。

火《ひ》に　あたる。

■よみかたクイズ《くいず》

★□に　よみかたを　かきましょう。

火《ひ》が　でる

↓

火《□》が　でる

↓

火《□》が　でる

■かくれんぼクイズ《くいず》

★「火《ひ》」を　三《みっ》つ　さがして、○で　かこみましょう。

火《ひ》ろ火ときあよかみふ

いりぬてひゆ火しすむ

めのらはこ火けせねく

ひにち

よんで、かいて、おぼえよう

なまえ

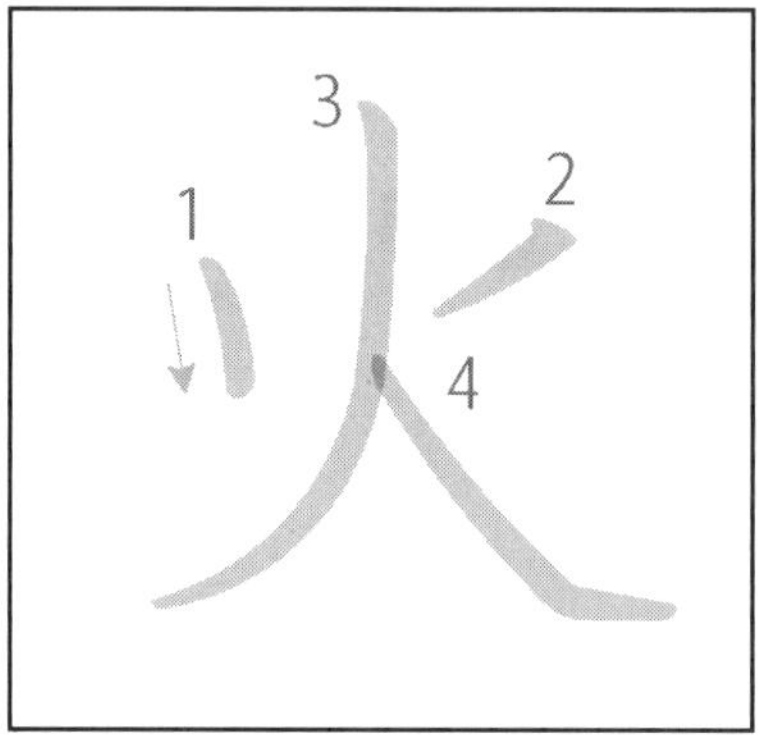

■つぎの ことばを いいながら 上《うえ》の かんじを なぞりましょう。

ソ、ノ、はらい

■あなたが おぼえやすい ことばを かんがえて、かきましょう。

■かんせい クイズ《くいず》

★それぞれの かんじを なぞって つけたして かんせいさせましょう。

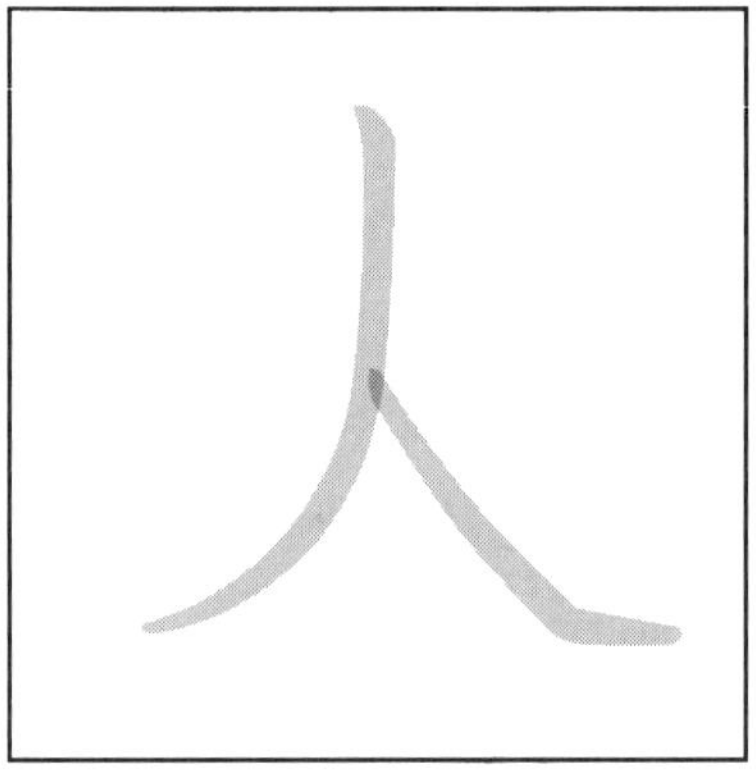

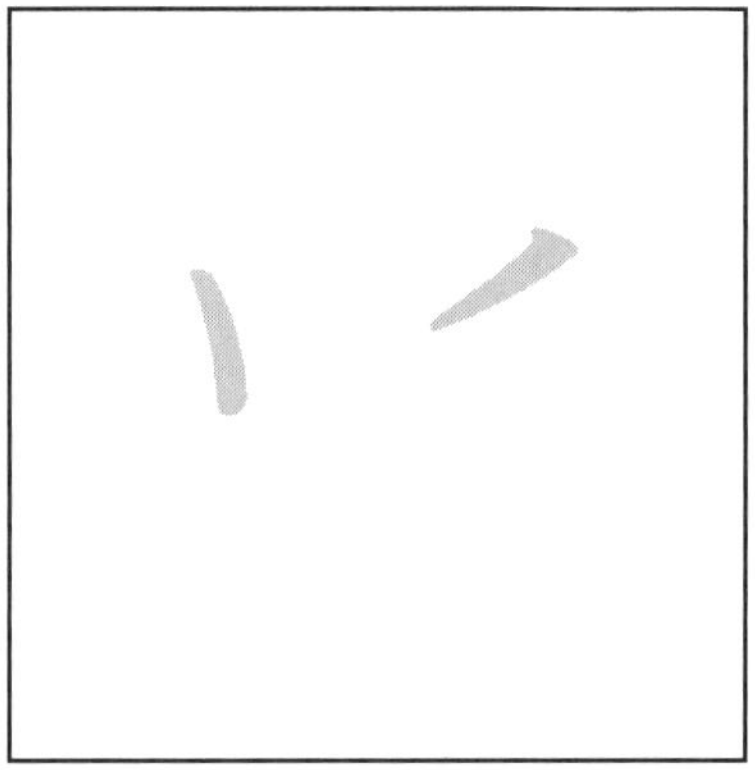

リマインド

ひにち

★一《いっ》しゅうかんごの ひにちを かいて やりましょう。

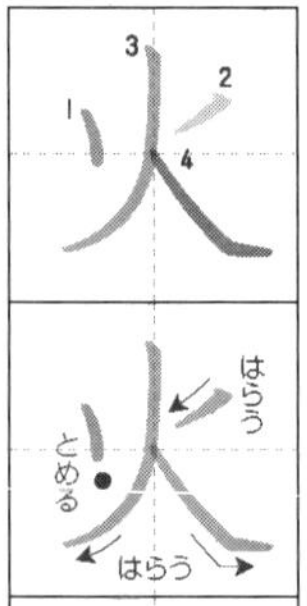

★この かんじを おぼえた ことばを かきましょう。

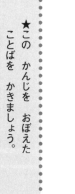

ひにち　／

みて、よんで、おぼえよう

なまえ

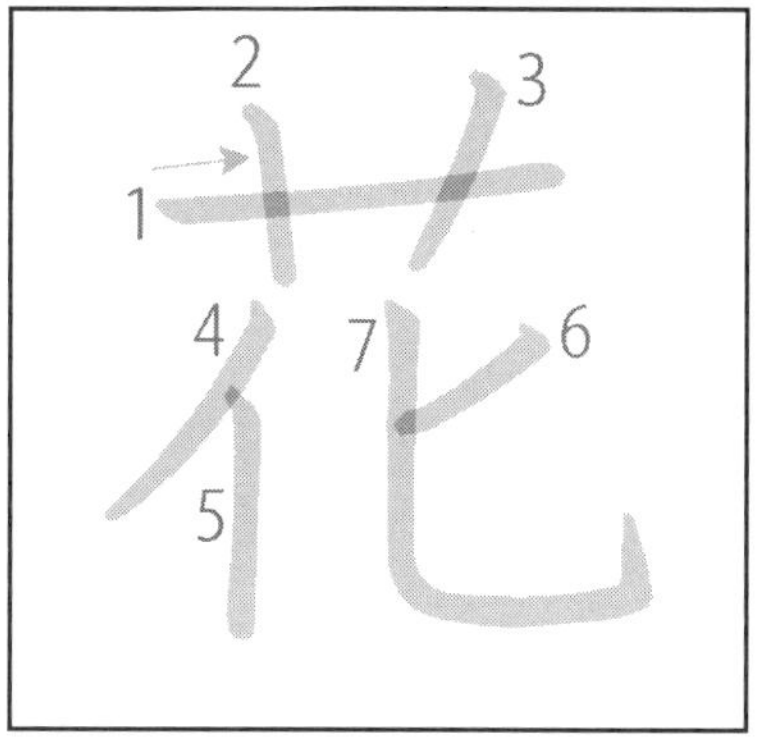

■こえに　だして　よみましょう。

さいた　花《はな》。

■よみかたクイズ《くいず》

★　□に　よみかたを　かきましょう。

花《はな》
↓
花《は》□
↓
花□□

■かくれんぼクイズ《くいず》

★　「花《はな》」を　三《みっ》つ　さがして、○で　かこみましょう。

花《はな》ふあめな花ぬおのに
花かたてまきろこひは
ちもとす花んれるくや

ひにち

よんで、かいて、おぼえよう

なまえ

花

■つぎの ことばを いいながら 上《うえ》の かんじを なぞりましょう。

よこ、たて、たて、イ、ヒはね

■あなたが おぼえやすい ことばを かんがえて、かきましょう。

■かんせい クイズ《くいず》

★それぞれの かんじを なぞって つけたして かんせいさせましょう。

艹 / 化 / 艹

ひにち

リマインド

★一《いっ》しゅうかんごの ひにちを かいて やりましょう。

花

花 はらう はねる

一

★この かんじを おぼえた ことばを かきましょう。

ひにち

みて、よんで、おぼえよう

なまえ

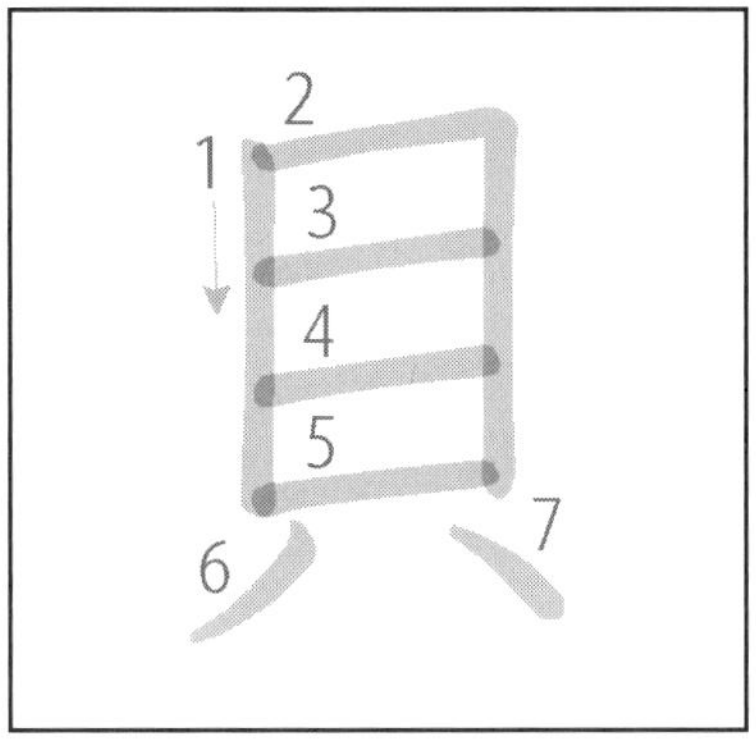

■こえに だして よみましょう。

貝《かい》がらを さがす。

■よみかたクイズ《くいず》

★ □に よみかたを かきましょう。

貝《かい》
↓
貝《か》□
↓
貝□□

■かくれんぼクイズ《くいず》

★「貝《かい》」を 三《みっ》つ さがして、○で かこみましょう。

貝《かい》まこ貝いそえよたし
うみのは貝なめて貝ぬ
さへりらやろすぬもせ

ひにち

よんで、かいて、おぼえよう

なまえ

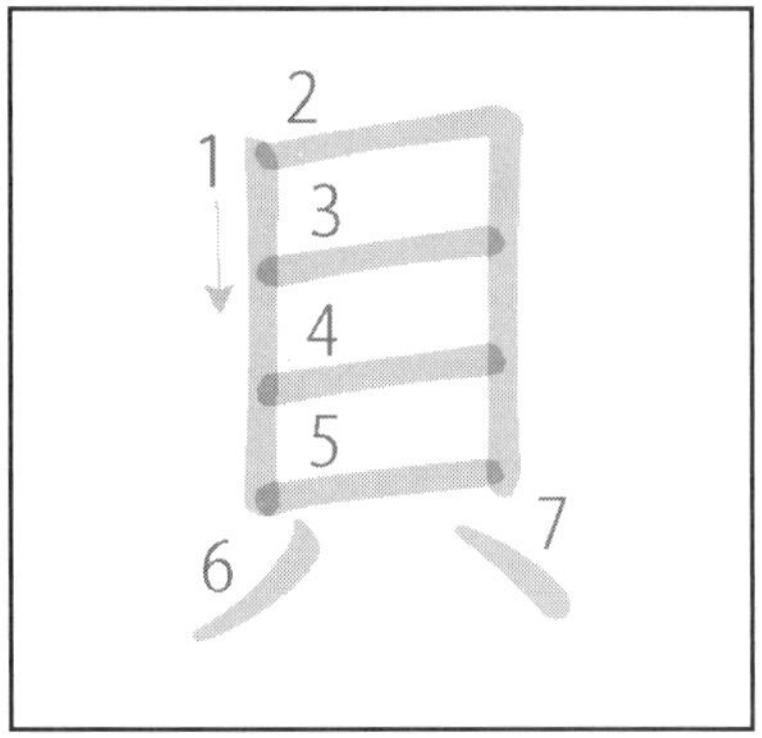

■つぎの ことばを いいながら 上《うえ》の かんじを なぞりましょう。

たて、かく、よこ、よこ、よこ、よこ、ハ

■あなたが おぼえやすい ことばを かんがえて、かきましょう。

■かんせい クイズ《くいず》

★それぞれの かんじを なぞって つけたして かんせいさせましょう。

リマインド

ひにち

★一《いっ》しゅうかんごの ひにちを かいて やりましょう。

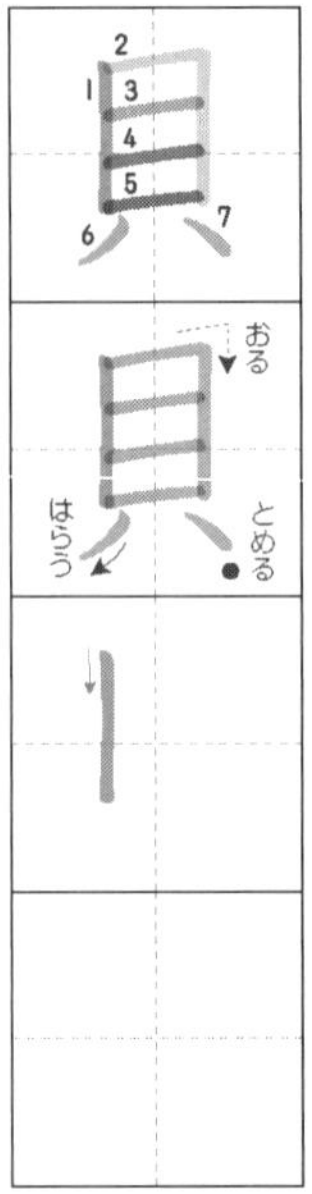

★この かんじを おぼえた ことばを かきましょう。

ひにち　／

なまえ

みて、よんで、おぼえよう

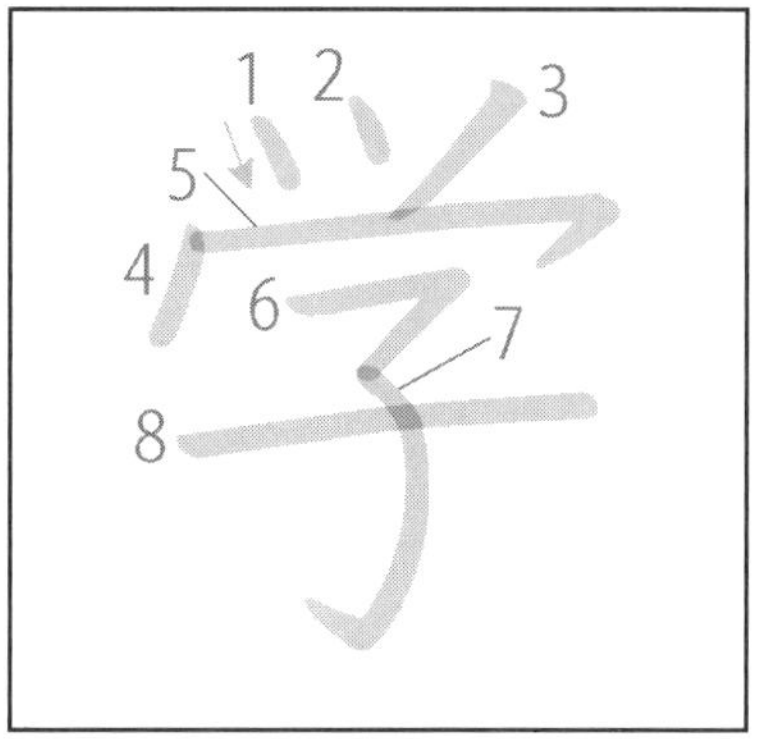

■こえに　だして　よみましょう。

みんなで
学《まな》ぶ。

■よみかたクイズ《くいず》

★□に　よみかたを　かきましょう。

学《まな》ぶ
↓
学《ま》□ぶ
↓
学□□ぶ

■かくれんぼクイズ《くいず》

★「学《まな》ぶ」を　三《みっ》つ　さがして、◯で　かこみましょう。

学《まな》ぶよせおみえくすの
学ぶてひねりたとそに
ぬ学ぶつめ学ぶこへは

ひにち　／

よんで、かいて、おぼえよう

なまえ

■つぎの　ことばを　いいながら
上《うえ》の　かんじを　なぞりましょう。

ツ、ワ、フ、たてはね、よこ

■あなたが　おぼえやすい　ことばを　かんがえて、かきましょう。

■かんせい　クイズ《くいず》

★それぞれの　かんじを　なぞって　つけたして　かんせいさせましょう。

ひにち　／

リマインド

★一《いっ》しゅうかんごの　ひにちを　かいて　やりましょう。

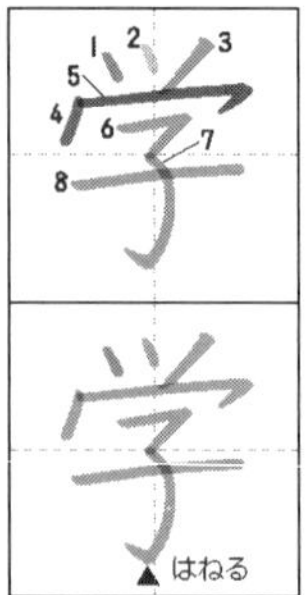

★この　かんじを　おぼえた
ことばを　かきましょう。

ひにち
／

みて、よんで、おぼえよう

なまえ

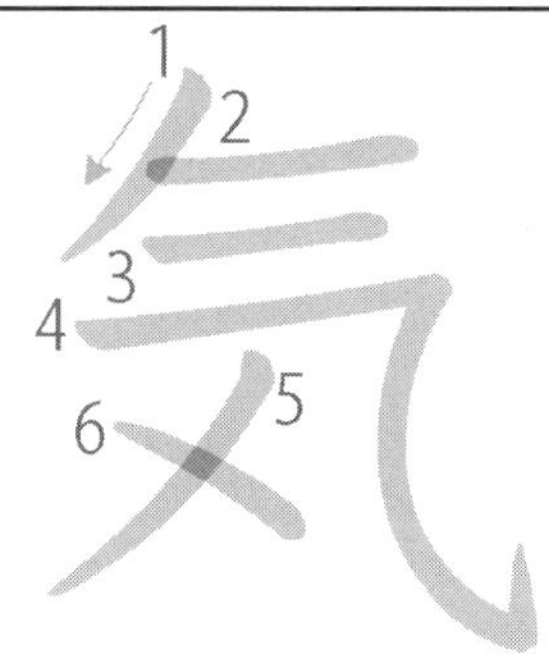

■こえに だして よみましょう。

くう気《き》を いれる。

■よみかたクイズ《くいず》

★ □に よみかたを かきましょう。

くう気《き》
↓
くう気□
↓
くう気□

■かくれんぼクイズ《くいず》

★「気《き》」を 三《みっ》つ さがして、○で かこみましょう。

気《き》やえはふか気んさら
みいほく気つこりぬ気
けひねまむるせきたと

ひにち

なまえ

よんで、かいて、おぼえよう

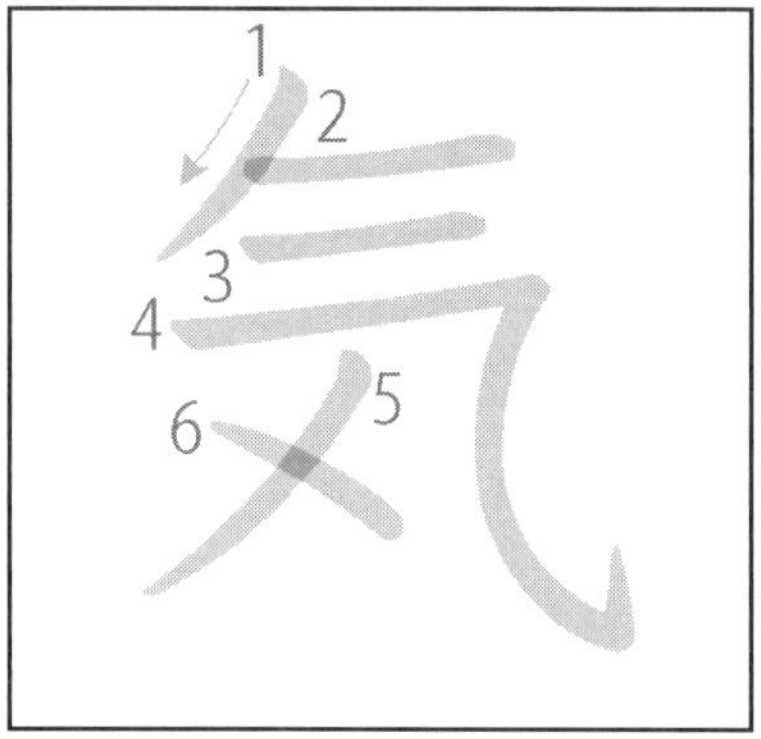

■つぎの ことばを いいながら 上《うえ》の かんじを なぞりましょう。

ノ、よこ、よこ、よこたて、

みぎはね、メ

■あなたが おぼえやすい ことばを かんがえて、かきましょう。

■かんせい クイズ《くいず》

★それぞれの かんじを なぞって つけたして かんせいさせましょう。

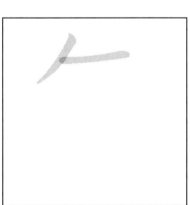

リマインド

ひにち

★一《いっ》しゅうかんごの ひにちを かいて やりましょう。

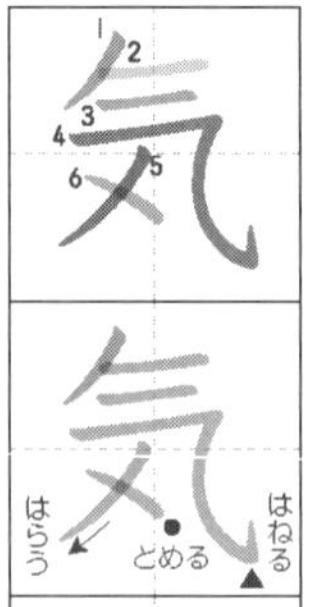

★この かんじを おぼえた ことばを かきましょう。

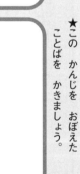

ひにち　／

みて、よんで、おぼえよう

なまえ

九

1
2

■こえに　だして　よみましょう。

九《ここの》つの
ヒマワリ。

■よみかたクイズ《くいず》

★□に　よみかたを　かきましょう。

九《ここの》つ
↓
九《こ□□》つ
↓
九《□□□》つ

■かくれんぼクイズ《くいず》

★「九《ここの》つ」を　三《みっ》つ　さがして、○で　かこみましょう。

九《ここの》つならた九つとあほ
れ九ついにんろるへけ
そむのよ九つゆこひま

ひにち　／

よんで、かいて、おぼえよう

なまえ

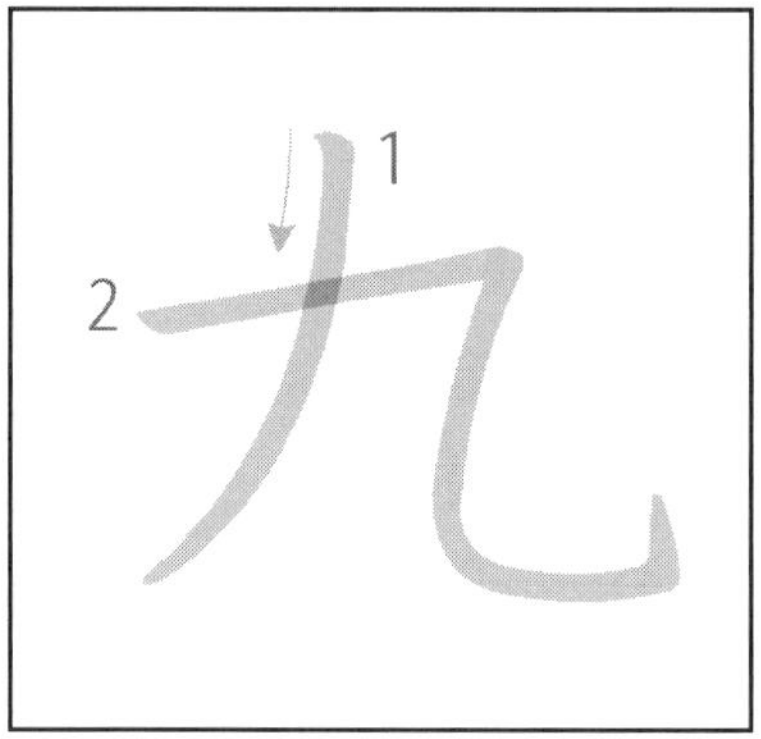

■つぎの　ことばを　いいながら　上《うえ》の　かんじを　なぞりましょう。

ノ、よこたてよこはね

■あなたが　おぼえやすい　ことばを　かんがえて、かきましょう。

■かんせい　ク《く》イ《い》ズ《ず》

★それぞれの　かんじを　なぞって　つけたして　かんせいさせましょう。

リマインド

ひにち　／

★一《いっ》しゅうかんごの　ひにちを　かいて　やりましょう。

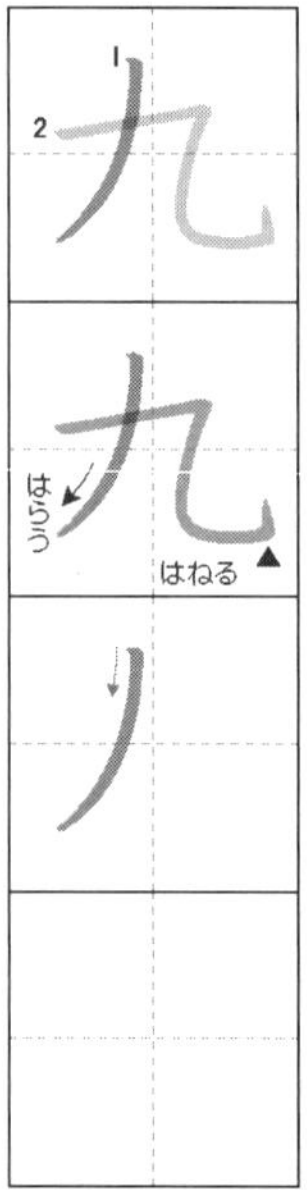

★この　かんじを　おぼえた　ことばを　かきましょう。

ひにち
／

みて、よんで、おぼえよう

なまえ

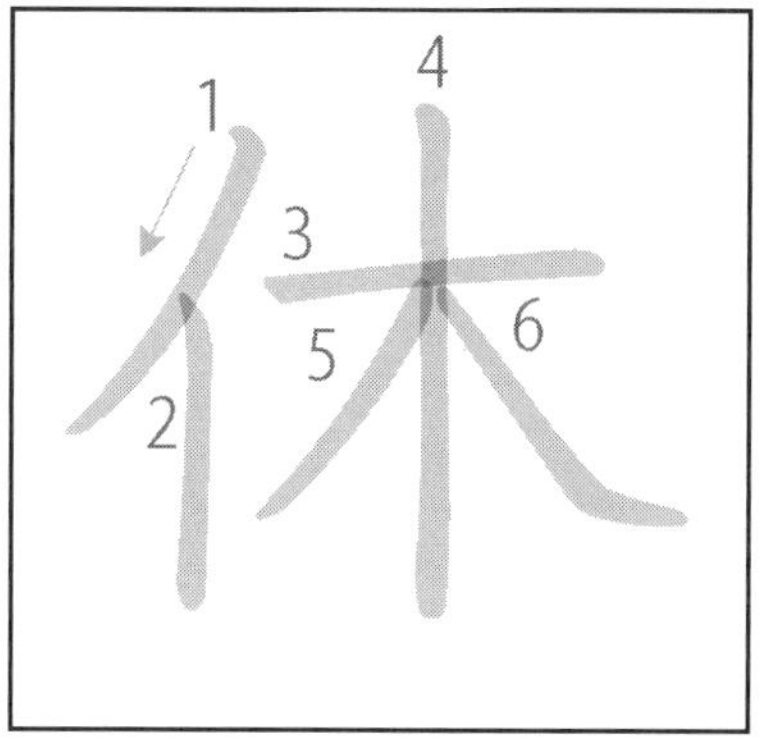

■こえに だして よみましょう。

もりで 休《やす》む。

■よみかたクイズ《くいず》

★ □に よみかたを かきましょう。

休《やす》む
↓
休《や□》む
↓
休《□□》む

■かくれんぼクイズ《くいず》

★ 「休《やす》む」を 三《みっ》つ さがして、○で かこみましょう。

休《やす》むあふそ休むこかき
せぬえへ休むめやれの
ねひんほく休むらみに

ひにち

よんで、かいて、おぼえよう

なまえ

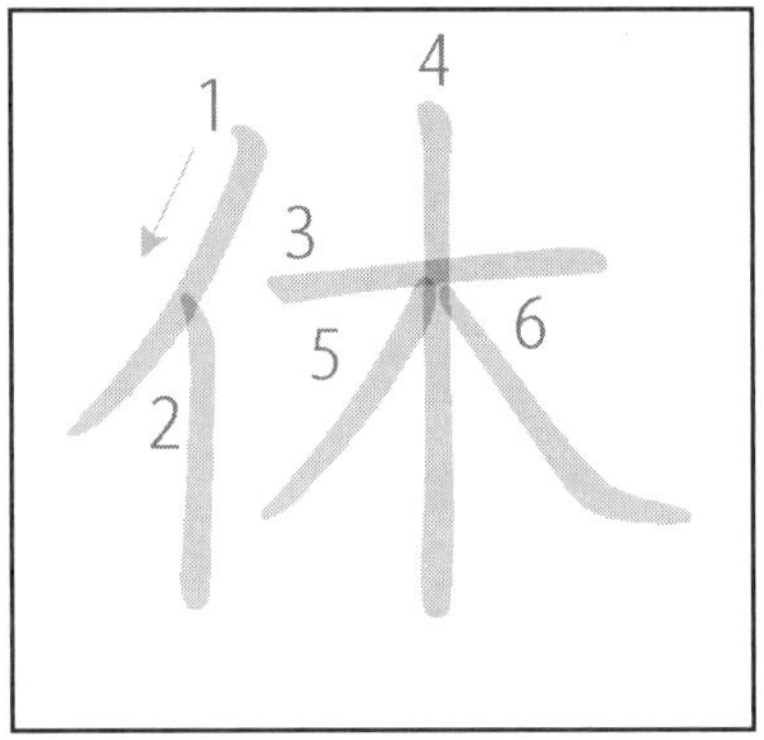

■つぎの　ことばを　いいながら　上《うえ》の　かんじを　なぞりましょう。

ノ、たて、よこ、たて、はらい、はらい

■あなたが　おぼえやすい　ことばを　かんがえて、かきましょう。

■かんせい　クイズ《くいず》

★それぞれの　かんじを　なぞって　つけたして　かんせいさせましょう。

ひにち

リマインド

★一《いっ》しゅうかんごの　ひにちを　かいて　やりましょう。

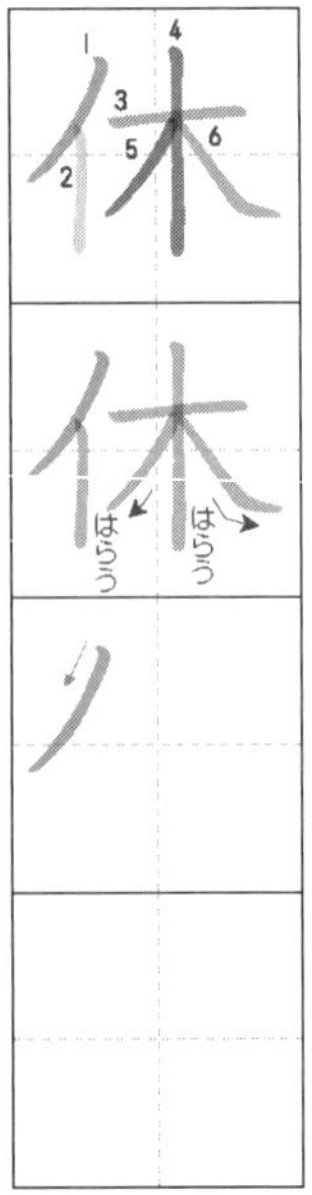

★この　かんじを　おぼえた　ことばを　かきましょう。

ひにち

みて、よんで、おぼえよう

なまえ

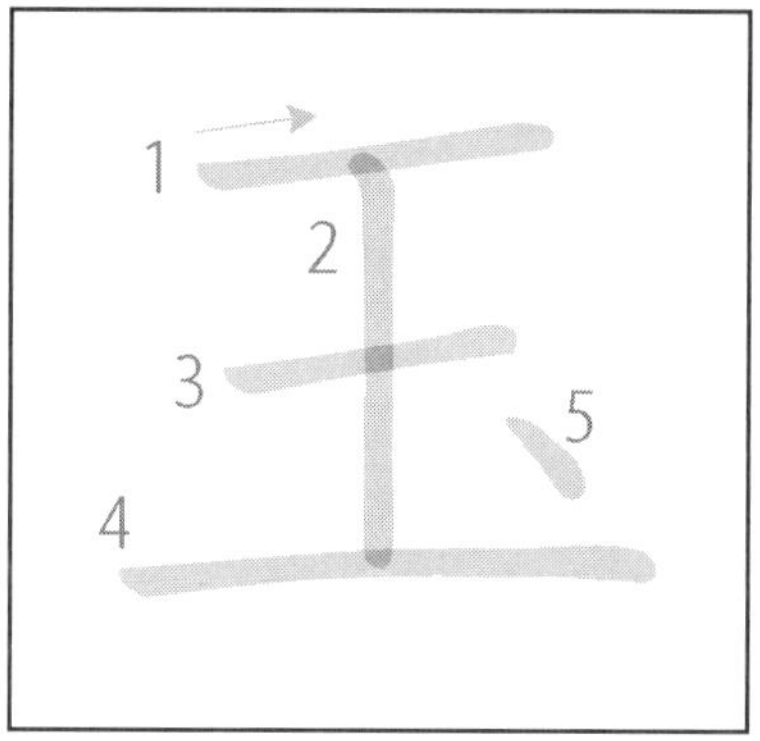

■こえに だして よみましょう。

しゃぼん玉《だま》をふく。

■よみかたクイズ《くいず》

★□に よみかたを かきましょう。

玉《たま》

↓

玉《た》□

↓

玉□□

■かくれんぼクイズ《くいず》

★「玉《たま》」を 三《みっ》つ さがして、○で かこみましょう。

玉《たま》むあふそ玉むこかき

せぬえへ玉むめやれの

ねひんほく玉むらみに

ひにち　／

よんで、かいて、おぼえよう

なまえ

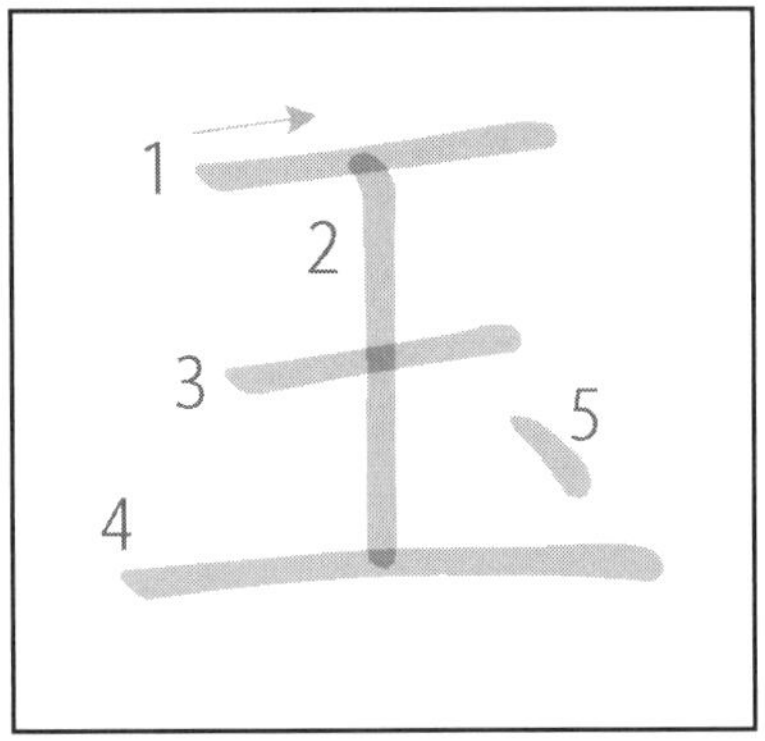

■つぎの　ことばを　いいながら　上《うえ》の　かんじを　なぞりましょう。

よこ、たて、よこ、よこ、てん

■あなたが　おぼえやすい　ことばを　かんがえて、かきましょう。

■かんせい　クイズ《くいず》

★それぞれの　かんじを　なぞって　つけたして　かんせいさせましょう。

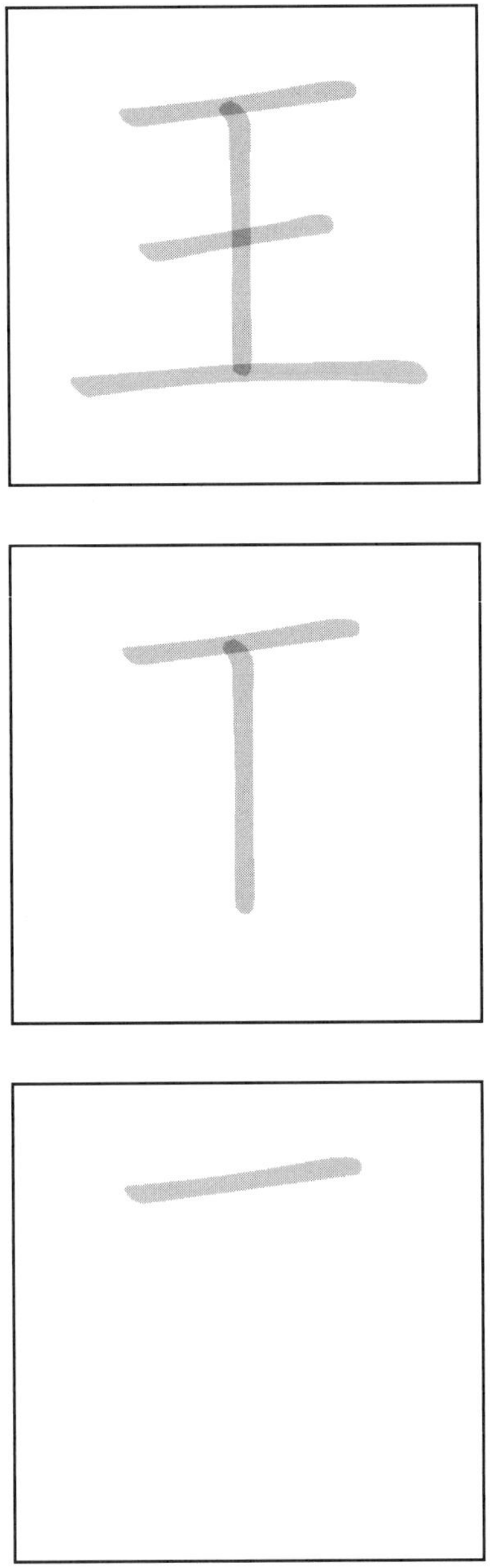

リマインド

ひにち　／

★一《いっ》しゅうかんごの　ひにちを　かいて　やりましょう。

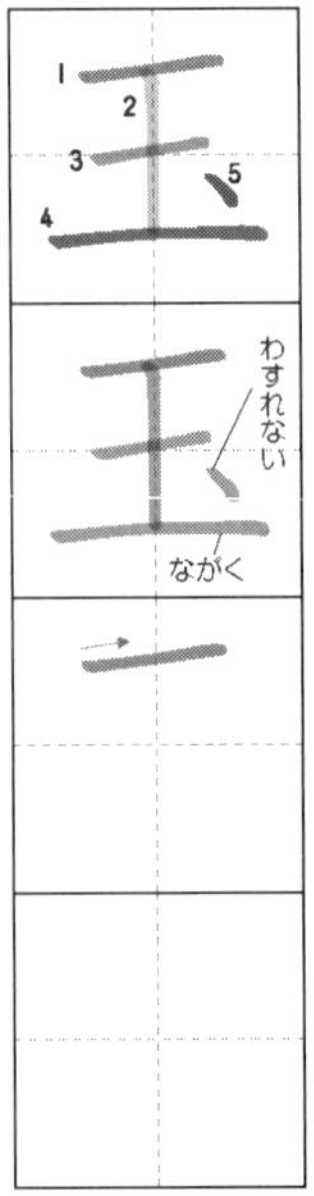

★この　かんじを　おぼえた　ことばを　かきましょう。

ひにち

なまえ

みて、よんで、おぼえよう

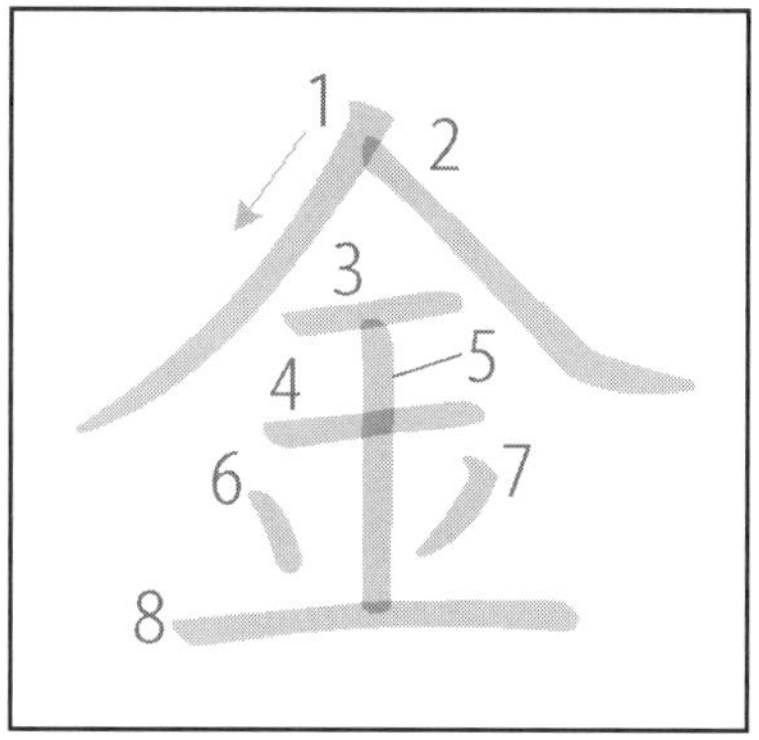

■こえに だして よみましょう。

お金《かね》を はらう。

■よみかたクイズ《くいず》

★ □に よみかたを かきましょう。

お金《かね》

↓

お金《か》□

↓

お金□□

■かくれんぼクイズ《くいず》

★ 「金《かね》」を 三《みっ》つ さがして、○で かこみましょう。

金《かね》まちう金はえほへゆ
金あねよんなふさたぬ
らこにめる金つとさす

ひにち

よんで、かいて、おぼえよう

なまえ

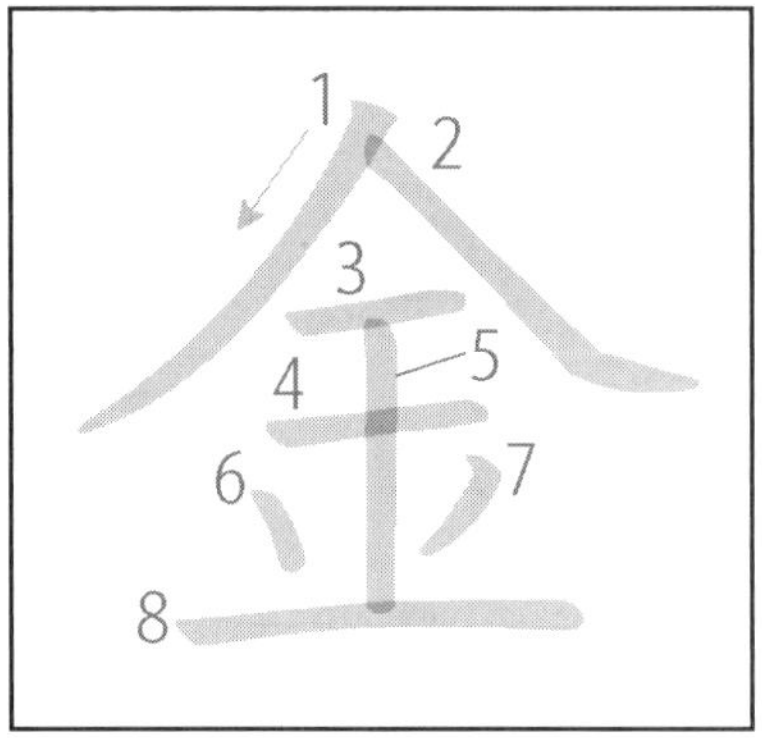

■つぎの ことばを いいながら 上《うえ》の かんじを なぞりましょう。

やね、二、たて、ソ、よこ

■あなたが おぼえやすい ことばを かんがえて、かきましょう。

■かんせい クイズ《くいず》

★それぞれの かんじを なぞって つけたして かんせいさせましょう。

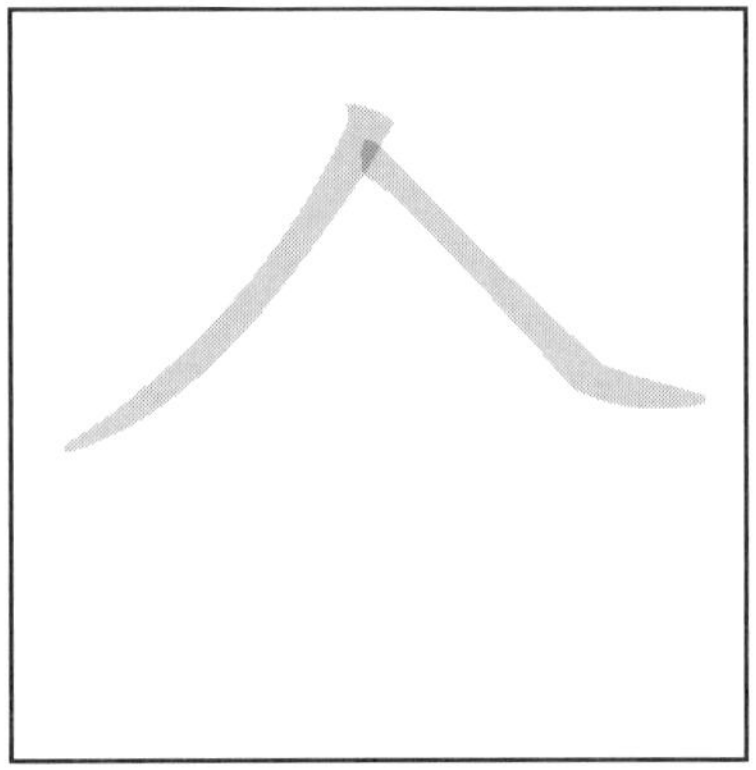

リマインド

ひにち

★一《いっ》しゅうかんごの ひにちを かいて やりましょう。

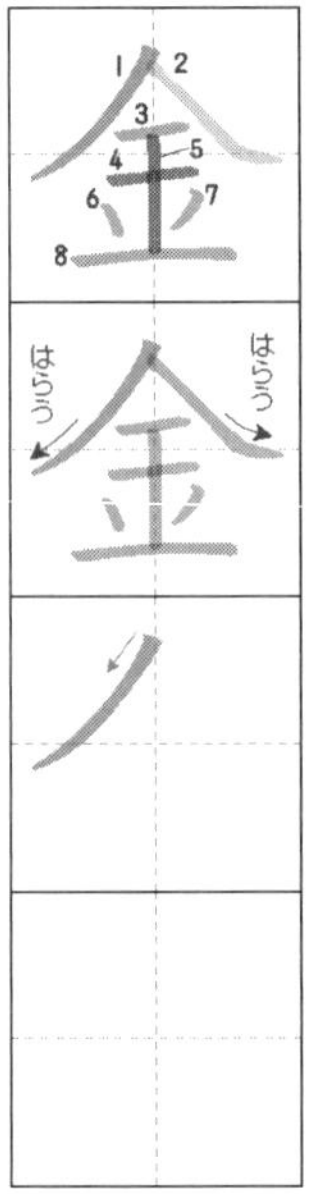

★この かんじを おぼえた ことばを かきましょう。

ひにち
／

みて、よんで、おぼえよう

なまえ

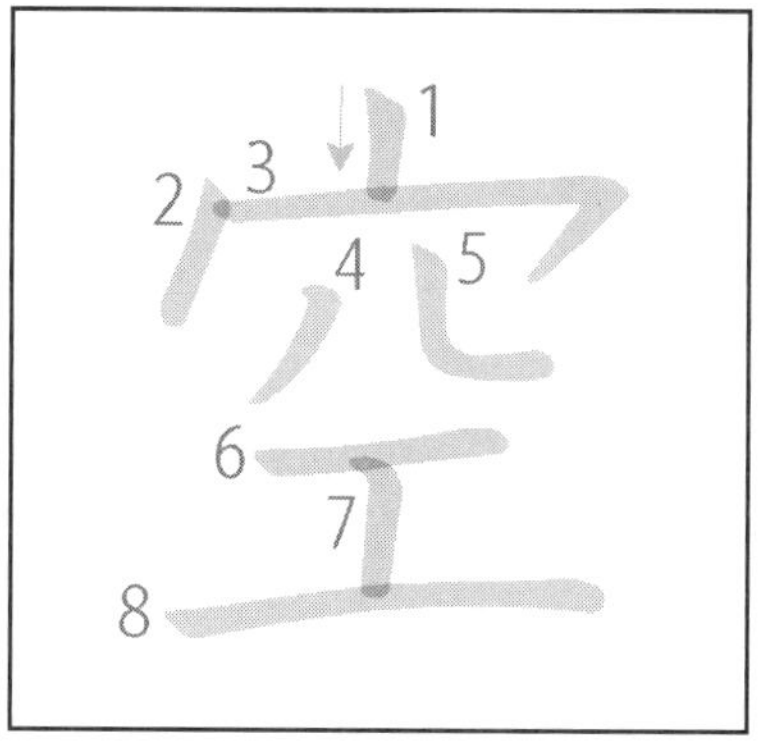

■こえに だして よみましょう。

空《そら》に とりが
とぶ。

■よみかたクイズ《くいず》

★ □に よみかたを かきましょう。

空《そら》
↓
空 そ□
↓
空 □□

■かくれんぼクイズ《くいず》

★ 「空《そら》」を 三《みっ》つ さがして、○で かこみましょう。

空《そら》きくゆあそしち空て
えせないたらぬんまる
もれふ空へほ空よりめ

ひにち

よんで、かいて、おぼえよう

なまえ

空

■つぎの ことばを いいながら 上《うえ》の かんじを なぞりましょう。

ウ、ル、エ

■あなたが おぼえやすい ことばを かんがえて、かきましょう。

■かんせい クイズ《くいず》

★それぞれの かんじを なぞって つけたして かんせいさせましょう。

リマインド

ひにち

★一《いっ》しゅうかんごの ひにちを かいて やりましょう。

空

空

はらう

とめる

★この かんじを おぼえた ことばを かきましょう。

ひにち

みて、よんで、おぼえよう

なまえ

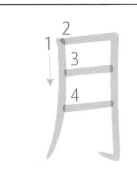

月

1 2 3 4

■こえに だして よみましょう。

月《つき》が でる。

■よみかたクイズ《くいず》

★□に よみかたを かきましょう。

月《つき》

↓

月 つ□

↓

月 □□

■かくれんぼクイズ《くいず》

★「月《つき》」を 三《みっ》つ さがして、○で かこみましょう。

月《つき》まるおは月さちたい
つ月ほのうねくふむれ
月ぬなせそみよへすや

ひにち　／

よんで、かいて、おぼえよう

なまえ

月

1 2 3 4

■つぎの　ことばを　いいながら
上《うえ》の　かんじを　なぞりましょう。

たてはらい、かくはね、よこ、よこ

■あなたが　おぼえやすい　ことばを　かんがえて、かきましょう。

■かんせい　クイズ《くいず》

★それぞれの　かんじを　なぞって　つけたして　かんせいさせましょう。

リマインド

ひにち　／

★一《いっ》しゅうかんごの　ひにちを　かいて　やりましょう。

月

おる　はらう　はねる

★この　かんじを　おぼえた
ことばを　かきましょう。

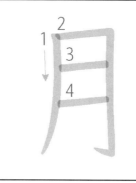

ひにち　／

みて、よんで、おぼえよう

なまえ

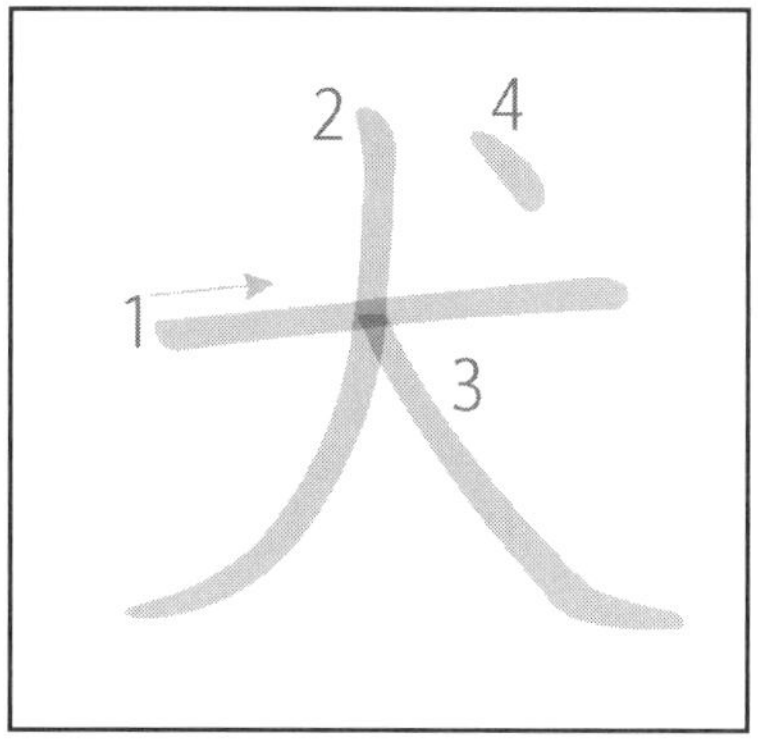

■こえに　だして　よみましょう。

犬《いぬ》を　かう。

■よみかたクイズ《くいず》

★　□に　よみかたを　かきましょう。

犬《いぬ》

↓

犬　い□

↓

犬　□□

■かくれんぼクイズ《くいず》

★　「犬《いぬ》」を　三《みっ》つ　さがして、◯で　かこみましょう。

犬《いぬ》んそえけこるせか犬

みすぬいはくて犬ねよ

へ犬れろとしりつのふ

ひにち ／

よんで、かいて、おぼえよう

なまえ

■つぎの ことばを いいながら
上《うえ》の かんじを なぞりましょう。

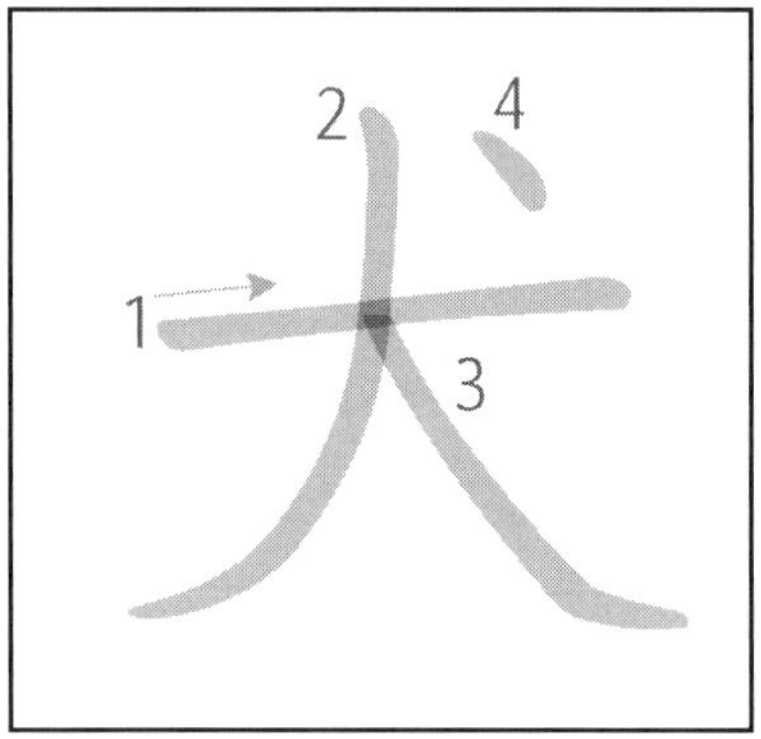

よこ、ノ、はらい、てん

■あなたが おぼえやすい ことばを かんがえて、かきましょう。

■かんせい クイズ《くいず》

★それぞれの かんじを なぞって つけたして かんせいさせましょう。

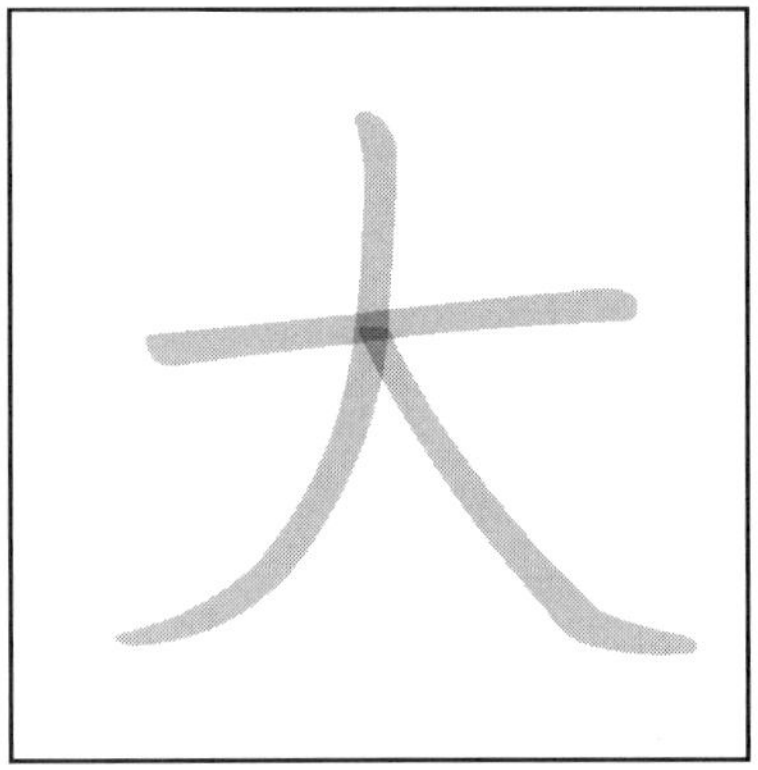

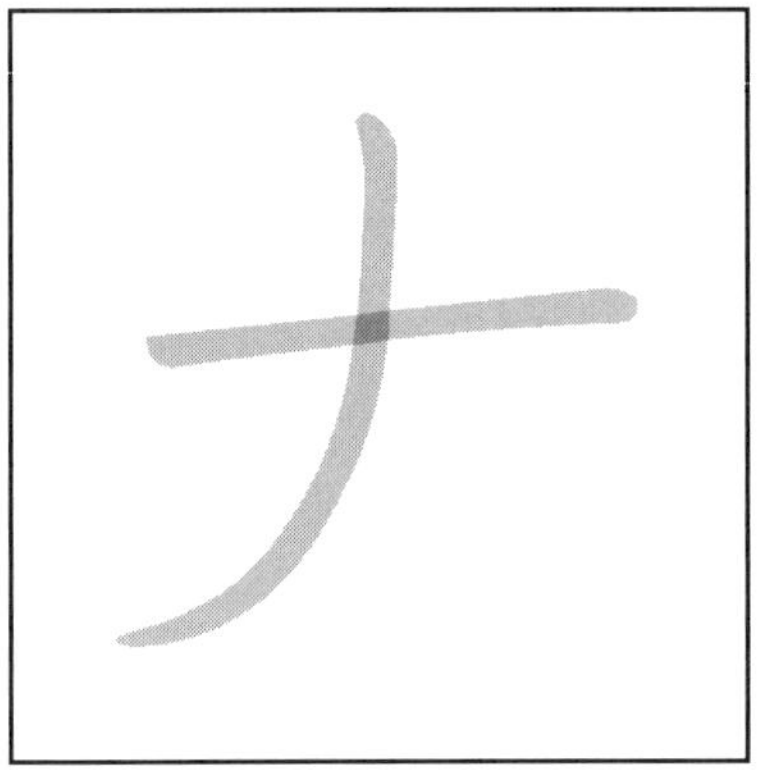

リマインド

ひにち ／

★一《いっ》しゅうかんごの ひにちを かいて やりましょう。

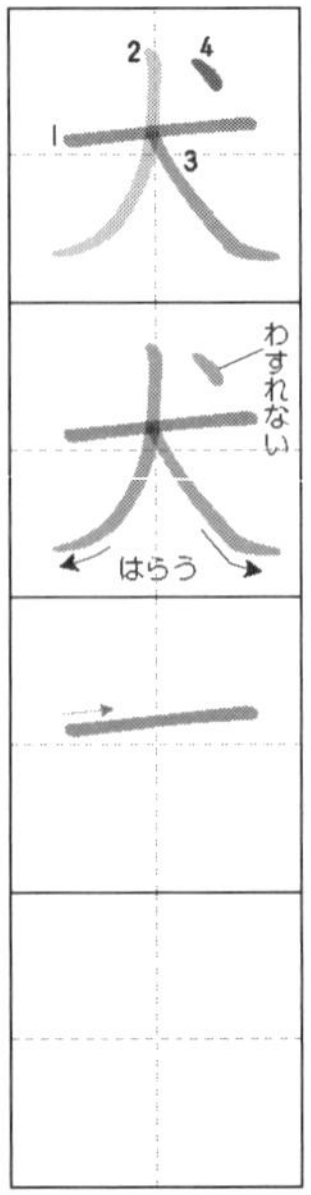

★この かんじを おぼえた
ことばを かきましょう。

ひにち　／

なまえ

みて、よんで、おぼえよう

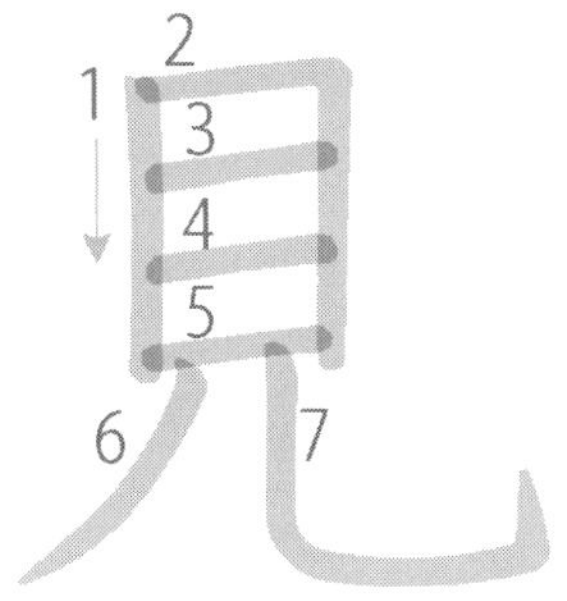

■こえに　だして　よみましょう。

ほしを　見《み》る。

■よみかたクイズ《くいず》

★□に　よみかたを　かきましょう。

見《み》る

↓

見□る

↓

見□る

■かくれんぼクイズ《くいず》

★「見《み》る」を　三《みっ》つ　さがして、○で　かこみましょう。

見《み》るうなよい見るてま
ひおすくへ見るゆせも
たつんぬ見るろけしれ

ひにち

よんで、かいて、おぼえよう

なまえ

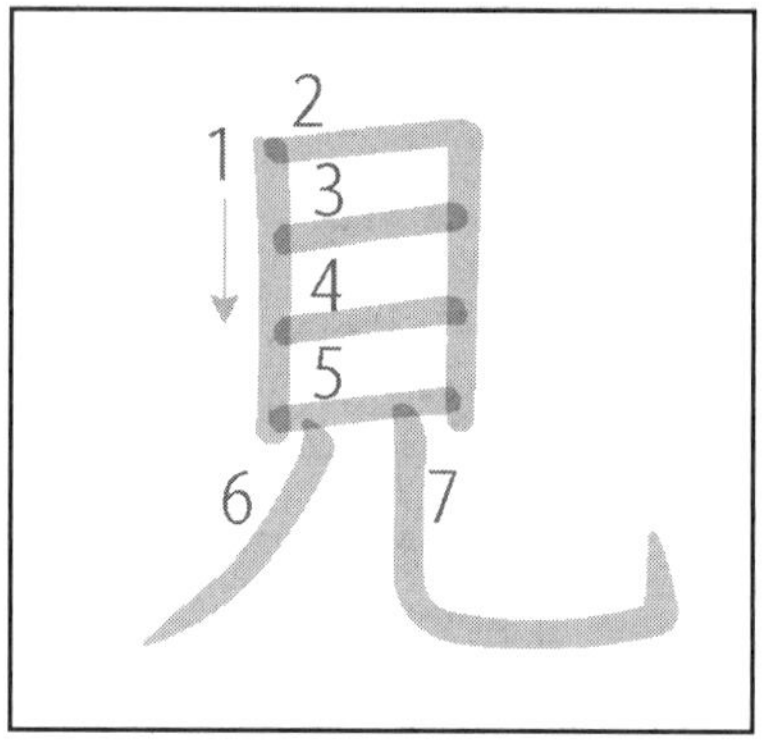

■つぎの ことばを いいながら 上《うえ》の かんじを なぞりましょう。

たて、かく、よこ、よこ、よこ、
ノ、たてよこはね

■あなたが おぼえやすい ことばを かんがえて、かきましょう。

■かんせい クイズ《くいず》

★それぞれの かんじを なぞって つけたして かんせいさせましょう。

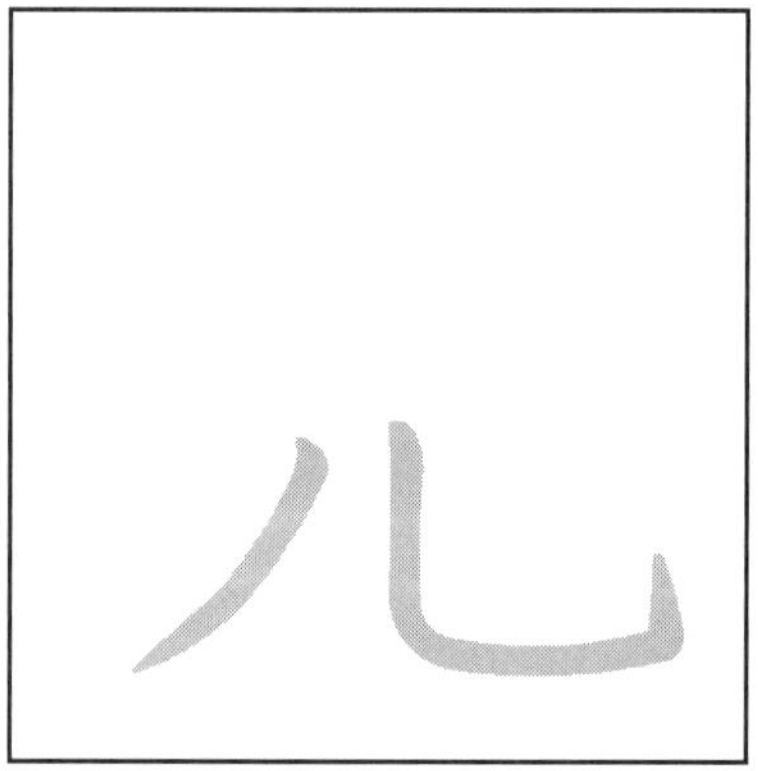

リマインド

ひにち

★一《いっ》しゅうかんごの ひにちを かいて やりましょう。

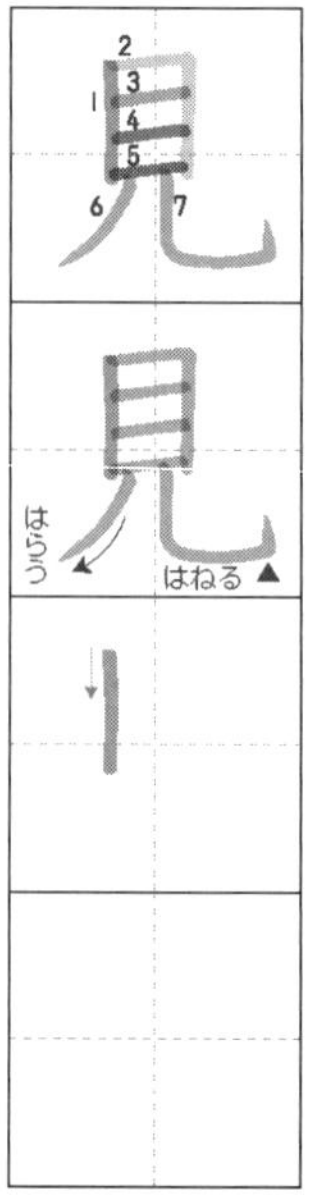

★この かんじを おぼえた ことばを かきましょう。

ひにち　／

みて、よんで、おぼえよう

なまえ

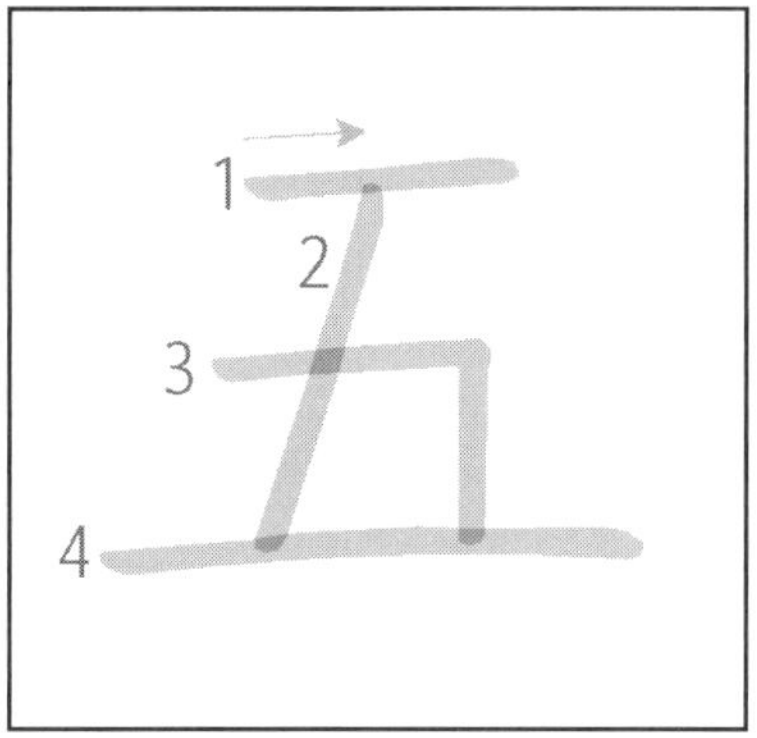

■こえに　だして　よみましょう。

五《ご》円《えん》だま

■よみかたクイズ《くいず》

★　□に　よみかたを　かきましょう。

五円《ごえん》

↓

五円　□

↓

五円　□

■かくれんぼクイズ《くいず》

★　「五《ご》」を　三《みっ》つ　さがして、◯で　かこみましょう。

五《ご》（◯）ゆかてそ五まきえり
ふ五むあせへもつのよ
こぬや五みにはほれち

ひにち

よんで、かいて、おぼえよう

なまえ

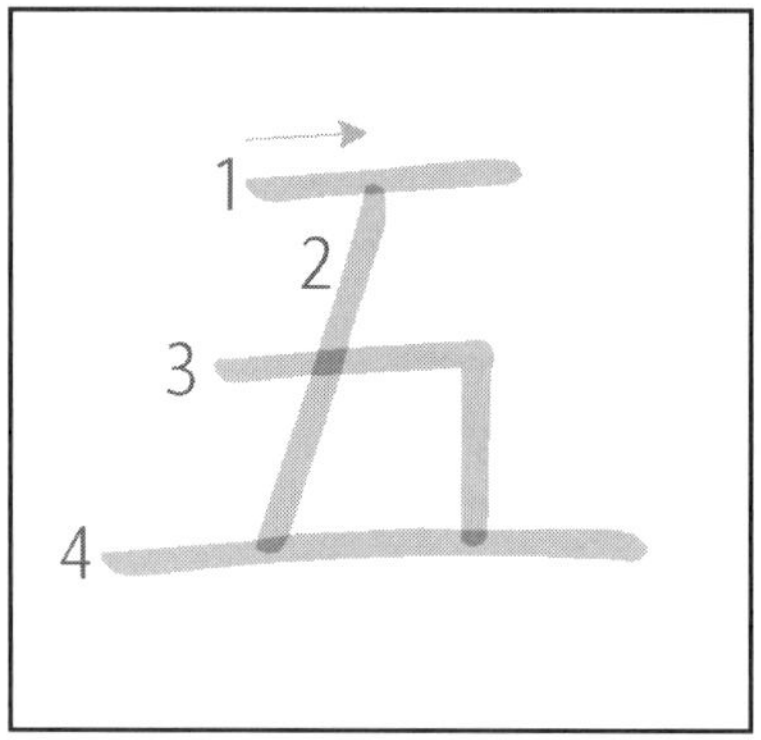

■つぎの　ことばを　いいながら
上《うえ》の　かんじを　なぞりましょう。

よこ、たて、かく、いち

■あなたが　おぼえやすい　ことばを　かんがえて、かきましょう。

■かんせい　クイズ《くいず》

★それぞれの　かんじを　なぞって　つけたして　かんせいさせましょう。

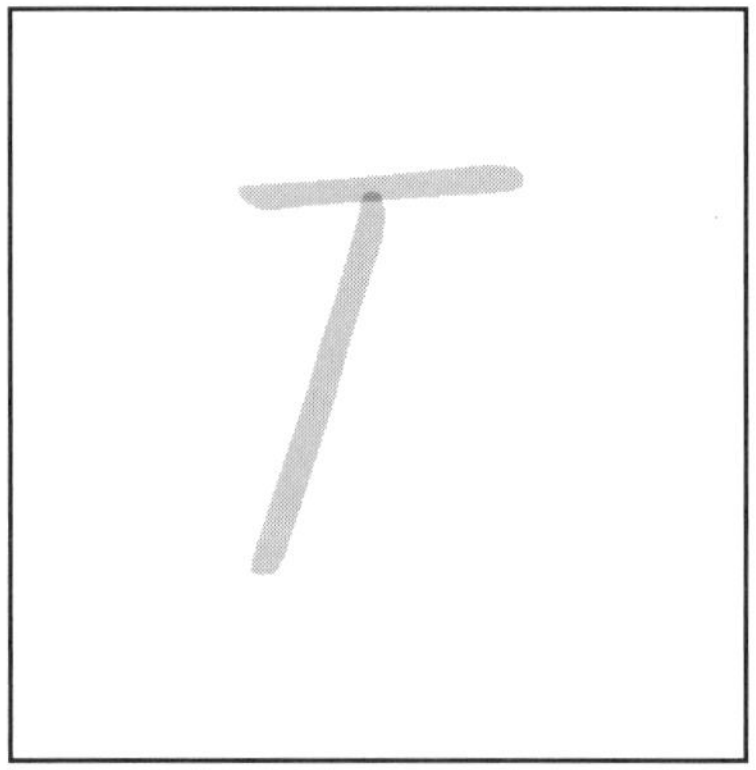

ひにち

リマインド

★一《いっ》しゅうかんごの　ひにちを　かいて　やりましょう。

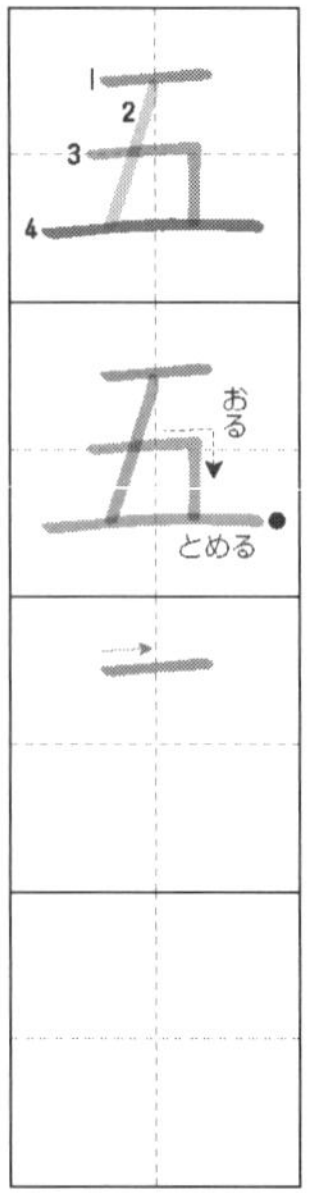

★この　かんじを　おぼえた　ことばを　かきましょう。

ひにち

なまえ

みて、よんで、おぼえよう

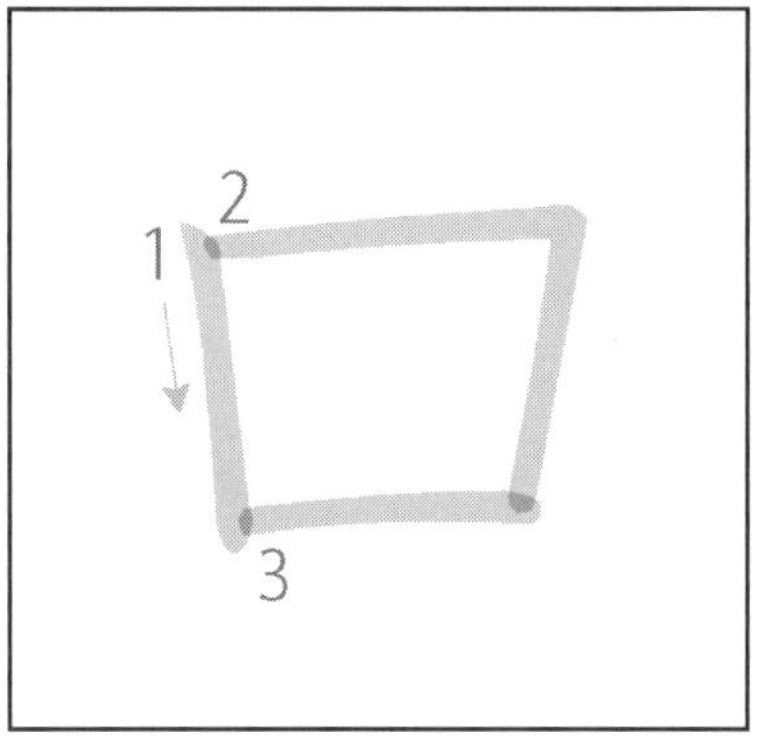

■こえに　だして　よみましょう。

口《くち》を　あける。

■よみかたクイズ《くいず》

★　□に　よみかたを　かきましょう。

口　くち

↓

口　く□

↓

口　□□

■かくれんぼクイズ《くいず》

★　「口《くち》」を　三《みっ》つ　さがして、○で　かこみましょう。

口《くち》みかてたうほす口さ
ちあもこれきひ口ろく
まとんへせ口ゆけのね

ひにち　／

よんで、かいて、おぼえよう

なまえ

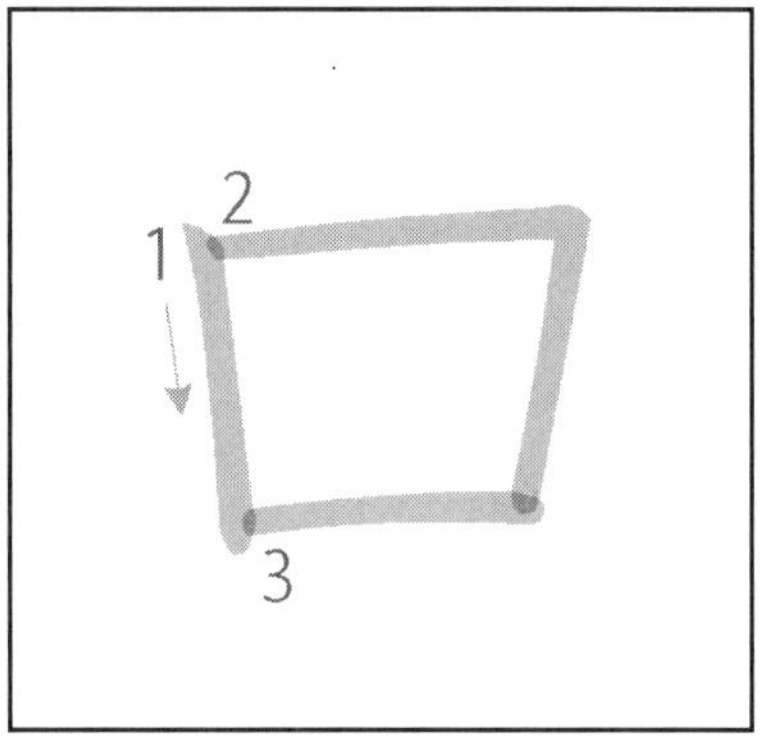

■つぎの　ことばを　いいながら　上《うえ》の　かんじを　なぞりましょう。

たて、かく、よこ

■あなたが　おぼえやすい　ことばを　かんがえて、かきましょう。

■かんせい　クイズ《くいず》

★それぞれの　かんじを　なぞって　つけたして　かんせいさせましょう。

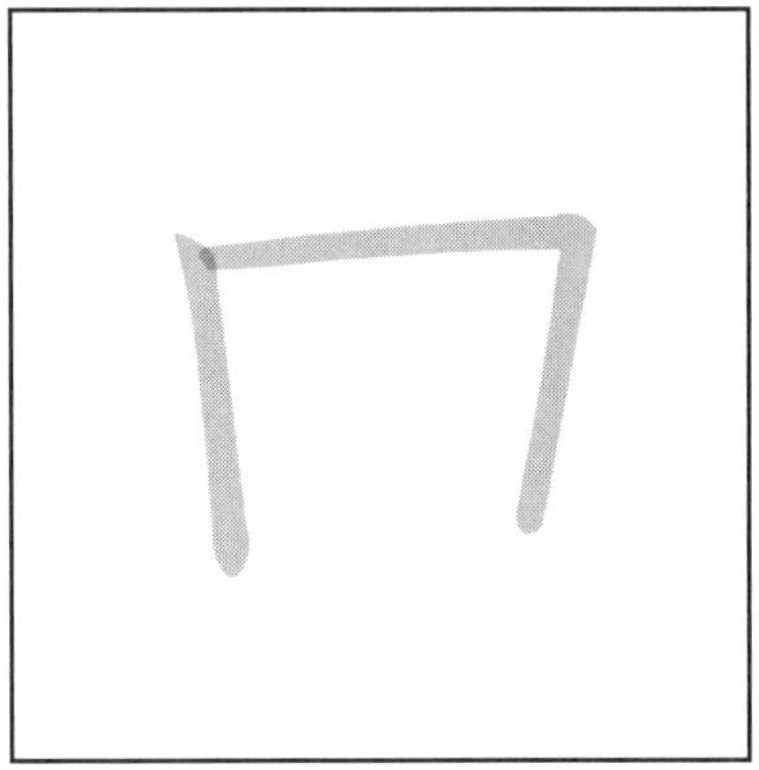

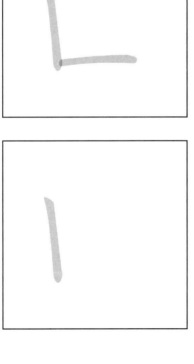

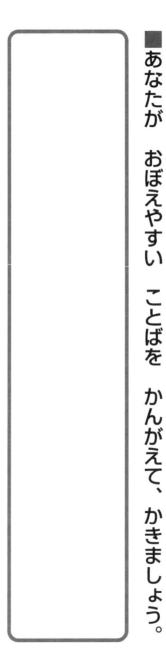

リマインド

ひにち　／

★一《いっ》しゅうかんごの　ひにちを　かいて　やりましょう。

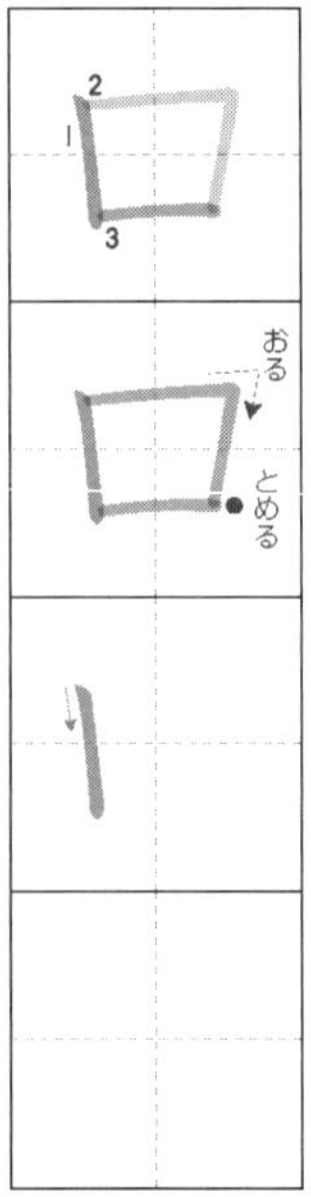

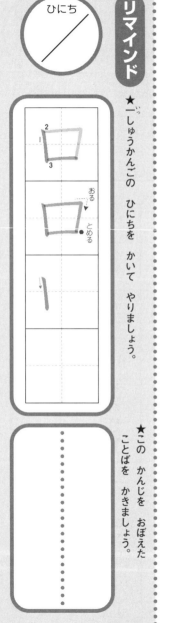

★この　かんじを　おぼえた　ことばを　かきましょう。

ひにち

なまえ

みて、よんで、おぼえよう

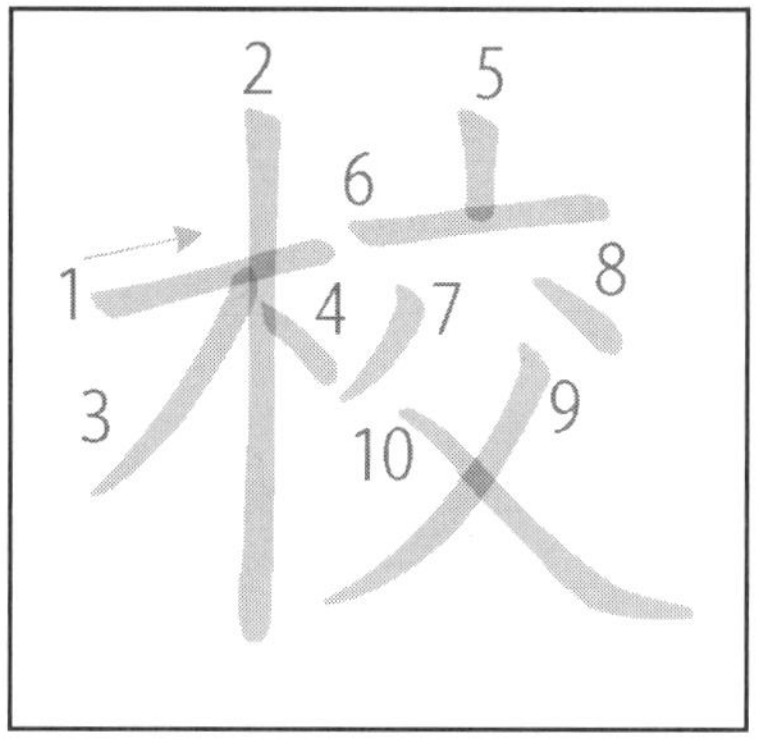

■こえに だして よみましょう。

学校《がっこう》に いく。

■よみかたクイズ《くいず》

★□に よみかたを かきましょう。

校《こう》てい

↓

校《こ》□てい

↓

校□□てい

■かくれんぼクイズ《くいず》

★「校《こう》てい」を 三《みっ》つ さがして、○で かこみましょう。

校《こう》ていした校ていひと

校ていうはむのけそせ

こにらく校ていさもき

ひにち

よんで、かいて、おぼえよう

なまえ

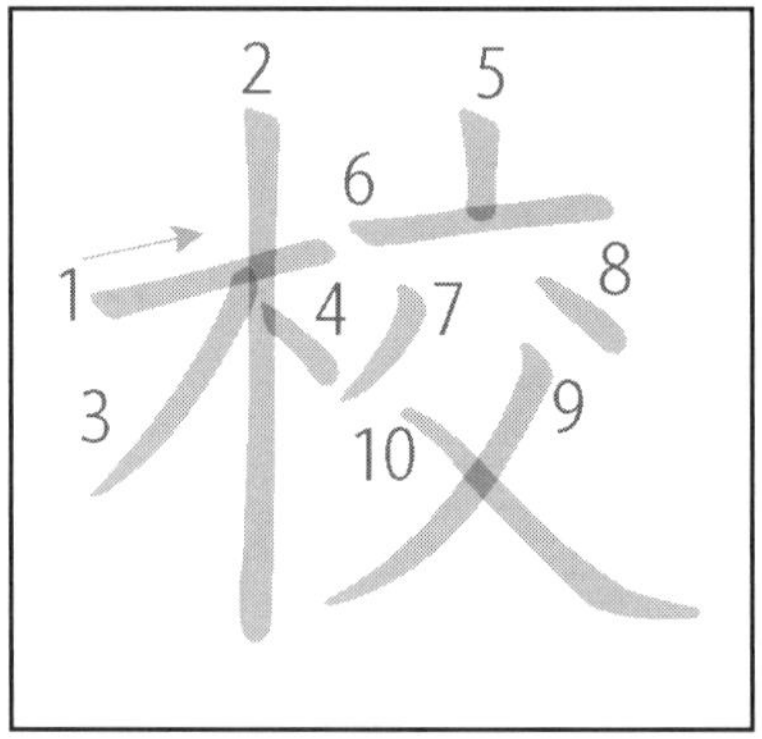

■つぎの ことばを いいながら 上《うえ》の かんじを なぞりましょう。

よこ、たて、はらい、はらい、
たて、よこ、ハ、ノ、みぎはらい

■あなたが おぼえやすい ことばを かんがえて、かきましょう。

■かんせい クイズ《くいず》

★それぞれの かんじを なぞって つけたして かんせいさせましょう。

ひにち

リマインド

★一《いっ》しゅうかんごの ひにちを かいて やりましょう。

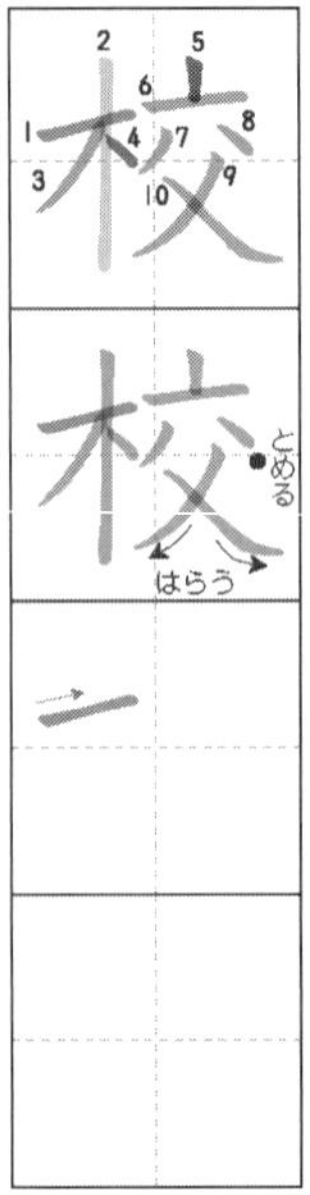

★この かんじを おぼえた ことばを かきましょう。

ひにち

みて、よんで、おぼえよう

なまえ

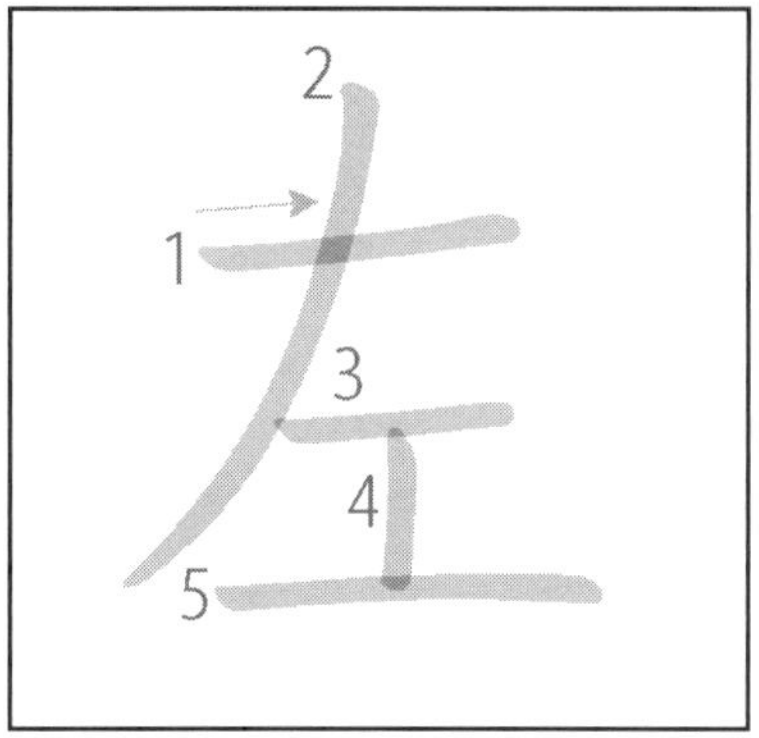

■こえに だして よみましょう。

左《ひだり》に まがる。

■よみかたクイズ《くいず》

★ □に よみかたを かきましょう。

左 ひだり

↓

左 ひ□□

↓

左 □□□

■かくれんぼクイズ《くいず》

★ 「左《ひだり》」を 三《みっ》つ さがして、◯で かこみましょう。

左《ひだり》ろなんちうにね左え
へかはやりくほき左さ
れのひぬ左よそらもし

ひにち　／

よんで、かいて、おぼえよう

なまえ

左

■つぎの　ことばを　いいながら　上《うえ》の　かんじを　なぞりましょう。

よこ、ノ、エ

■あなたが　おぼえやすい　ことばを　かんがえて、かきましょう。

■かんせい　クイズ《くいず》

★それぞれの　かんじを　なぞって　つけたして　かんせいさせましょう。

ナ

一

ノ

リマインド

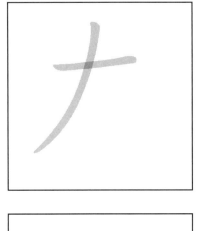

ひにち　／

★一《いっ》しゅうかんごの　ひにちを　かいて　やりましょう。

左

左

はらう　ながく

一

★この　かんじを　おぼえた　ことばを　かきましょう。

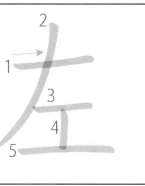

ひにち

みて、よんで、おぼえよう

なまえ

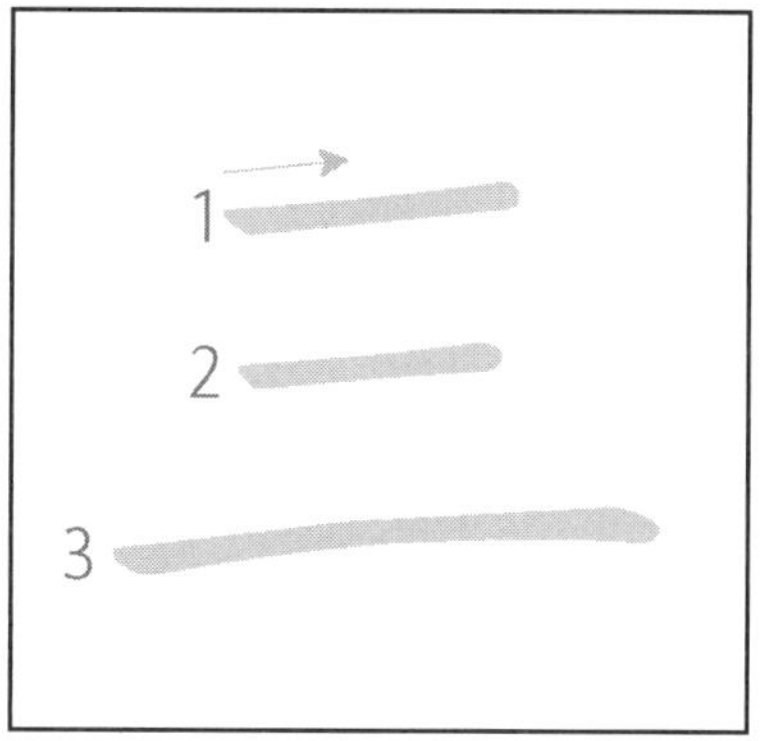

■こえに だして よみましょう。

三《みっ》つの アイス。

■よみかたクイズ《くいず》

★□に よみかたを かきましょう。

三《みっ》つ

↓

三《み》□

↓

三□□

■かくれんぼクイズ《くいず》

★「三《みっ》つ」を 三《みっ》つ さがして、◯で かこみましょう。

三《みっ》ついれらうけぬふか

三つもさす三つよきま

なこつしは三つちほみ

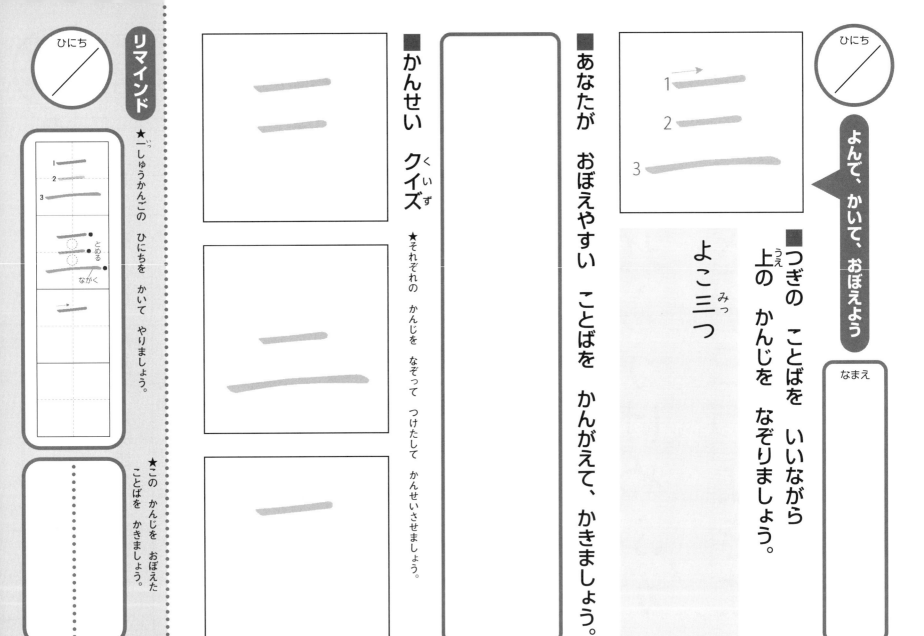

ひにち

よんで、かいて、おぼえよう

なまえ

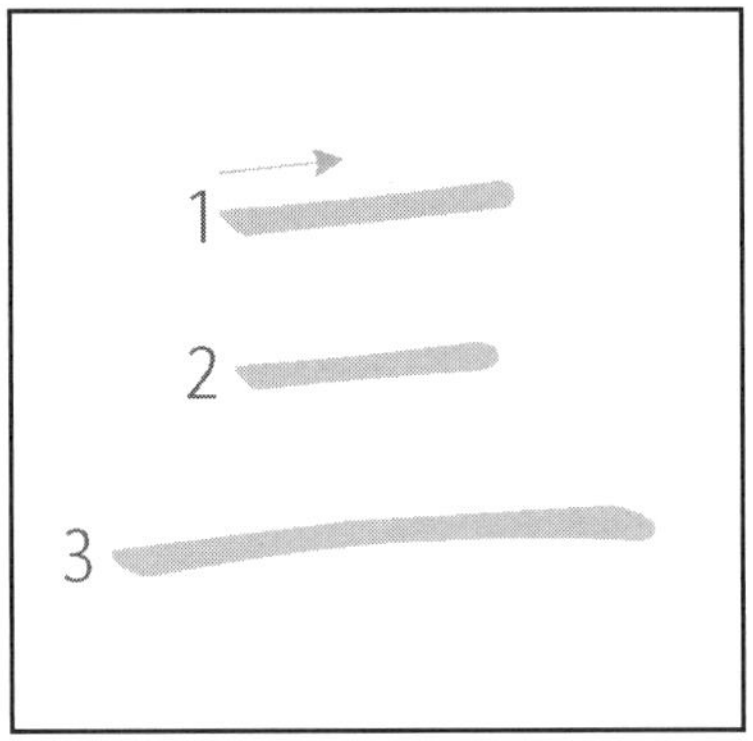

■つぎの ことばを いいながら 上《うえ》の かんじを なぞりましょう。

よこ三《みっ》つ

■あなたが おぼえやすい ことばを かんがえて、かきましょう。

■かんせい クイズ《くいず》

★それぞれの かんじを なぞって つけたして かんせいさせましょう。

リマインド

ひにち

★一《いっ》しゅうかんごの ひにちを かいて やりましょう。

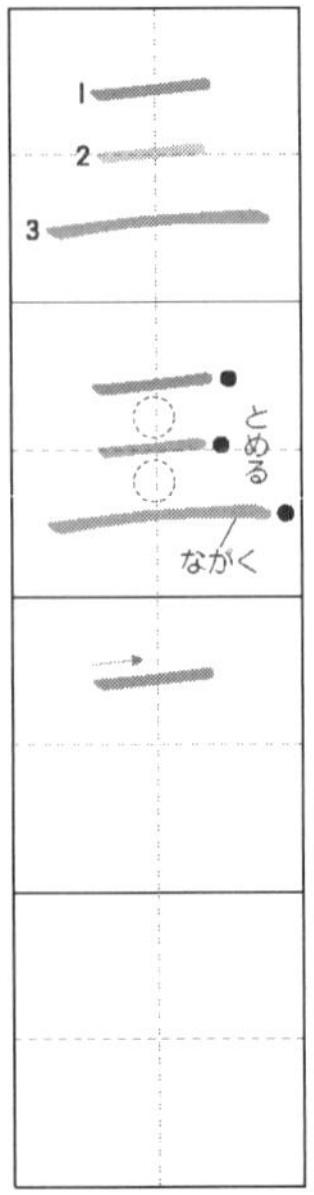

★この かんじを おぼえた ことばを かきましょう。

ひにち

みて、よんで、おぼえよう

なまえ

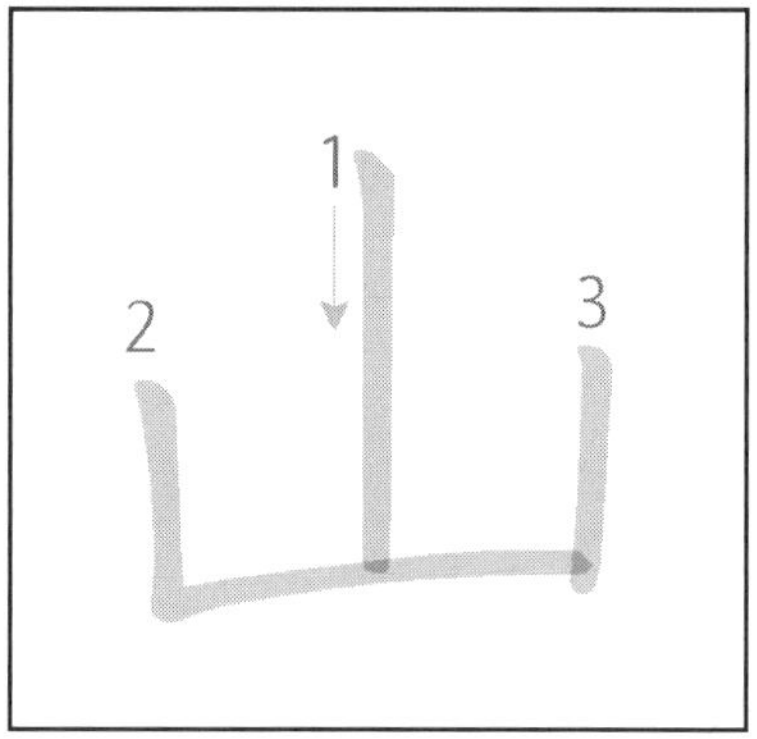

■こえに　だして　よみましょう。

山《やま》の　うえに、
たつ。

■よみかたクイズ《くいず》

★□に　よみかたを　かきましょう。

山《やま》
↓
山《や》□
↓
山□□

■かくれんぼクイズ《くいず》

★「山《やま》」を　三《みっ》つ　さがして、○で　かこみましょう。

山《やま》ろゆひいへふそ山ね
おはまかや山ほさるむ
な山つしらせぬたこけ

ひにち ／

よんで、かいて、おぼえよう

なまえ

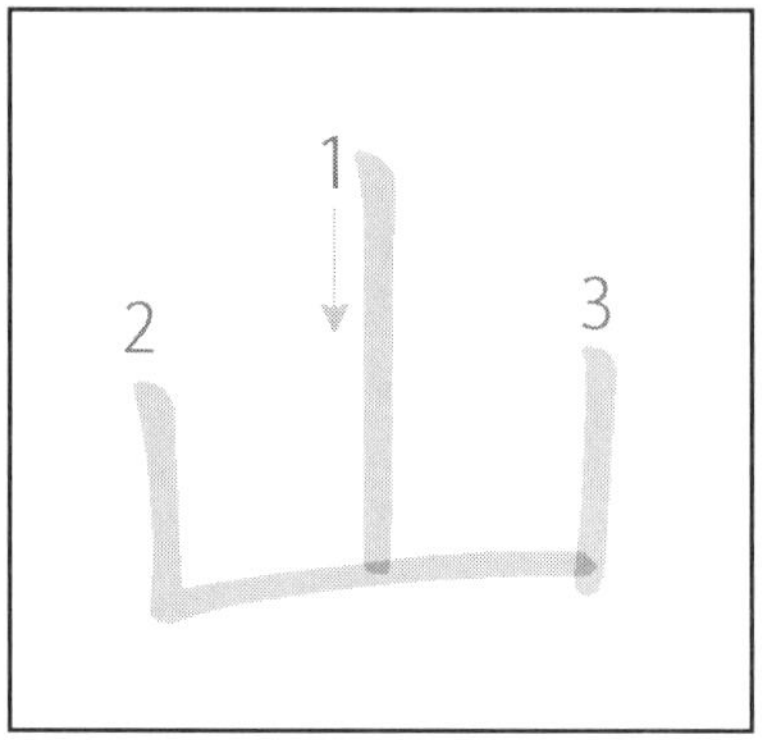

■つぎの ことばを いいながら 上《うえ》の かんじを なぞりましょう。

たて、したかく、たて

■あなたが おぼえやすい ことばを かんがえて、かきましょう。

■かんせい ク《く》イ《い》ズ《ず》

★それぞれの かんじを なぞって つけたして かんせいさせましょう。

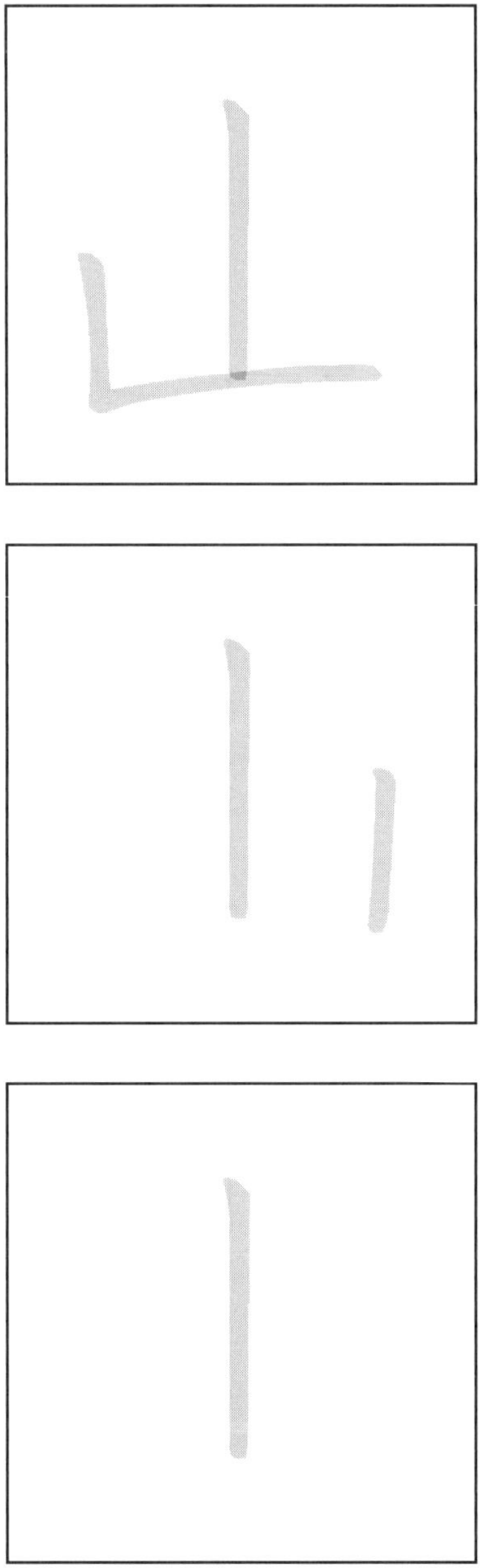

リマインド

ひにち ／

★一《いっ》しゅうかんごの ひにちを かいて やりましょう。

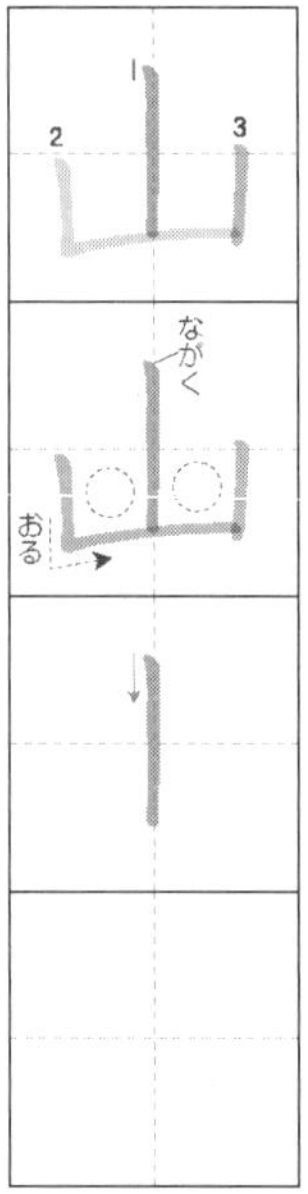

★この かんじを おぼえた ことばを かきましょう。

ひにち

なまえ

みて、よんで、おぼえよう

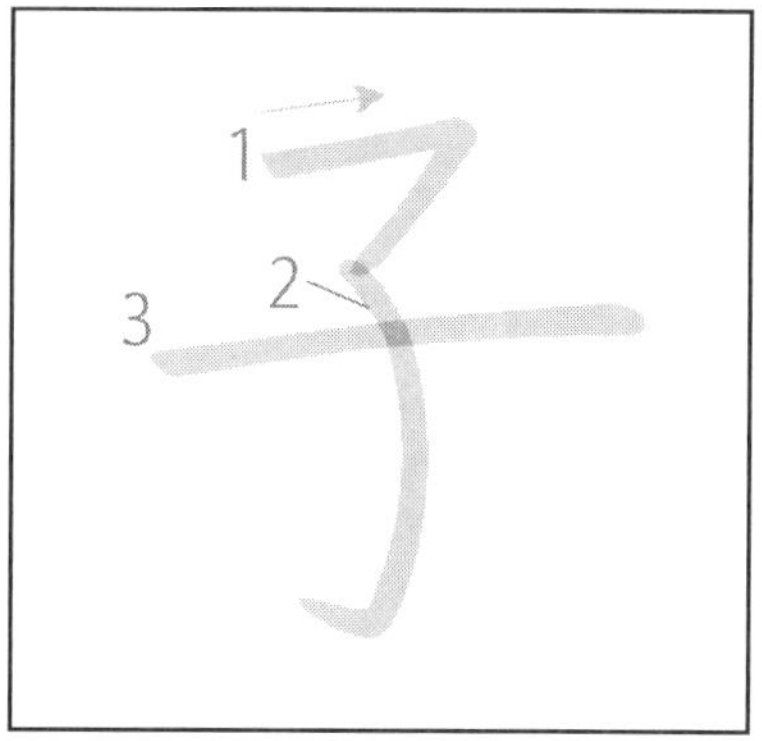

■こえに だして よみましょう。

子《こ》いぬを そだてる。

■よみかたク《く》イ《い》ズ《ず》

★□に よみかたを かきましょう。

子《こ》いぬ
↓
子□いぬ
↓
子□いぬ

■かくれんぼク《く》イ《い》ズ《ず》

★「子《こ》」を 三《みっ》つ さがして、○で かこみましょう。

子《こ》せめかもおなさ子ふ
むうねたひるろまよ子
へにくはと子しけすら

ひにち

よんで、かいて、おぼえよう

なまえ

子

■つぎの　ことばを　いいながら　上《うえ》の　かんじを　なぞりましょう。

フ、したはね、よこ

■あなたが　おぼえやすい　ことばを　かんがえて、かきましょう。

■かんせい　クイズ《くいず》

★それぞれの　かんじを　なぞって　つけたして　かんせいさせましょう。

リマインド

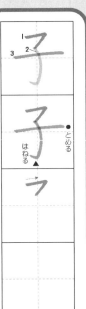

ひにち

★一《いっ》しゅうかんごの　ひにちを　かいて　やりましょう。

子

とめる

はねる

★この　かんじを　おぼえた　ことばを　かきましょう。

ひにち　／

みて、よんで、おぼえよう

なまえ

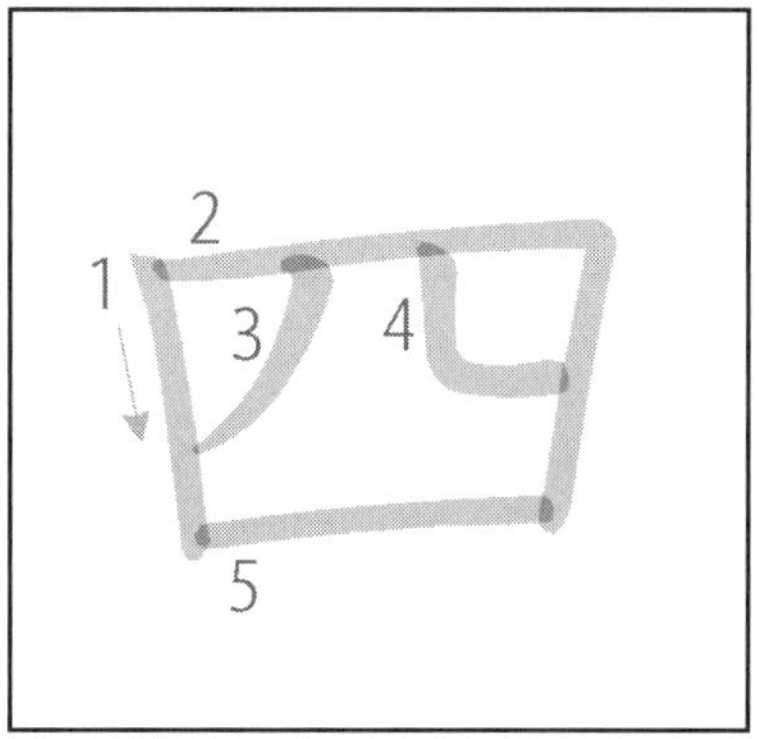

■こえに　だして　よみましょう。

四《よん》ひきの
ねこ。

■よみかたクイズ《くいず》

★□に　よみかたを　かきましょう。

四《よん》ひき
↓
四《よ□》ひき
↓
四《□□》ひき

■かくれんぼクイズ《くいず》

★「四《よん》ひき」を　三《みっ》つ　さがして、〇で　かこみましょう。

四《よん》ひきに四ひきよむぬ
四ひきもえんまこると
さみ四ひきちくたきほ

ひにち

よんで、かいて、おぼえよう

なまえ

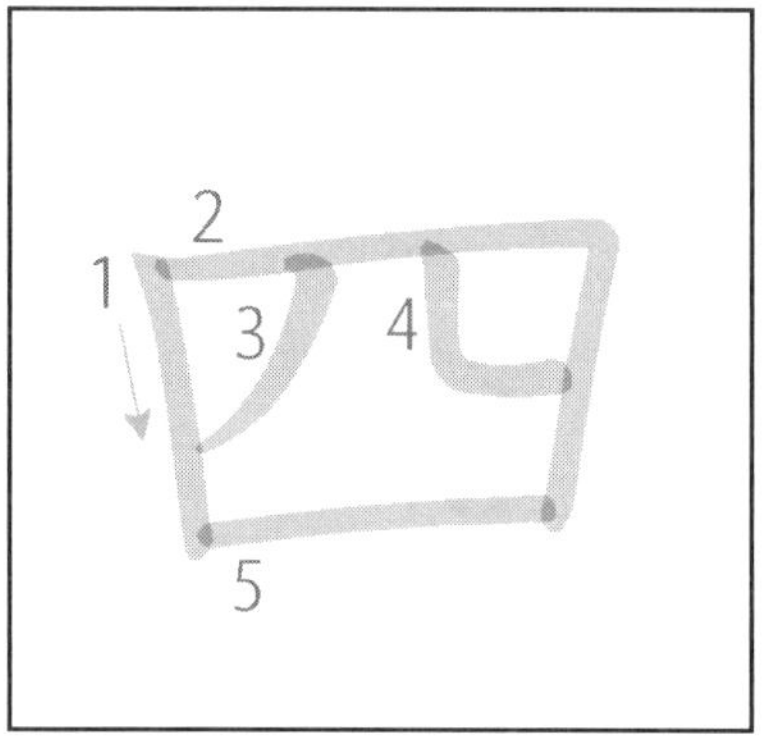

■つぎの ことばを いいながら 上《うえ》の かんじを なぞりましょう。

たて、かく、ル、よこ

■あなたが おぼえやすい ことばを かんがえて、かきましょう。

■かんせい クイズ《くいず》

★それぞれの かんじを なぞって つけたして かんせいさせましょう。

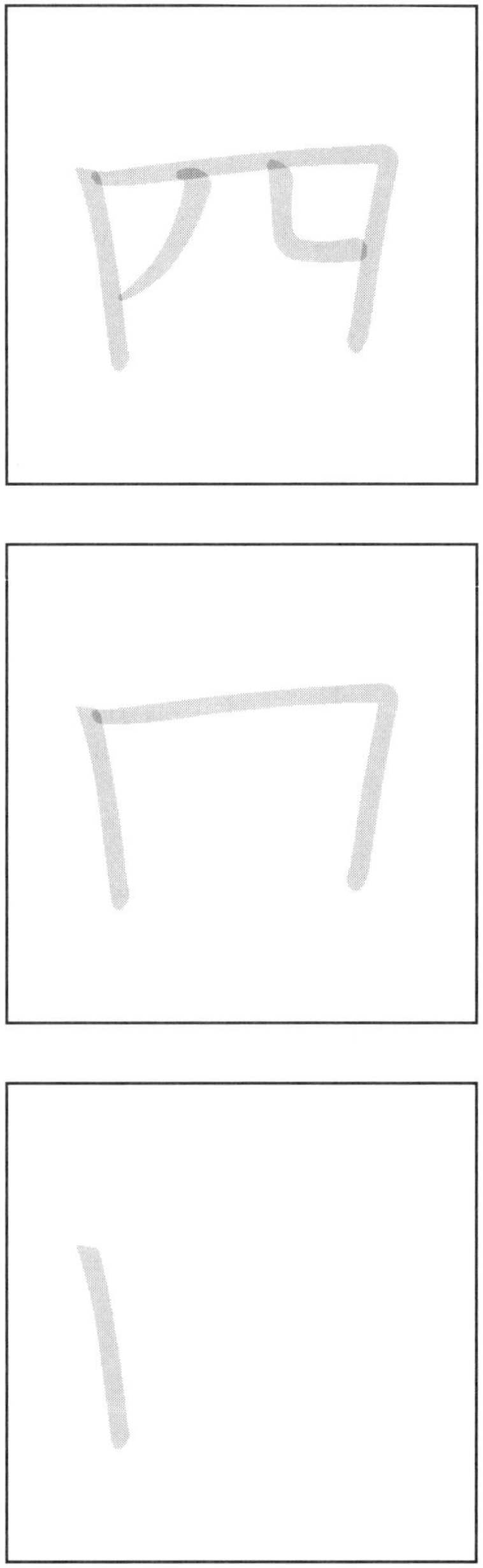

リマインド

ひにち

★一《いっ》しゅうかんごの ひにちを かいて やりましょう。

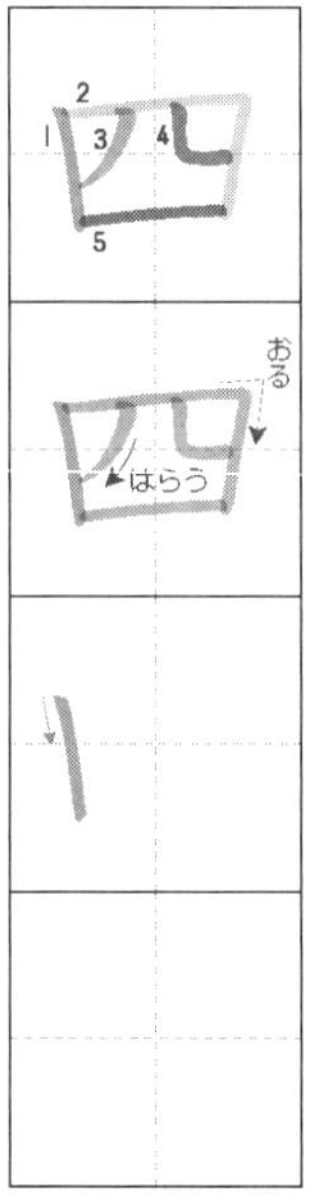

★この かんじを おぼえた ことばを かきましょう。

ひにち

みて、よんで、おぼえよう

なまえ

糸

1 2 3 4 5 6

■こえに　だして　よみましょう。

け糸《いと》で　あむ。

■よみかたクイズ《くいず》

★□に　よみかたを　かきましょう。

け糸《いと》
↓
け糸《い》□
↓
け糸□□

■かくれんぼクイズ《くいず》

★「糸《いと》」を　三《みっ》つ　さがして、○で　かこみましょう。

糸《いと》はま糸うてすむつあ
ひか糸きらねそしろよ
のさめけんみ糸ゆなぬ

ひにち

よんで、かいて、おぼえよう

なまえ

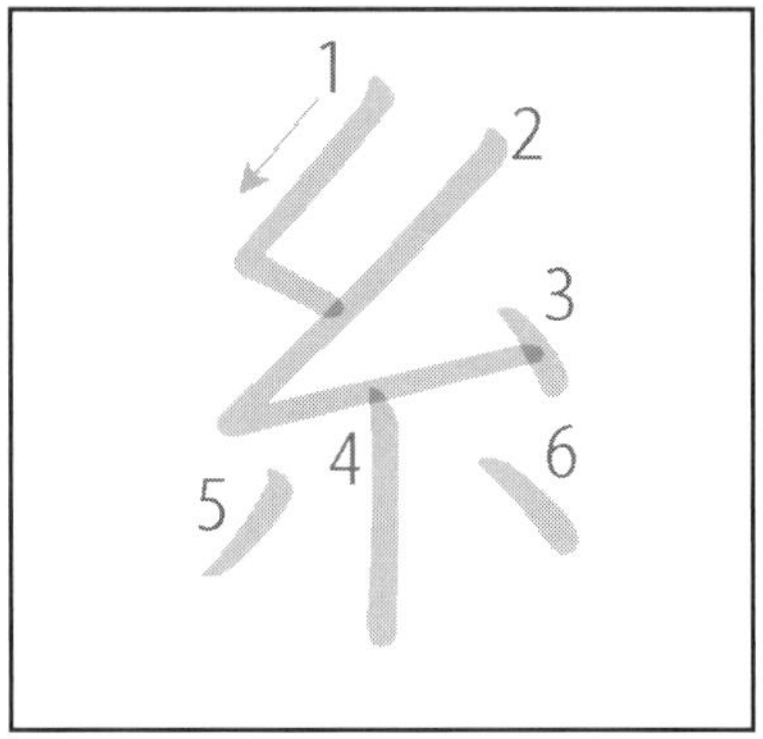

■つぎの　ことばを　いいながら
上《うえ》の　かんじを　なぞりましょう。

く、ム、たて、ハ

■あなたが　おぼえやすい　ことばを　かんがえて、かきましょう。

■かんせい　クイズ《くいず》

★それぞれの　かんじを　なぞって　つけたして　かんせいさせましょう。

リマインド

ひにち

★一《いっ》しゅうかんごの　ひにちを　かいて　やりましょう。

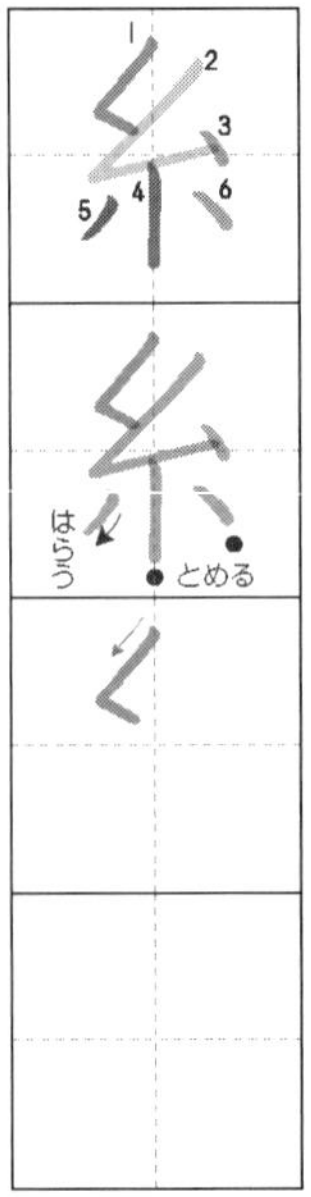

★この　かんじを　おぼえた
ことばを　かきましょう。

ひにち

なまえ

みて、よんで、おぼえよう

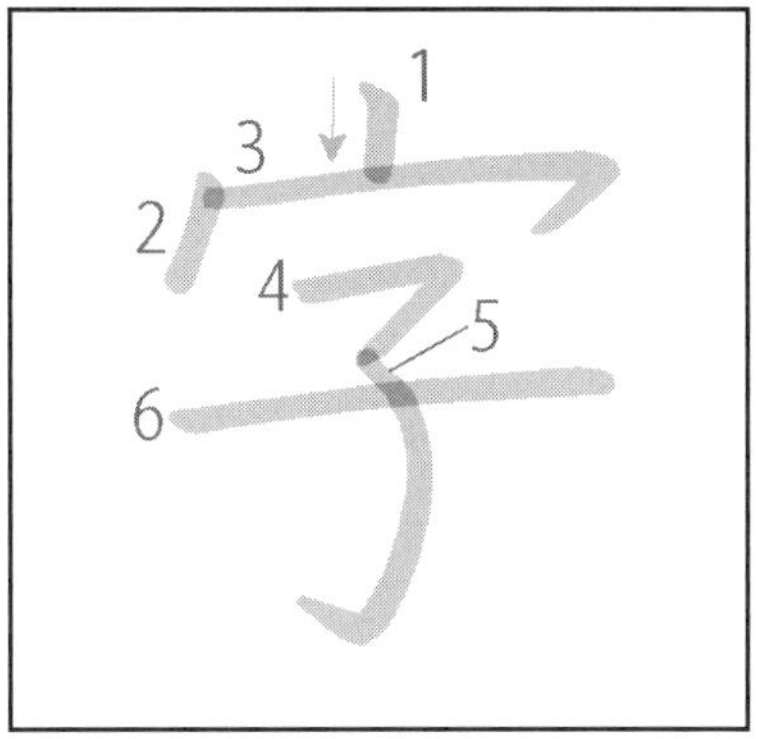

■こえに だして よみましょう。

字《じ》を かく。

■よみかたクイズ《くいず》

★ □に よみかたを かきましょう。

字《じ》を かく

↓

字《□》を かく

↓

字《□》を かく

■かくれんぼクイズ《くいず》

★「字《じ》」を 三《みっ》つ さがして、◯で かこみましょう。

字《じ》たゆら字さあつねえ

そしせ字いはとれほり

にこ字てねよくなひむ

ひにち　／

よんで、かいて、おぼえよう

なまえ

字

1 2 3 4 5 6

■つぎの　ことばを　いいながら
上《うえ》の　かんじを　なぞりましょう。

ウ、フ、したはね、よこ

■あなたが　おぼえやすい　ことばを　かんがえて、かきましょう。

■かんせい　クイズ《くいず》

★それぞれの　かんじを　なぞって　つけたして　かんせいさせましょう。

リマインド

ひにち　／

★一《いっ》しゅうかんごの　ひにちを　かいて　やりましょう。

字　はねる

★この　かんじを　おぼえた
ことばを　かきましょう。

ひにち　／

みて、よんで、おぼえよう

なまえ

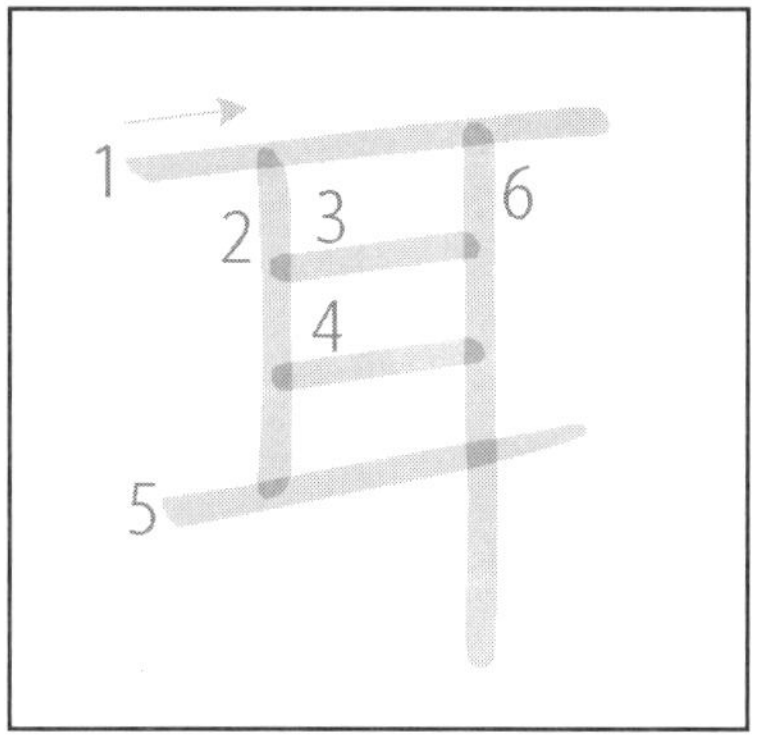

■こえに だして よみましょう。

耳《みみ》で きく。

■よみかたクイズ《くいず》 ★ □に よみかたを かきましょう。

耳《みみ》
↓
耳 み□
↓
耳 □□

■かくれんぼクイズ《くいず》 ★ 「耳《みみ》」を 三《みっ》つ さがして、○で かこみましょう。

耳《みみ》らえとんむ耳さいな
よろあはゆひ耳しけく
きまふりれたね耳やそ

ひにち

よんで、かいて、おぼえよう

なまえ

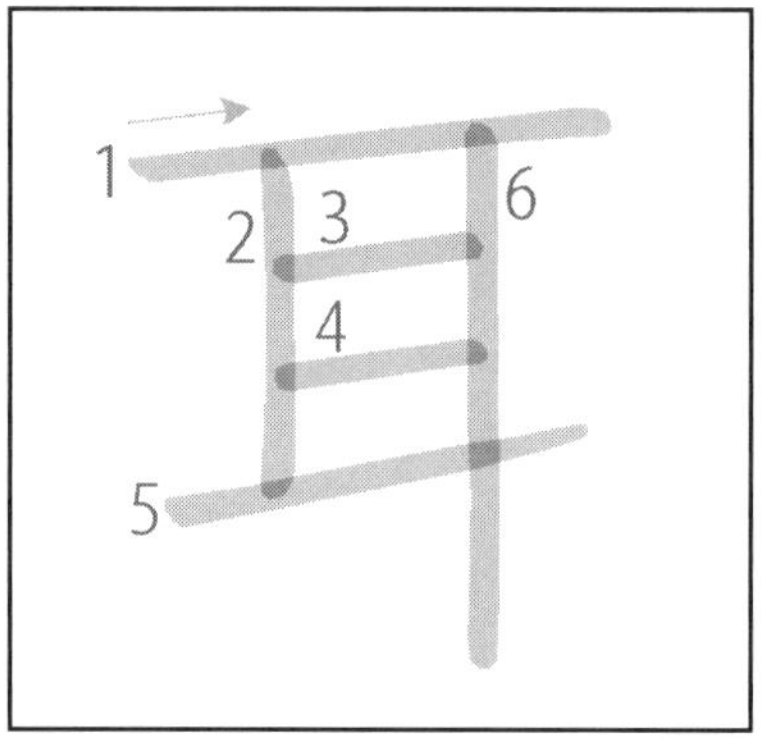

■つぎの ことばを いいながら 上《うえ》の かんじを なぞりましょう。

よこ、たて、よこ、よこ、よこ、ななめ、
たて

■あなたが おぼえやすい ことばを かんがえて、かきましょう。

■かんせい クイズ《くいず》

★それぞれの かんじを なぞって つけたして かんせいさせましょう。

リマインド

ひにち

★一《いっ》しゅうかんごの ひにちを かいて やりましょう。

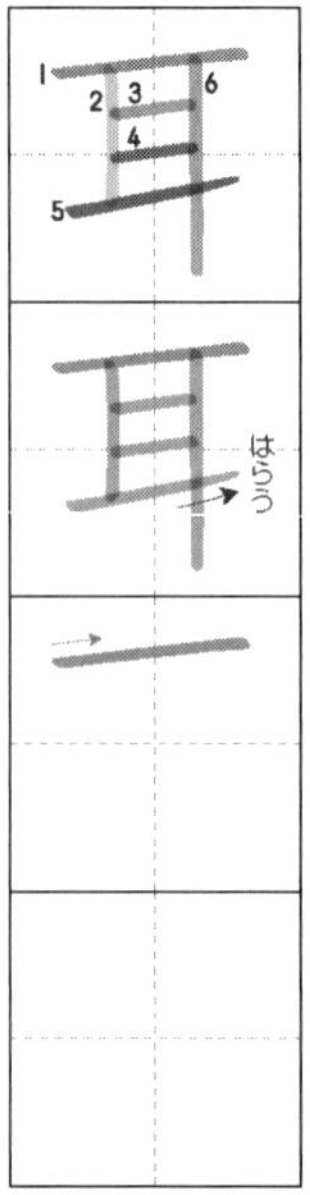

★この かんじを おぼえた ことばを かきましょう。

ひにち　／

みて、よんで、おぼえよう

なまえ

七

■こえに　だして　よみましょう。

七《しち》ひきの
とり。

■よみかたクイズ《くいず》

★□に　よみかたを　かきましょう。

しち
七ひき
↓
し
七□ひき
↓
七□□ひき

■かくれんぼクイズ《くいず》

★「七《しち》」を　三《みっ》つ　さがして、○で　かこみましょう。

七《しち》てせうやはけち七か
るっといもこめろ七ま
たゆんねきさ七ひなほ

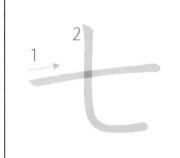

ひにち　／

よんで、かいて、おぼえよう

なまえ

七

■つぎの　ことばを　いいながら　上《うえ》の　かんじを　なぞりましょう。

よこ、したかく

■あなたが　おぼえやすい　ことばを　かんがえて、かきましょう。

■かんせい　クイズ《くいず》

★それぞれの　かんじを　なぞって　つけたして　かんせいさせましょう。

七

し

一

ひにち　／

リマインド

★一《いっ》しゅうかんごの　ひにちを　かいて　やりましょう。

七　七（とめる・まげる）　一

★この　かんじを　おぼえた　ことばを　かきましょう。

ひにち

みて、よんで、おぼえよう

なまえ

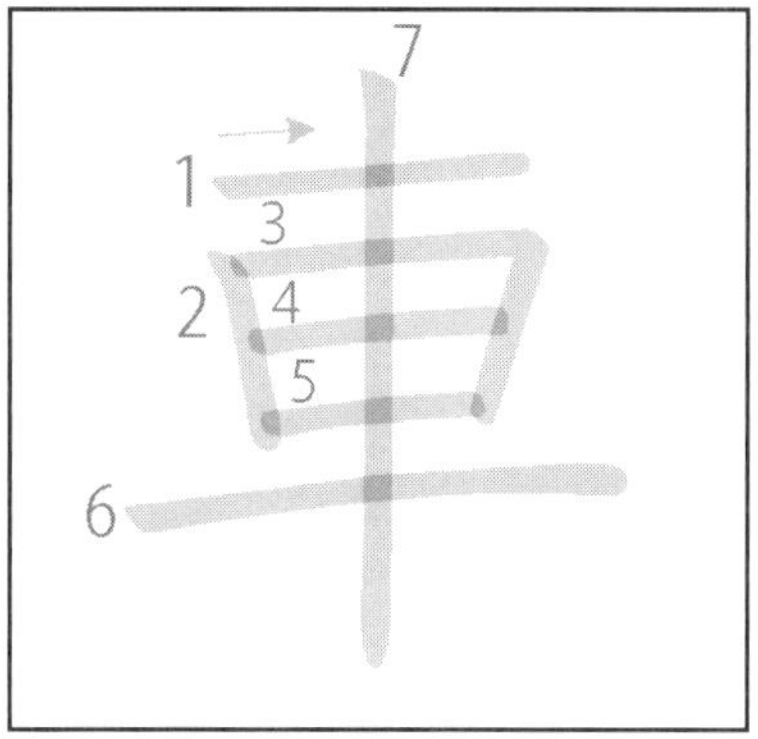

■こえに　だして　よみましょう。

車《くるま》で　いく。

■よみかたクイズ《くいず》

★　□に　よみかたを　かきましょう。

車　くるま

↓

車　く□□

↓

車　□□□

■かくれんぼクイズ《くいず》

★　「車《くるま》」を　三《みっ》つ　さがして、○で　かこみましょう。

車《くるま》ぬおつ車さいはけみ
かませ車すほり車のへ
ふきとしくこやねなも

ひにち

よんで、かいて、おぼえよう

なまえ

■つぎの ことばを いいながら
上《うえ》の かんじを なぞりましょう。

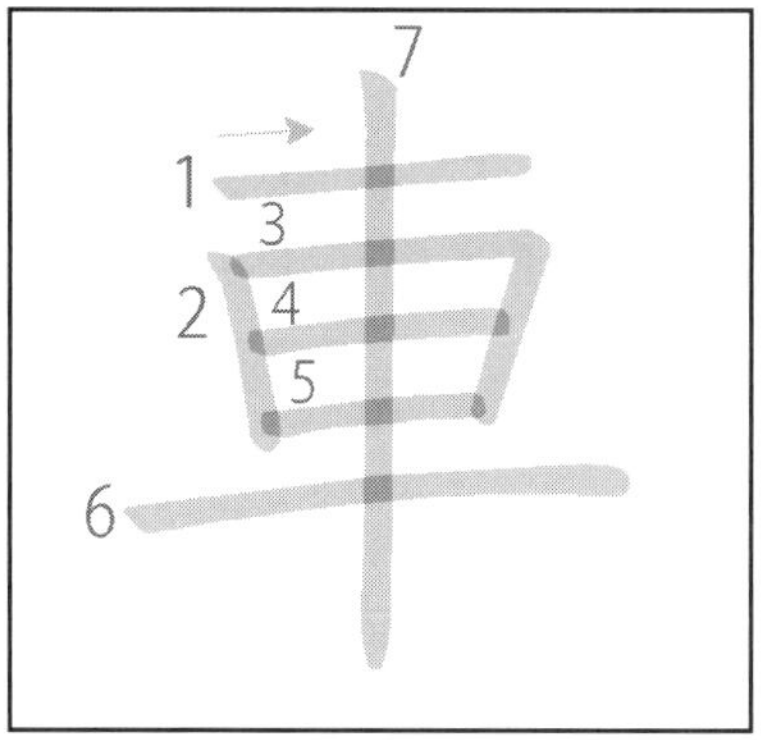

よこ、たて、かく、よこ、よこ、よこ、
よこ、たて

■あなたが おぼえやすい ことばを かんがえて、かきましょう。

■かんせい クイズ《くいず》

★それぞれの かんじを なぞって つけたして かんせいさせましょう。

リマインド

ひにち

★一《いっ》しゅうかんごの ひにちを かいて やりましょう。

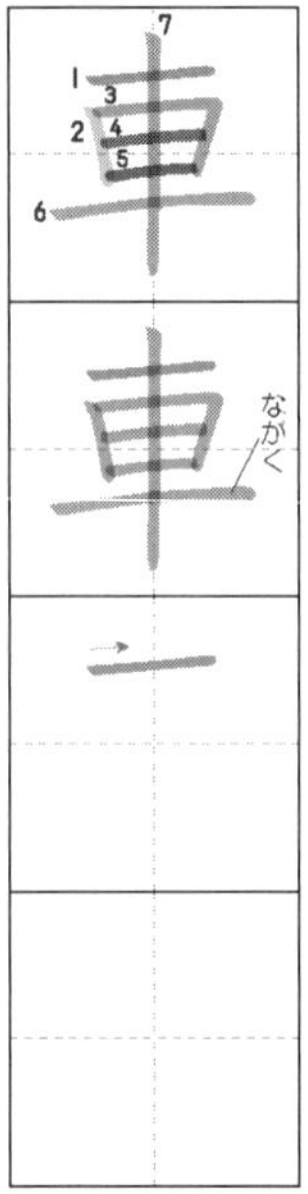

★この かんじを おぼえた
ことばを かきましょう。

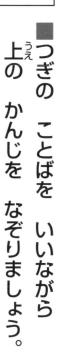

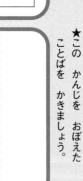

ひにち

／

みて、よんで、おぼえよう

なまえ

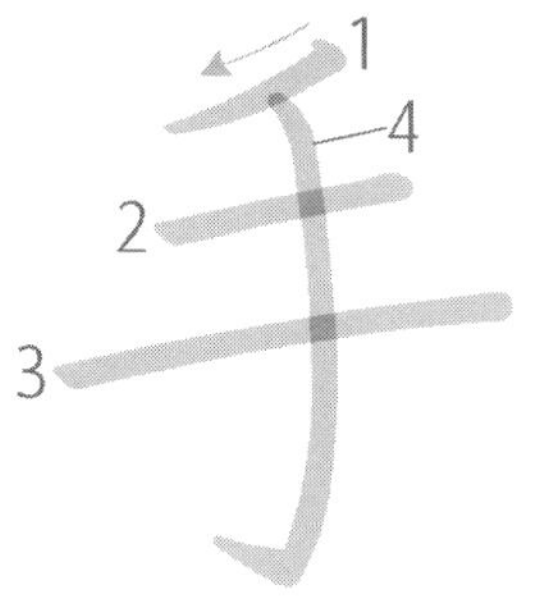

■こえに　だして　よみましょう。

手《て》を　みせる。

■よみかたクイズ《くいず》

★　□に　よみかたを　かきましょう。

て　手を　みせる
↓
□　手を　みせる
↓
□　手を　みせる

■かくれんぼクイズ《くいず》

★　「手《て》」を　三《みっ》つ　さがして、◯で　かこみましょう。

手《て》とたぬしうむ手のち
なおせるろやは手ひに
ほくけら手こねんくも

ひにち

なまえ

よんで、かいて、おぼえよう

■つぎの ことばを いいながら
上《うえ》の かんじを なぞりましょう。

ノ、ニ、したはね

■あなたが おぼえやすい ことばを かんがえて、かきましょう。

■かんせい クイズ《くいず》

★それぞれの かんじを なぞって つけたして かんせいさせましょう。

リマインド

ひにち

★一《いっ》しゅうかんごの ひにちを かいて やりましょう。

★この かんじを おぼえた
ことばを かきましょう。

ひにち

／

みて、よんで、おぼえよう

なまえ

十

1 2

■こえに だして よみましょう。

十《じっ》この ふうせん。

■よみかたクイズ《くいず》

★ □に よみかたを かきましょう。

十《じっ》こ

↓

十《じ□》こ

↓

十《□□》こ

■かくれんぼクイズ《くいず》

★「十《じっ》こ」を 三《みっ》つ さがして、○で かこみましょう。

十《じっ》こけうこあれ十こせ
すかなややたは十このそ
てさろみ十こもつひん

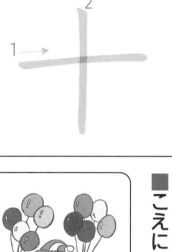

ひにち

なまえ

よんで、かいて、おぼえよう

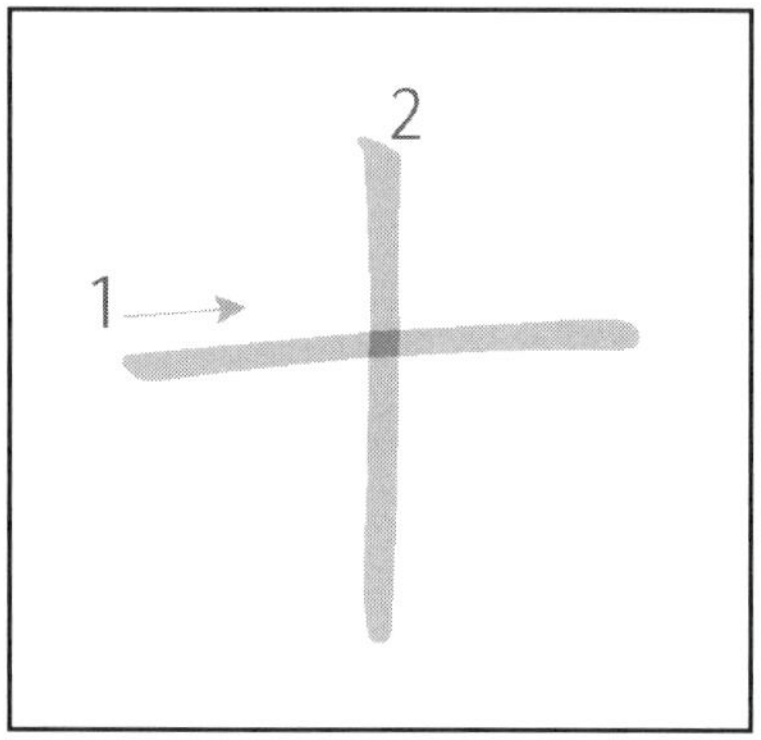

■つぎの　ことばを　いいながら　上《うえ》の　かんじを　なぞりましょう。

よこ、たて

■あなたが　おぼえやすい　ことばを　かんがえて、かきましょう。

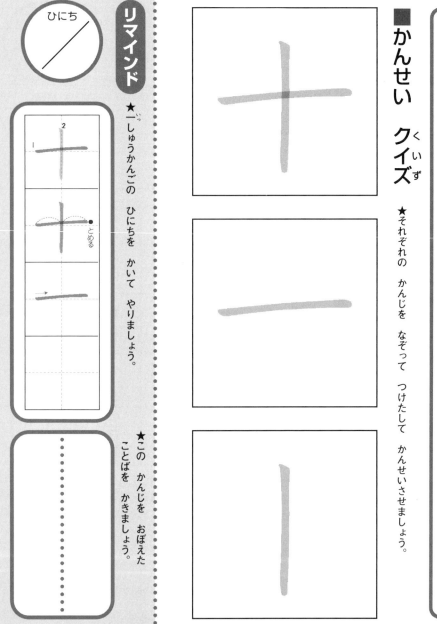

■かんせい　クイズ《くいず》

★それぞれの　かんじを　なぞって　つけたして　かんせいさせましょう。

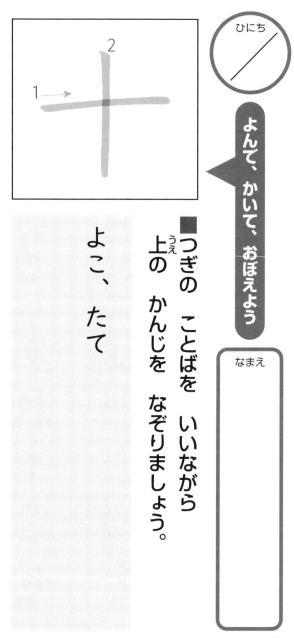

リマインド

ひにち

★一《いっ》しゅうかんごの　ひにちを　かいて　やりましょう。

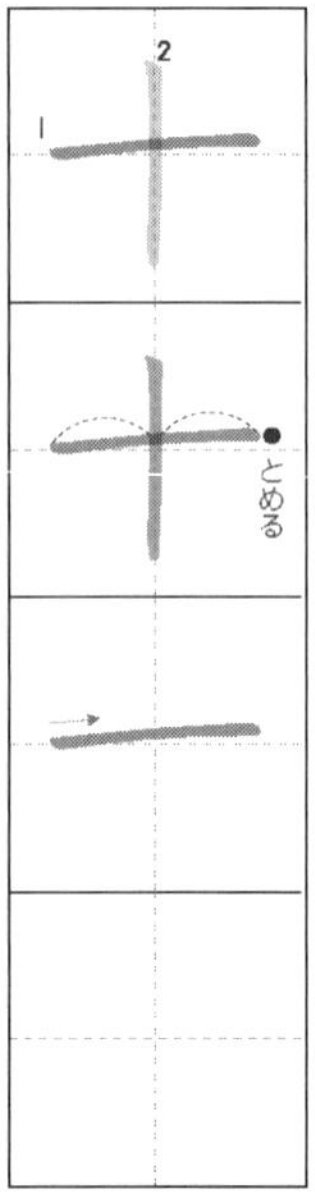

★この　かんじを　おぼえた　ことばを　かきましょう。

ひにち　／

みて、よんで、おぼえよう

なまえ

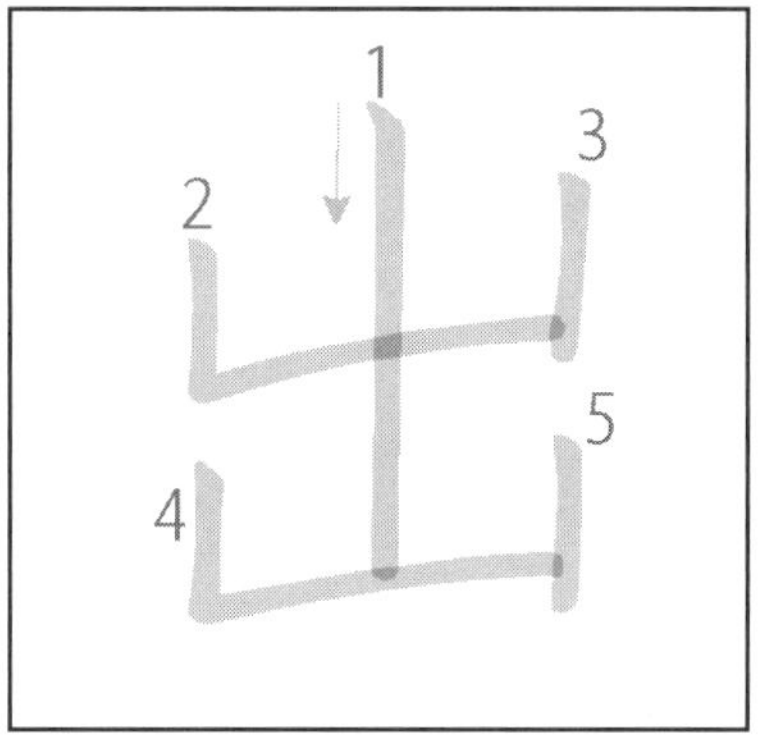

■こえに　だして　よみましょう。

いえから
出《で》る。

■よみかたクイズ《くいず》

★　□に　よみかたを　かきましょう。

出《で》る
↓
出□る
↓
出□る

■かくれんぼクイズ《くいず》

★「出《で》る」を　三《みっ》つ　さがして、◯で　かこみましょう。

出《で》るねえ出るうはぬん
ま出るふくれきちすせ
みたひ出るこらめろや

ひにち

よんで、かいて、おぼえよう

なまえ

■つぎの ことばを いいながら 上《うえ》の かんじを なぞりましょう。

たて、したかく、たて、したかく、
たて

■あなたが おぼえやすい ことばを かんがえて、かきましょう。

■かんせい クイズ《くいず》

★それぞれの かんじを なぞって つけたして かんせいさせましょう。

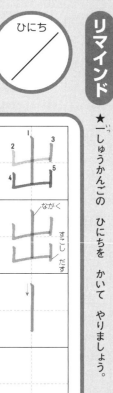

リマインド

ひにち

★一《いっ》しゅうかんごの ひにちを かいて やりましょう。

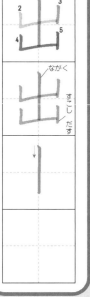

★この かんじを おぼえた ことばを かきましょう。

ひにち　／

なまえ

みて、よんで、おぼえよう

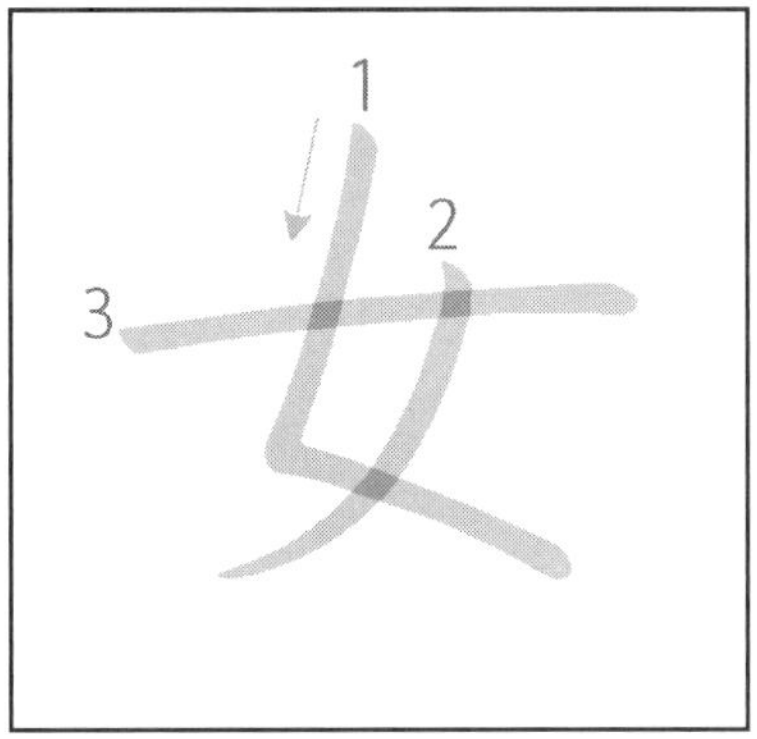

■こえに　だして　よみましょう。

女《おんな》の子《こ》

■よみかたクイズ《くいず》

★□に　よみかたを　かきましょう。

女　おんな

↓

女　お□□

↓

女　□□□

■かくれんぼクイズ《くいず》

★「女《おんな》」を　三《みっ》つ　さがして、○で　かこみましょう。

女《おんな》ゆたかれすは女うぬ
ちせさあめるへ女つこ
なけしらくやき女もそ

ひにち

よんで、かいて、おぼえよう

なまえ

■つぎの　ことばを　いいながら
上《うえ》の　かんじを　なぞりましょう。

く、ノ、よこ

■あなたが　おぼえやすい　ことばを　かんがえて、かきましょう。

■かんせい　クイズ《くいず》

★それぞれの　かんじを　なぞって　つけたして　かんせいさせましょう。

リマインド

ひにち

★一《いっ》しゅうかんごの　ひにちを　かいて　やりましょう。

すこし　だす
とめる
はらう

★この　かんじを　おぼえた
ことばを　かきましょう。

ひにち　／

みて、よんで、おぼえよう

なまえ

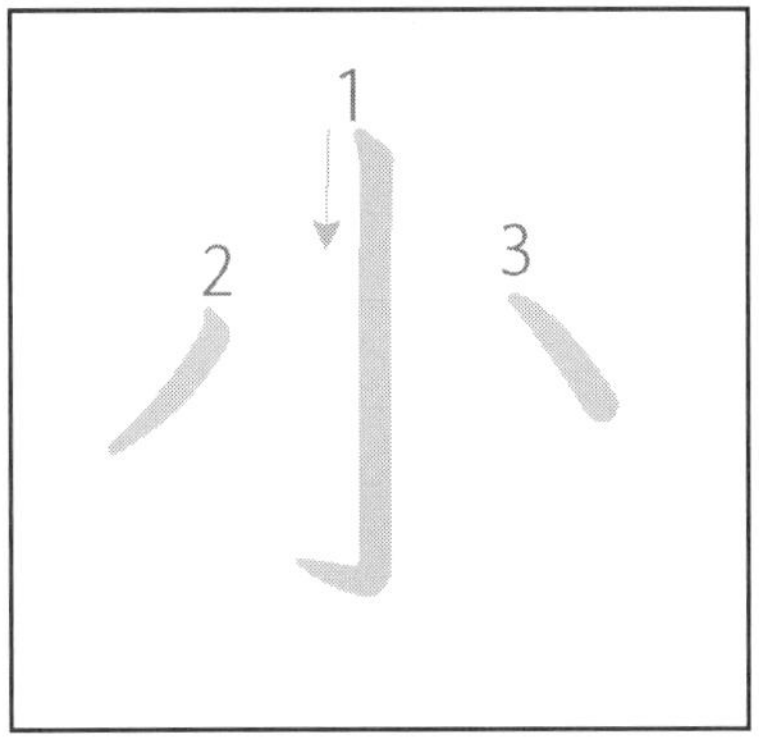

■こえに　だして　よみましょう。

小学生《しょうがくせい》

■よみかたクイズ《くいず》　★□に　よみかたを　かきましょう。

小学《しょうがく》
↓
小学　し□□
↓
小学　□□□

■かくれんぼクイズ《くいず》　★「小《しょう》」を　三《みっ》つ　さがして、○で　かこみましょう。

小《しょう》こらみひかやえぬら
小きもてにすつむより
み小しもふは小へはろ

ひにち

なまえ

よんで、かいて、おぼえよう

■つぎの ことばを いいながら 上《うえ》の かんじを なぞりましょう。

小

したはね、ハ

■あなたが おぼえやすい ことばを かんがえて、かきましょう。

■かんせい クイズ《くいず》

★それぞれの かんじを なぞって つけたして かんせいさせましょう。

リマインド

ひにち

★一《いっ》しゅうかんごの ひにちを かいて やりましょう。

はらう はねる とめる

★この かんじを おぼえた ことばを かきましょう。

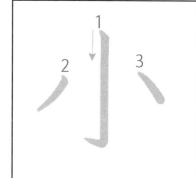

ひにち

みて、よんで、おぼえよう

なまえ

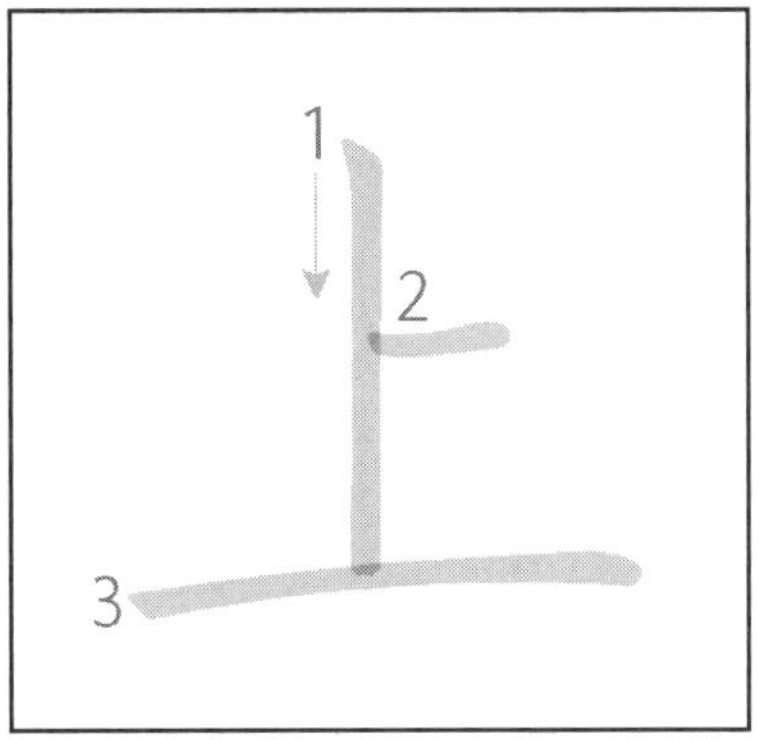

■こえに だして よみましょう。

上《うえ》に あがる。

■よみかたクイズ《くいず》

★ □に よみかたを かきましょう。

上《うえ》に
↓
上《う》□に
↓
上□□に

■かくれんぼクイズ《くいず》

★「上《うえ》」を 三《みっ》つ さがして、○で かこみましょう。

上《うえ》とゆくにお上ろひあ
つえすも上よきせさそ
ねてれ上ふるなちらほ

ひにち

よんで、かいて、おぼえよう

なまえ

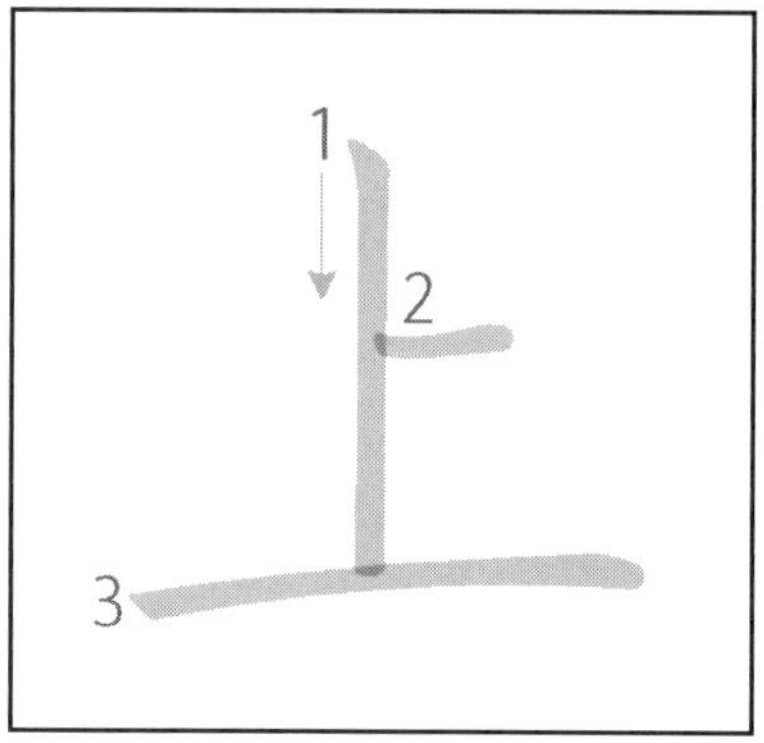

■つぎの　ことばを　いいながら
上《うえ》の　かんじを　なぞりましょう。

たて、よこ、よこ

■あなたが　おぼえやすい　ことばを　かんがえて、かきましょう。

■かんせい　クイズ《くいず》

★それぞれの　かんじを　なぞって　つけたして　かんせいさせましょう。

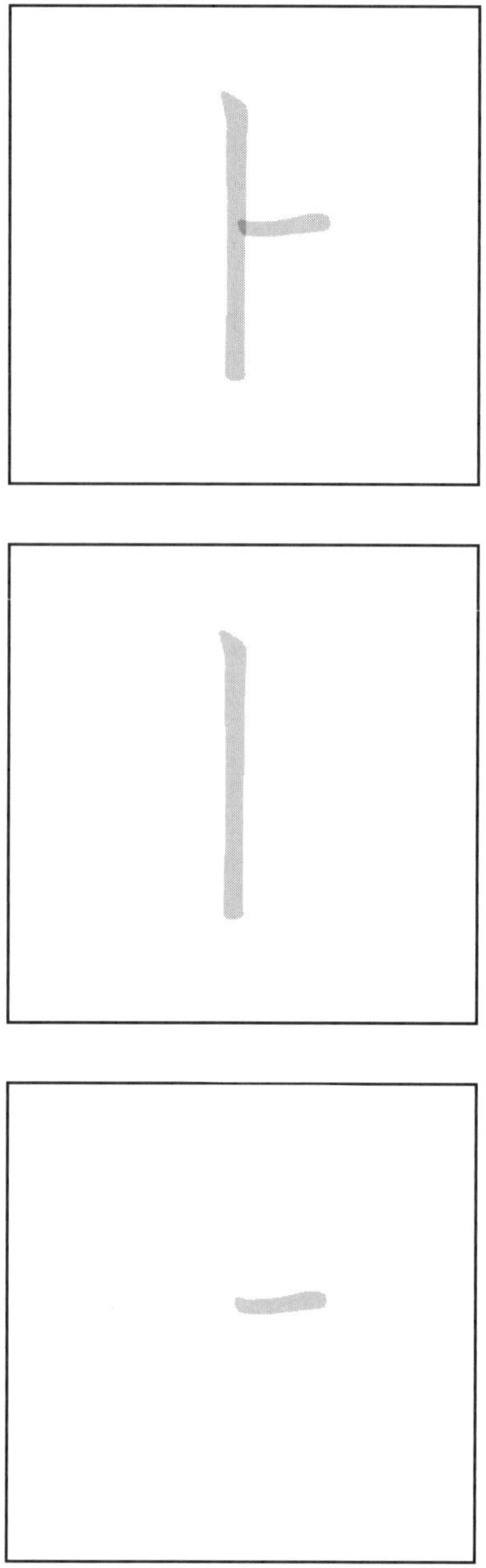

リマインド

ひにち

★一《いっ》しゅうかんごの　ひにちを　かいて　やりましょう。

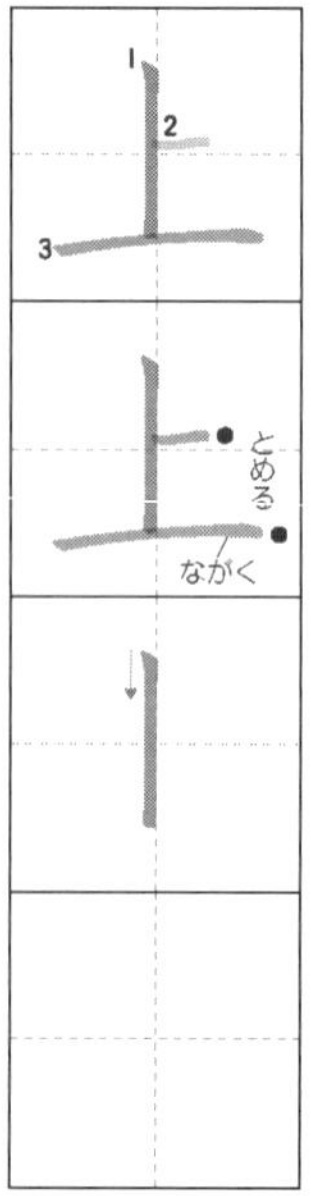

★この　かんじを　おぼえた　ことばを　かきましょう。

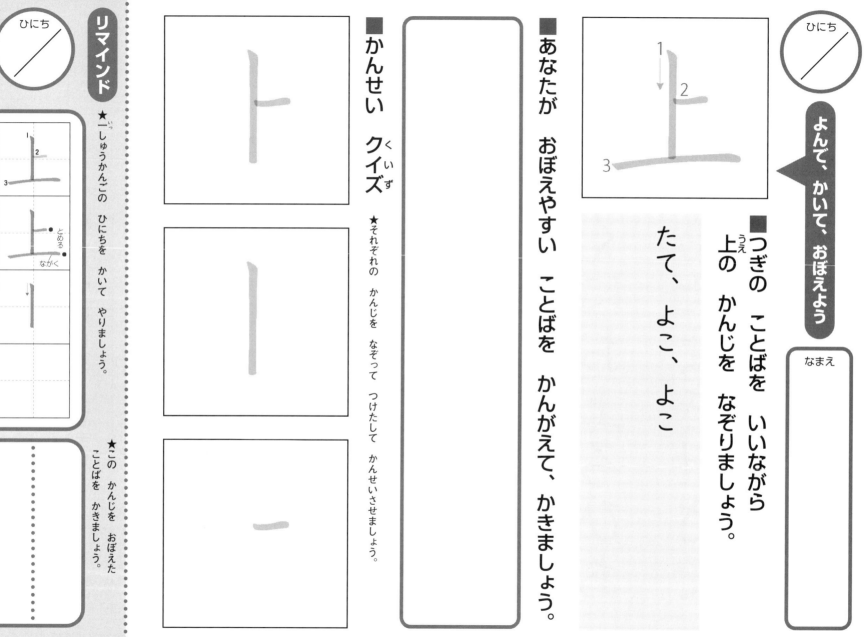

ひにち　／

なまえ

みて、よんで、おぼえよう

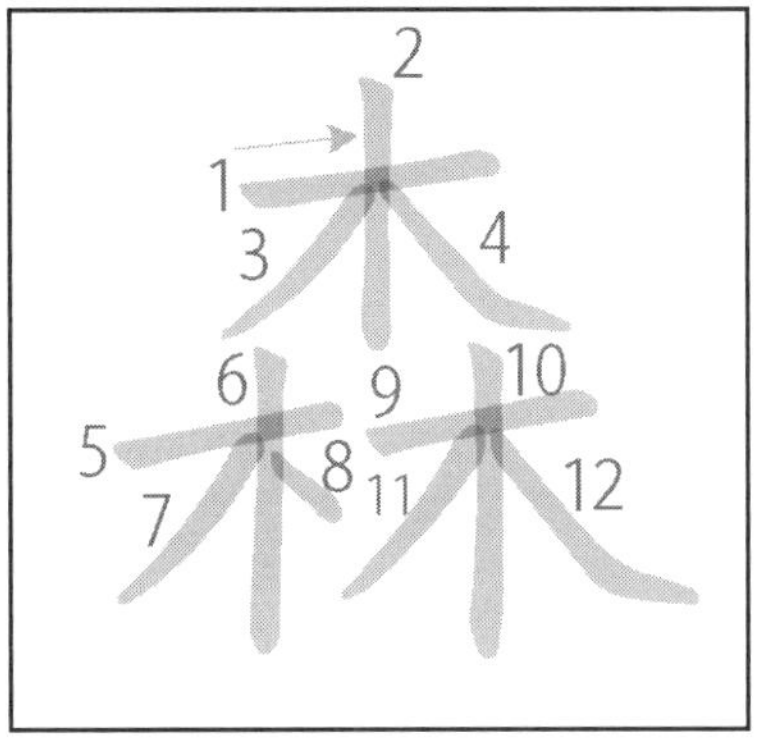

■こえに　だして　よみましょう。

森《もり》に　いく。

■よみかたクイズ《くいず》

★　□に　よみかたを　かきましょう。

森《もり》
↓
森　も□
↓
森　□□

■かくれんぼクイズ《くいず》

★「森《もり》」を　三《みっ》つ　さがして、○で　かこみましょう。

森《もり》てけ森へおにやひせ
う森ぬついくよらめな
そち森れさはんりむほ

ひにち　／

なまえ

よんで、かいて、おぼえよう

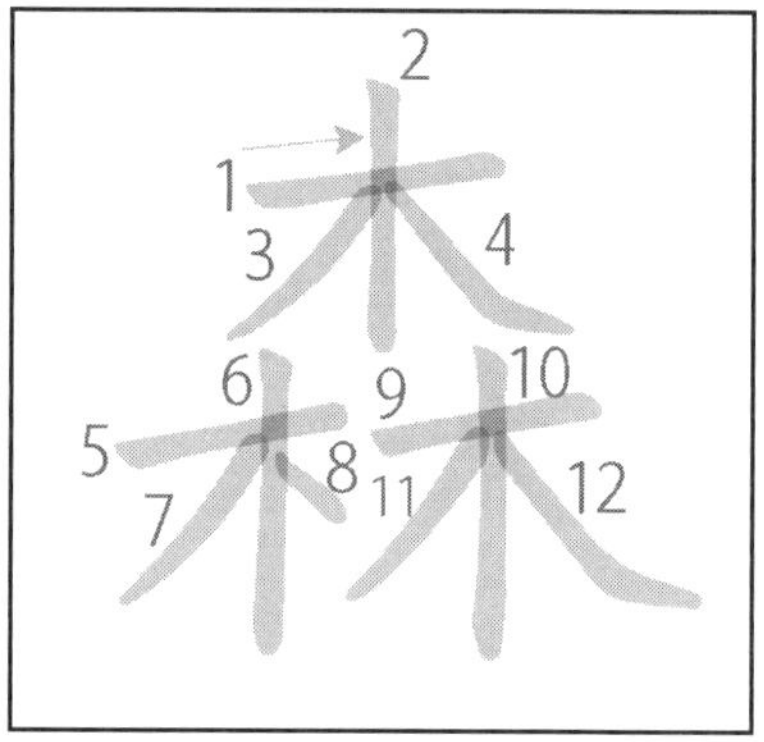

■つぎの　ことばを　いいながら　上《うえ》の　かんじを　なぞりましょう。

よこ、たて、はらい、はらい、

よこ、たて、はらい、はらい、

よこ、たて、はらい、はらい

■あなたが　おぼえやすい　ことばを　かんがえて、かきましょう。

■かんせい　クイズ《くいず》

★それぞれの　かんじを　なぞって　つけたして　かんせいさせましょう。

リマインド

ひにち　／

★一《いっ》しゅうかんごの　ひにちを　かいて　やりましょう。

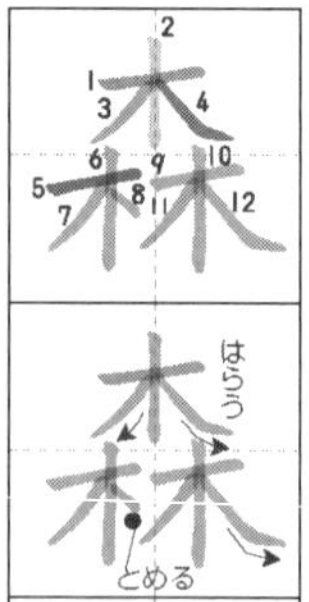

★この　かんじを　おぼえた　ことばを　かきましょう。

ひにち　／

なまえ

みて、よんで、おぼえよう

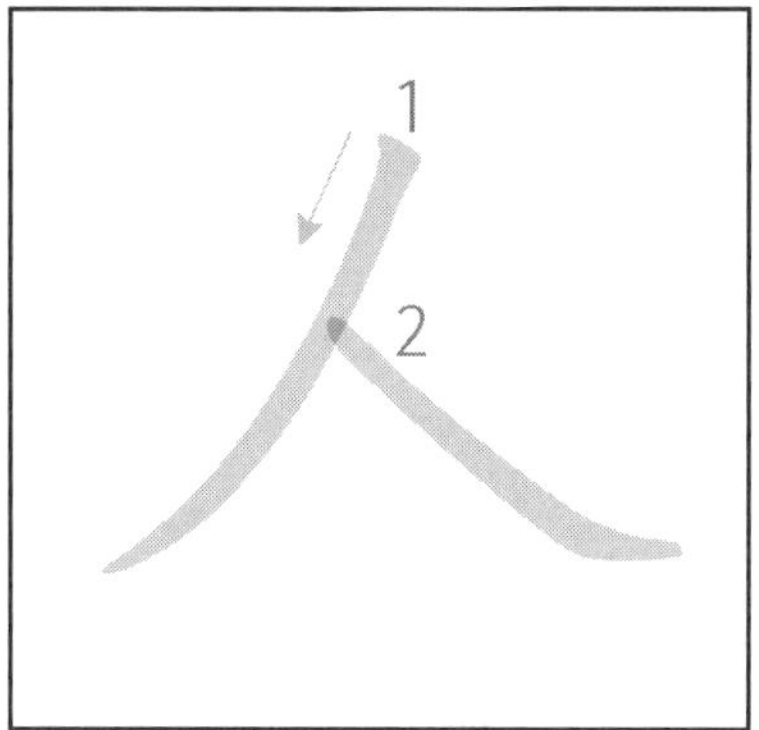

■こえに　だして　よみましょう。

人《ひと》が　いる。

■よみかたクイズ《くいず》

★　□に　よみかたを　かきましょう。

人《ひと》
↓
人《ひ》□
↓
人□□

■かくれんぼクイズ《くいず》

★　「人《ひと》」を　三《みっ》つ　さがして、○で　かこみましょう。

人《ひと》はのせ人えやおねま
人あゆこへみて人んち
ほふなけめとぬたすき

ひにち

よんで、かいて、おぼえよう

なまえ

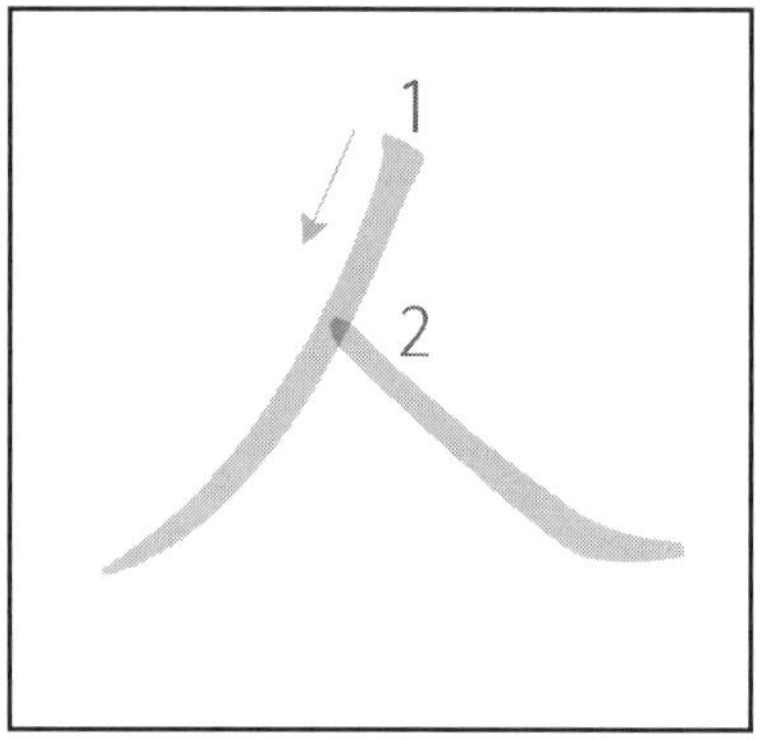

■つぎの ことばを いいながら
上《うえ》の かんじを なぞりましょう。

ノ、はらい

■あなたが おぼえやすい ことばを かんがえて、かきましょう。

■かんせい クイズ《くいず》

★それぞれの かんじを なぞって つけたして かんせいさせましょう。

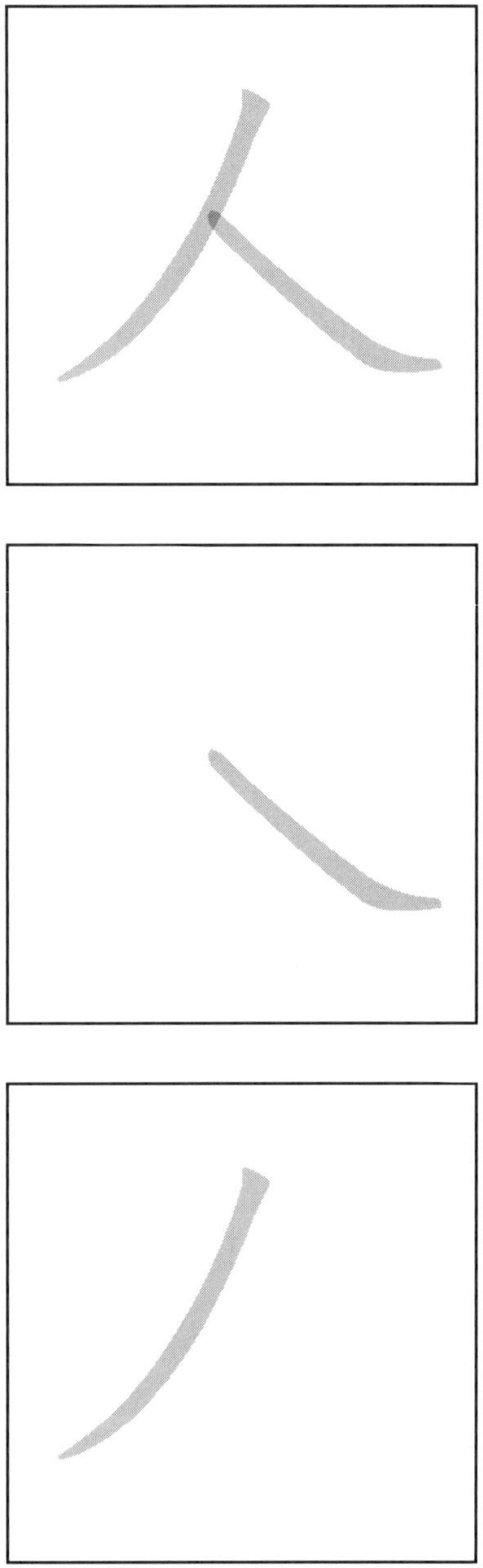

リマインド

ひにち

★一《いっ》しゅうかんごの ひにちを かいて やりましょう。

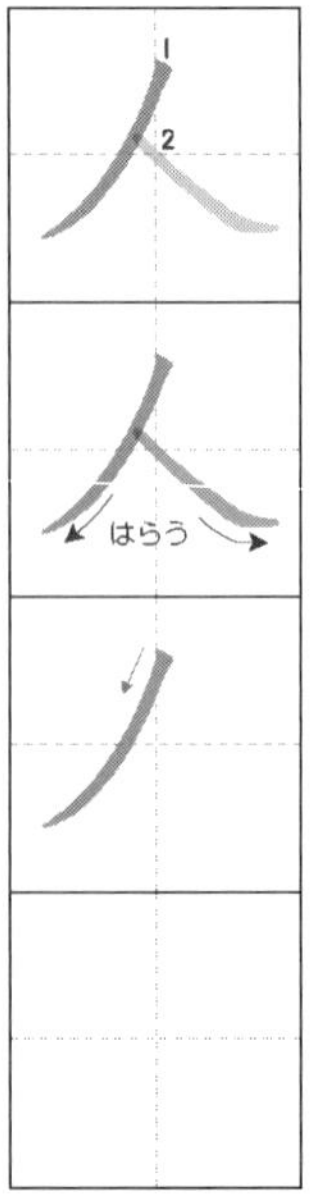

★この かんじを おぼえた
ことばを かきましょう。

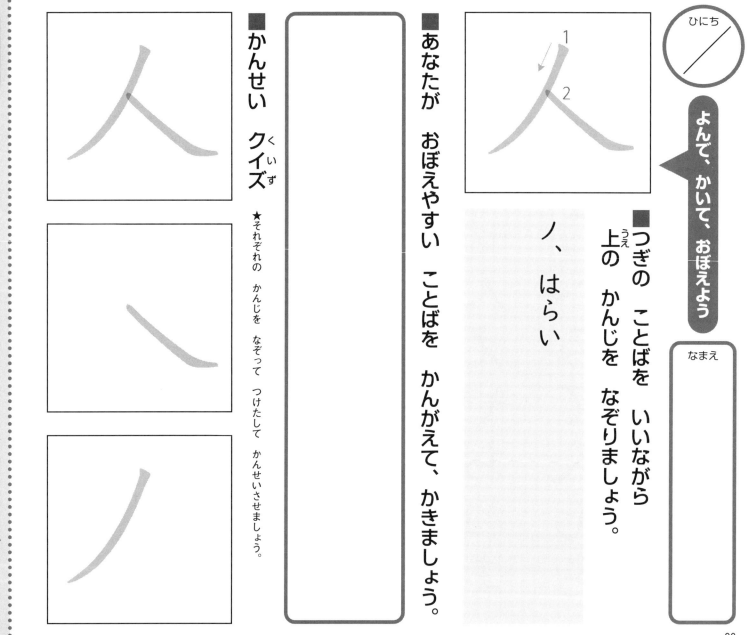

ひにち

なまえ

みて、よんで、おぼえよう

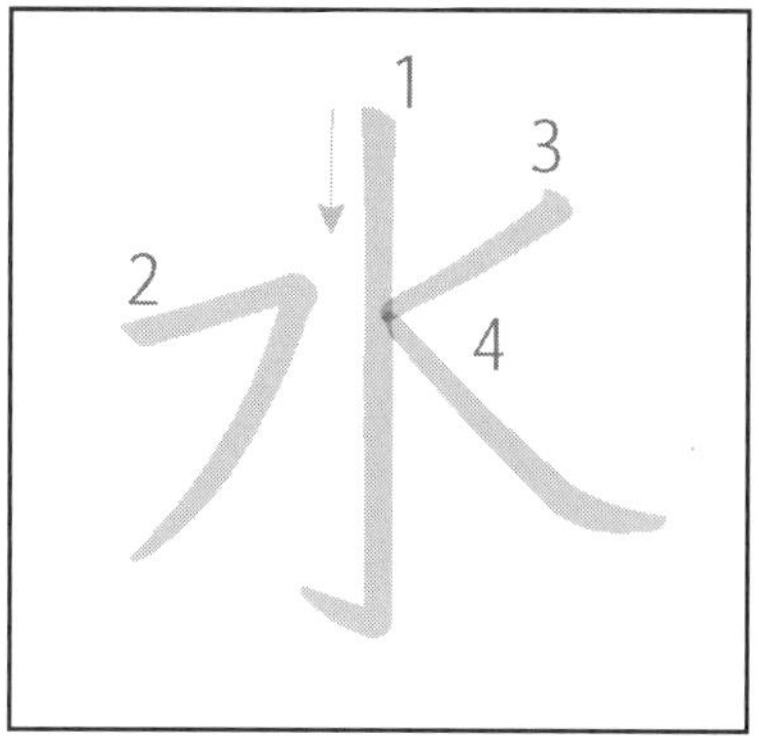

■こえに　だして　よみましょう。

水《みず》を　まく。

■よみかたクイズ《くいず》

★　□に　よみかたを　かきましょう。

水《みず》
↓
水　み□
↓
水　□□

■かくれんぼクイズ《くいず》

★　「水《みず》」を　三《みっ》つ　さがして、○で　かこみましょう。

水《みず》よつゆ水さうはひい
やんりおぬ水けしらく
まみれなへそ水にきち

ひにち

よんで、かいて、おぼえよう

なまえ

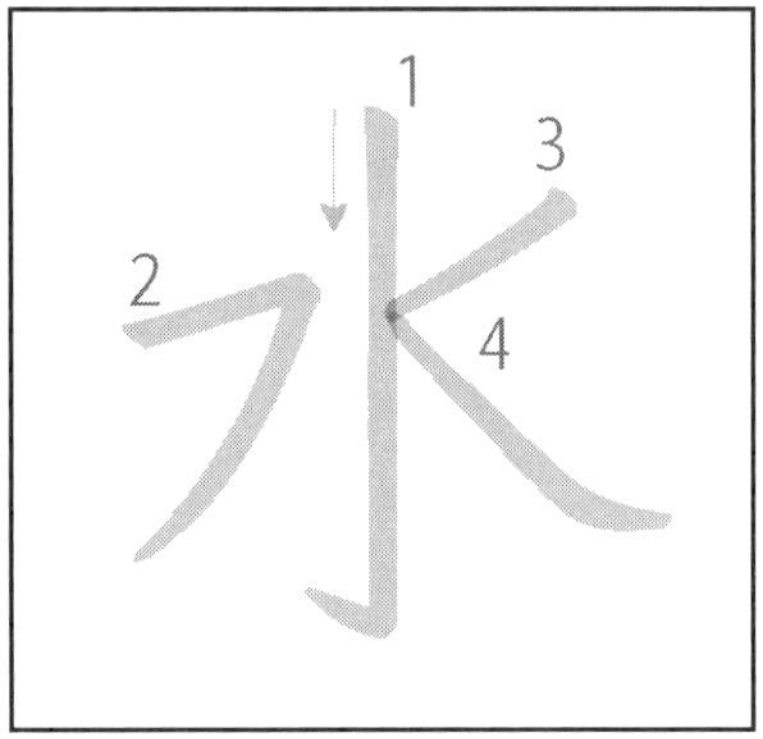

■つぎの　ことばを　いいながら
上《うえ》の　かんじを　なぞりましょう。

たてはね、フ、ななめ、はらい

■あなたが　おぼえやすい　ことばを　かんがえて、かきましょう。

■かんせい　クイズ《くいず》

★それぞれの　かんじを　なぞって　つけたして　かんせいさせましょう。

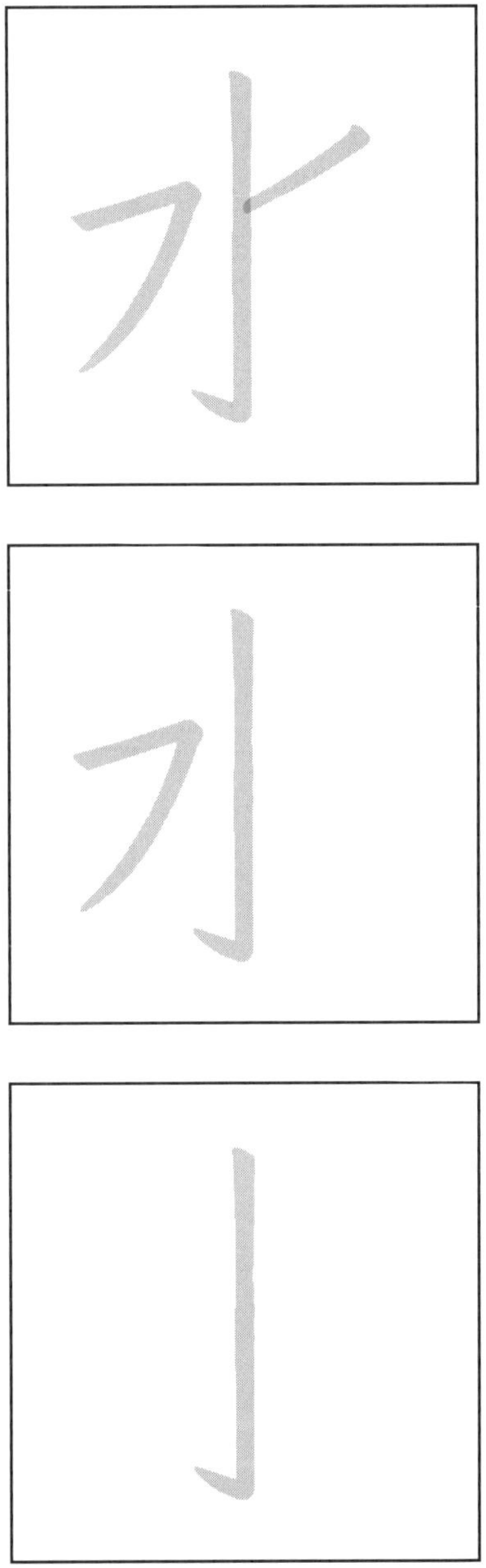

ひにち

リマインド

★一《いっ》しゅうかんごの　ひにちを　かいて　やりましょう。

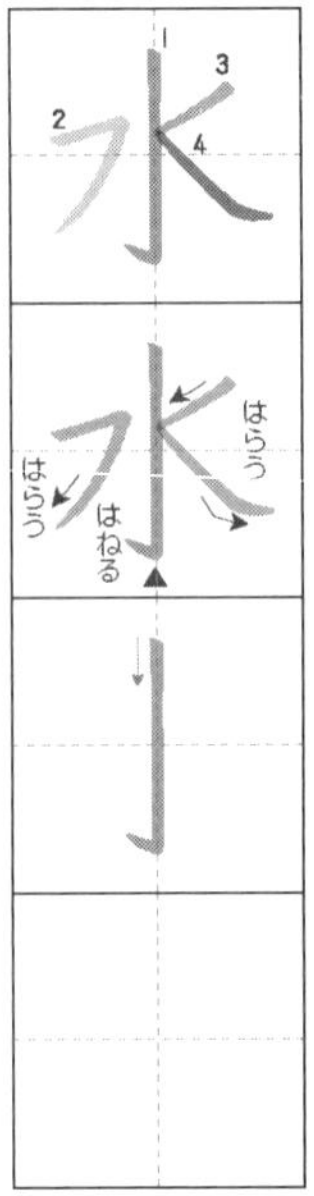

★この　かんじを　おぼえた
ことばを　かきましょう。

ひにち　／

なまえ

みて、よんで、おぼえよう

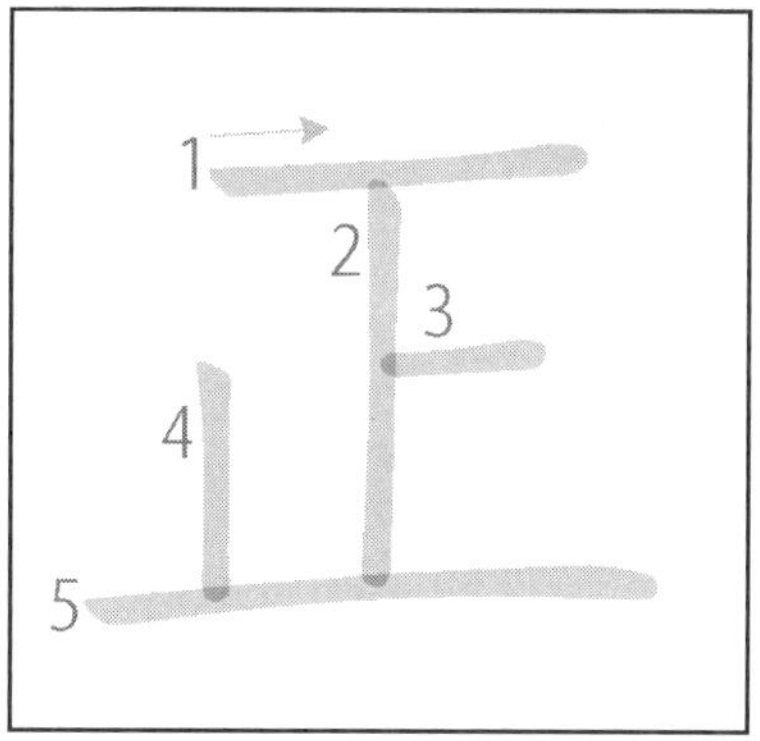

■こえに　だして　よみましょう。

正《ただ》しい　こたえ。

■よみかたクイズ《くいず》

★□に　よみかたを　かきましょう。

正《ただ》しい
↓
正《た□》しい
↓
正《□□》しい

■かくれんぼクイズ《くいず》

★「正《ただ》しい」を　三《みっ》つ　さがして、○で　かこみましょう。

正《ただ》しいこか正しいきいい
みきいいえのさ正しいき
さる正しいけねよなる

ひにち

よんで、かいて、おぼえよう

なまえ

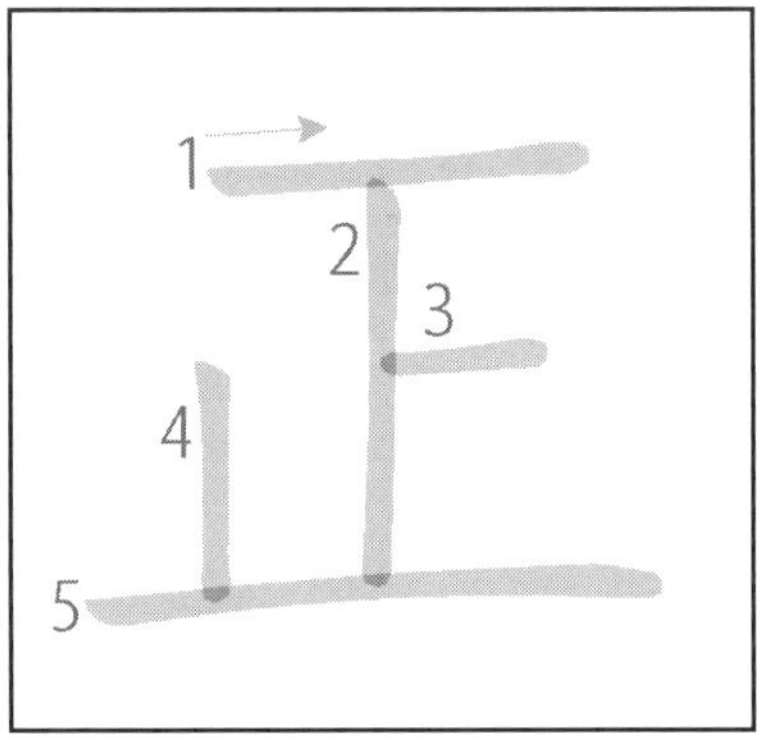

■つぎの　ことばを　いいながら　上《うえ》の　かんじを　なぞりましょう。

よこ、たて、よこ、たて、よこ

■あなたが　おぼえやすい　ことばを　かんがえて、かきましょう。

■かんせい　クイズ《くいず》

★それぞれの　かんじを　なぞって　つけたして　かんせいさせましょう。

リマインド

ひにち

★一《いっ》しゅうかんごの　ひにちを　かいて　やりましょう。

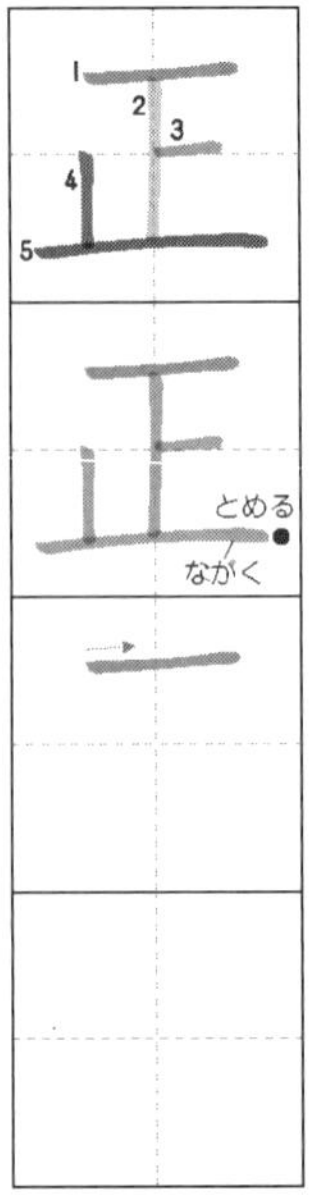

★この　かんじを　おぼえた　ことばを　かきましょう。

ひにち　／

なまえ

みて、よんで、おぼえよう

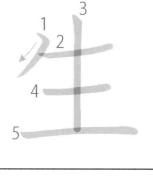

生

■こえに　だして　よみましょう。

あかちゃんが
生《う》まれる。

■よみかたクイズ《くいず》

★□に　よみかたを　かきましょう。

生《う》まれ
↓
生□まれ
↓
生□まれ

■かくれんぼクイズ《くいず》

★「生《う》まれる」を　三《みっ》つ　さがして、◯で　かこみましょう。

生《う》まれるろあ生まれる
おぬやもき生まれるつ
せ生まれるなこへけさ

ひにち

なまえ

よんで、かいて、おぼえよう

生

1 2 3 4 5

■つぎの ことばを いいながら 上《うえ》の かんじを なぞりましょう。

ノ、よこ、たて、二

■あなたが おぼえやすい ことばを かんがえて、かきましょう。

■かんせい クイズ《くいず》

★それぞれの かんじを なぞって つけたして かんせいさせましょう。

リマインド

ひにち

★一《いっ》しゅうかんごの ひにちを かいて やりましょう。

生 はらう ながく

★この かんじを おぼえた ことばを かきましょう。

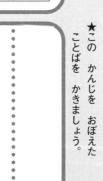

ひにち　／

みて、よんで、おぼえよう

なまえ

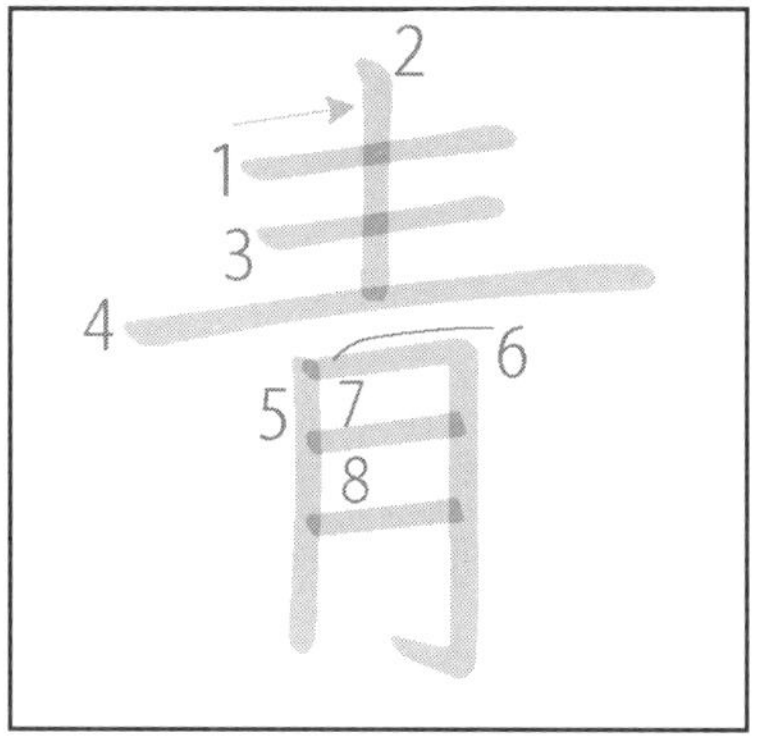

■こえに　だして　よみましょう。

青《あお》く　ぬる。

■よみかたクイズ《くいず》

★□に　よみかたを　かきましょう。

青《あお》い

↓

青あ□い

↓

青□□い

■かくれんぼクイズ《くいず》

★「青《あお》い」を　三《みっ》つ　さがして、◯で　かこみましょう。

青《あお》いそしかまえる青い
いきぬほもはさ青いく
けなこ青いてのとへね

ひにち
／

よんで、かいて、おぼえよう

なまえ

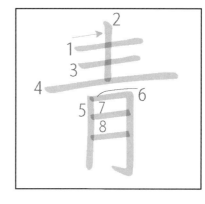

青

■つぎの ことばを いいながら
上《うえ》の かんじを なぞりましょう。

よこ、たて、二、たて、たて、かくはね、
よこ、よこ

■あなたが おぼえやすい ことばを かんがえて、かきましょう。

■かんせい クイズ《くいず》

★それぞれの かんじを なぞって つけたして かんせいさせましょう。

青

龶

一

ひにち
／

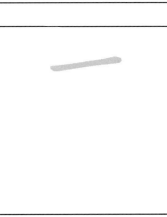

リマインド

★一《いっ》しゅうかんごの ひにちを かいて やりましょう。

青

青
ながく
はねる
とめる

一

★この かんじを おぼえた
ことばを かきましょう。

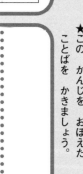

ひにち　／

みて、よんで、おぼえよう

なまえ

夕

■こえに　だして　よみましょう。

夕《ゆう》やけを
見《み》る。

■よみかたクイズ《くいず》

★□に　よみかたを　かきましょう。

夕《ゆう》やけ
↓
夕《ゆ》□やけ
↓
夕□□やけ

■かくれんぼクイズ《くいず》

★「夕《ゆう》」を　三《みっ》つ　さがして、○で　かこみましょう。

夕《ゆう》らはしふめ夕こしか
まりくまみよたかさあ
りまきそう夕おい夕い

ひにち

よんで、かいて、おぼえよう

なまえ

夕

■つぎの ことばを いいながら 上《うえ》の かんじを なぞりましょう。

ノ、フ、てん

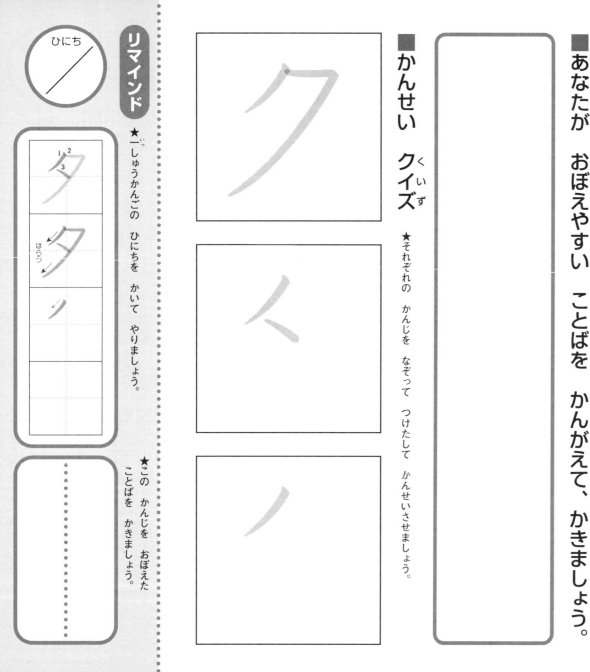

■あなたが おぼえやすい ことばを かんがえて、かきましょう。

■かんせい クイズ《くいず》

★それぞれの かんじを なぞって つけたして かんせいさせましょう。

リマインド

ひにち

★一《いっ》しゅうかんごの ひにちを かいて やりましょう。

夕 はらう

★この かんじを おぼえた ことばを かきましょう。

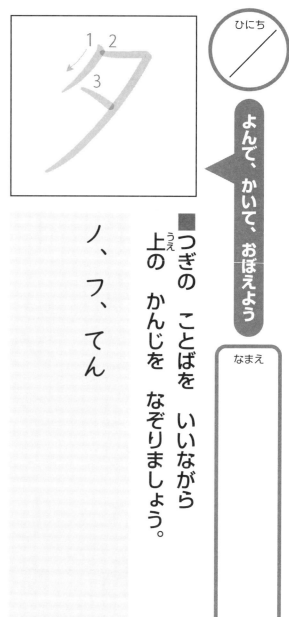

ひにち

みて、よんで、おぼえよう

なまえ

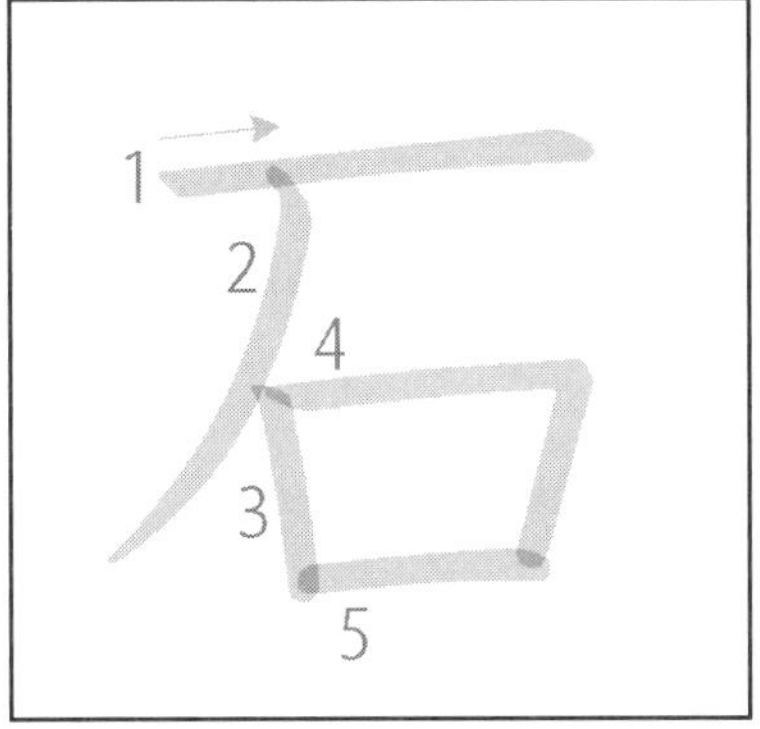

■こえに　だして　よみましょう。

石《いし》を
あつめる。

■よみかたクイズ《くいず》

★　□に　よみかたを　かきましょう。

石《いし》

↓

石《い》□

↓

石□□

■かくれんぼクイズ《くいず》

★　「石《いし》」を　三《みっ》つ　さがして、○で　かこみましょう。

石《いし》ちすせんあけめか石
たくよいれ石ひほさふ
つねぬやるにの石きろ

ひにち

よんで、かいて、おぼえよう

なまえ

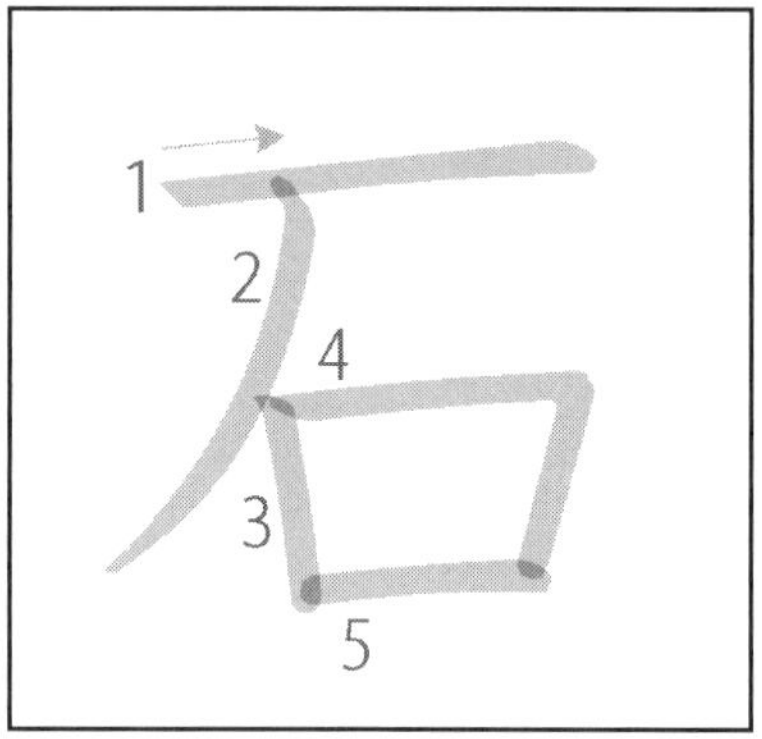

■つぎの ことばを いいながら 上《うえ》の かんじを なぞりましょう。

よこ、ノ、たて、かく、よこ

■あなたが おぼえやすい ことばを かんがえて、かきましょう。

■かんせい クイズ《くいず》

★それぞれの かんじを なぞって つけたして かんせいさせましょう。

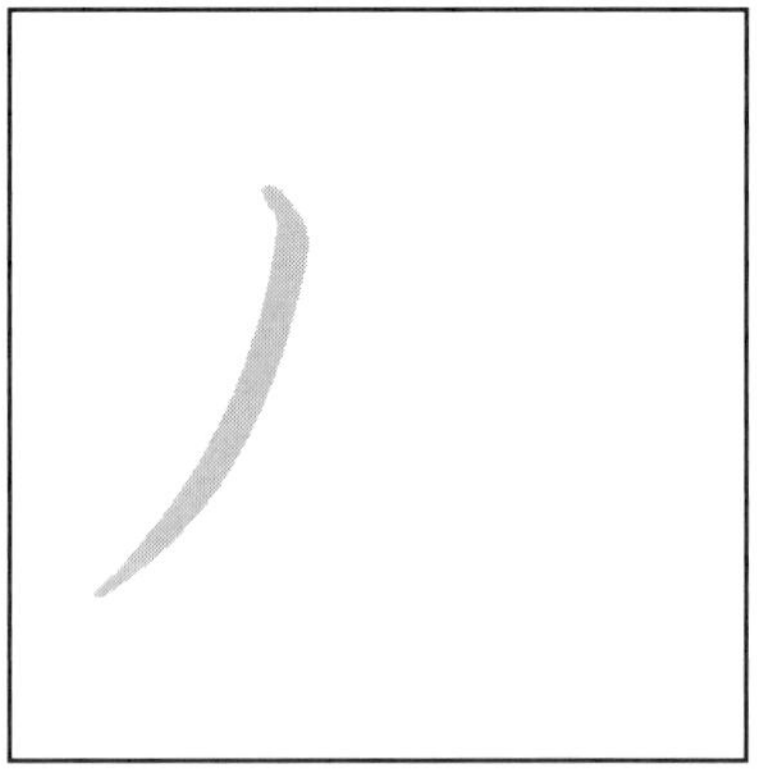

リマインド

★一《いっ》しゅうかんごの ひにちを かいて やりましょう。

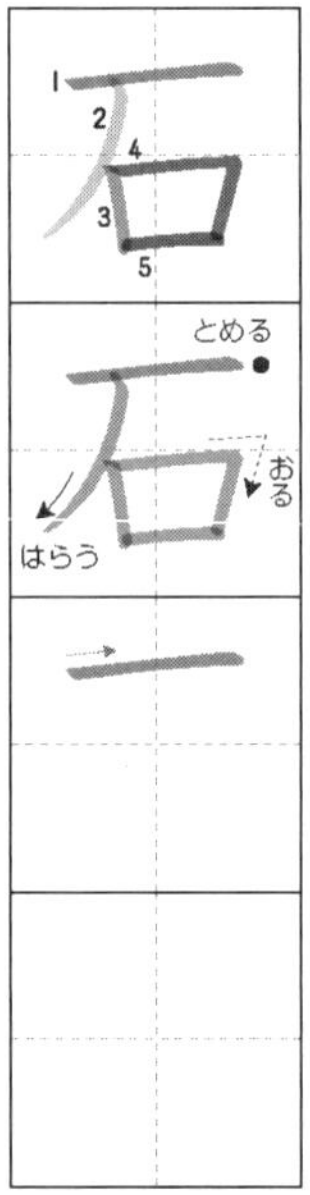

★この かんじを おぼえた ことばを かきましょう。

ひにち

ひにち　／

なまえ

みて、よんで、おぼえよう

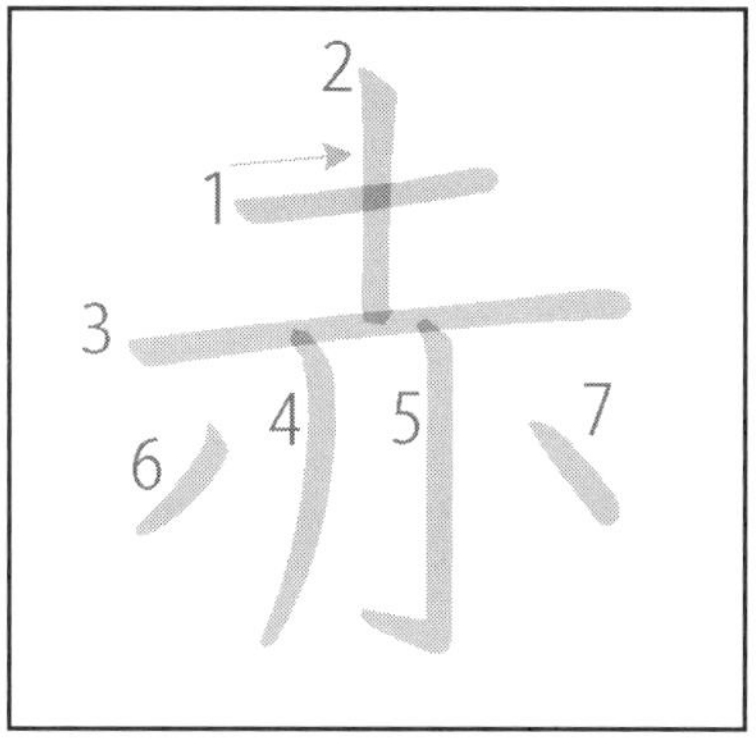

■こえに　だして　よみましょう。

赤《あか》い　りんご。

■よみかたクイズ《くいず》

★ □に　よみかたを　かきましょう。

赤《あか》い

↓

赤《あ□》い

↓

赤《□□》い

■かくれんぼクイズ《くいず》

★「赤《あか》い」を　三《みっ》つ　さがして、○で　かこみましょう。

赤《あか》いかなつおて赤いに
いらとすふた赤いせぬ
り赤いねはさゆみるれ

ひにち　／

よんで、かいて、おぼえよう

なまえ

赤

1 2 3 4 5 6 7

■つぎの　ことばを　いいながら
上《うえ》の　かんじを　なぞりましょう。

よこ、たて、よこ、ノ、したはね、
てん、てん、てん

■あなたが　おぼえやすい　ことばを　かんがえて、かきましょう。

■かんせい　クイズ《くいず》

★それぞれの　かんじを　なぞって　つけたして　かんせいさせましょう。

リマインド

★一《いっ》しゅうかんごの　ひにちを　かいて　やりましょう。

赤

ながく

はらう

▲はねる

★この　かんじを　おぼえた
ことばを　かきましょう。

ひにち　／

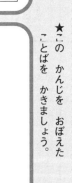

ひにち

なまえ

みて、よんで、おぼえよう

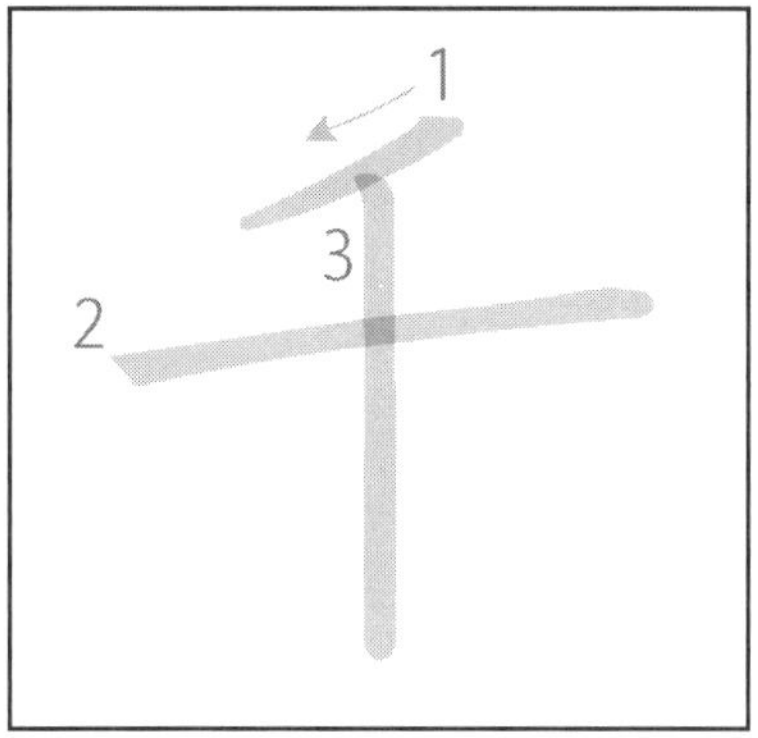

■こえに　だして　よみましょう。

千《せん》ばつるを
おる。

■よみかたクイズ《くいず》

★□に　よみかたを　かきましょう。

千《せん》ば
↓
千《せ》□ば
↓
千□□ば

■かくれんぼクイズ《くいず》

★「千《せん》」を　三《みっ》つ　さがして、○で　かこみましょう。

千《せん》んいきてえ千のとお
せいけふへ千はこよろ
すほれらりめるは千も

ひにち

よんで、かいて、おぼえよう

なまえ

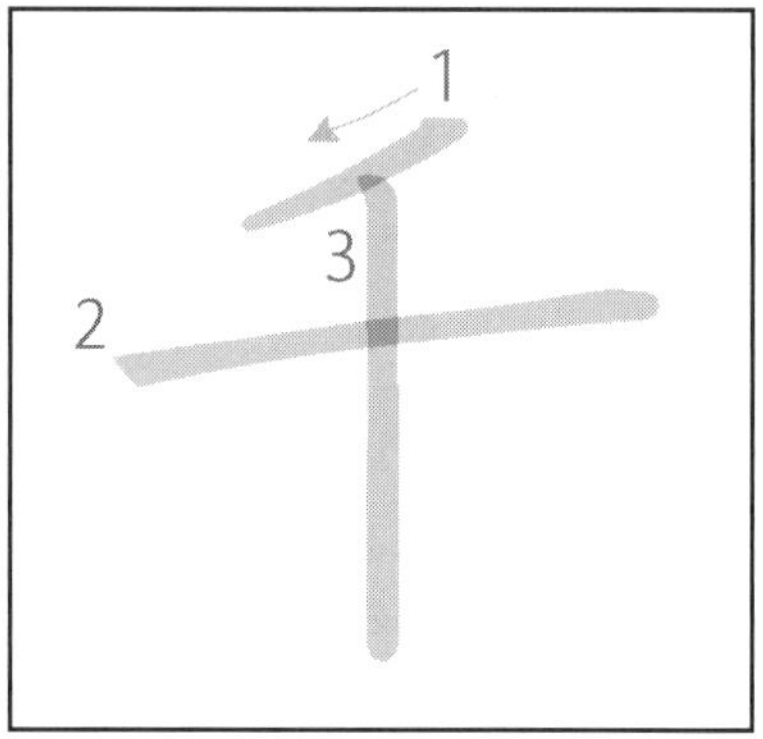

■つぎの ことばを いいながら 上《うえ》の かんじを なぞりましょう。

ノ、よこ、たて

■あなたが おぼえやすい ことばを かんがえて、かきましょう。

■かんせい クイズ《くいず》

★それぞれの かんじを なぞって つけたして かんせいさせましょう。

リマインド

ひにち

★一《いっ》しゅうかんごの ひにちを かいて やりましょう。

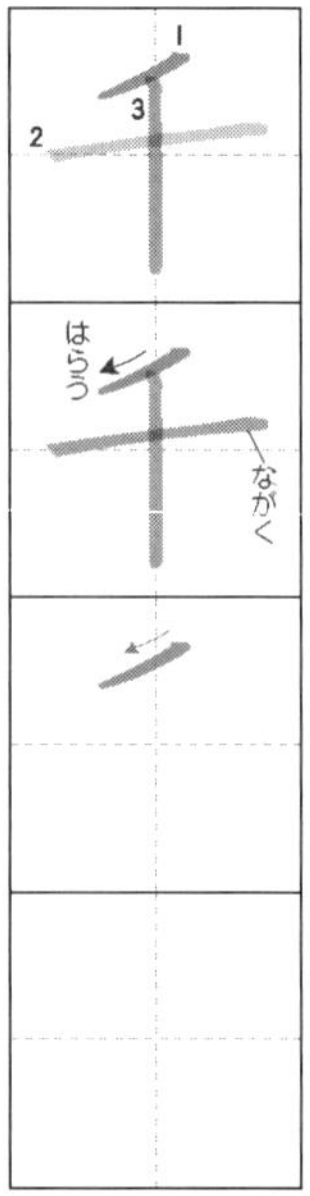

★この かんじを おぼえた ことばを かきましょう。

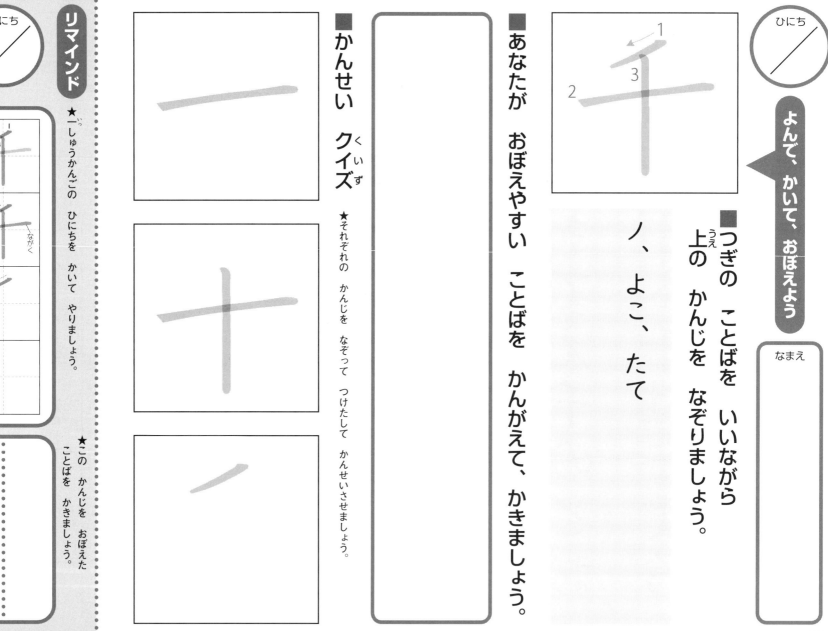

ひにち

なまえ

みて、よんで、おぼえよう

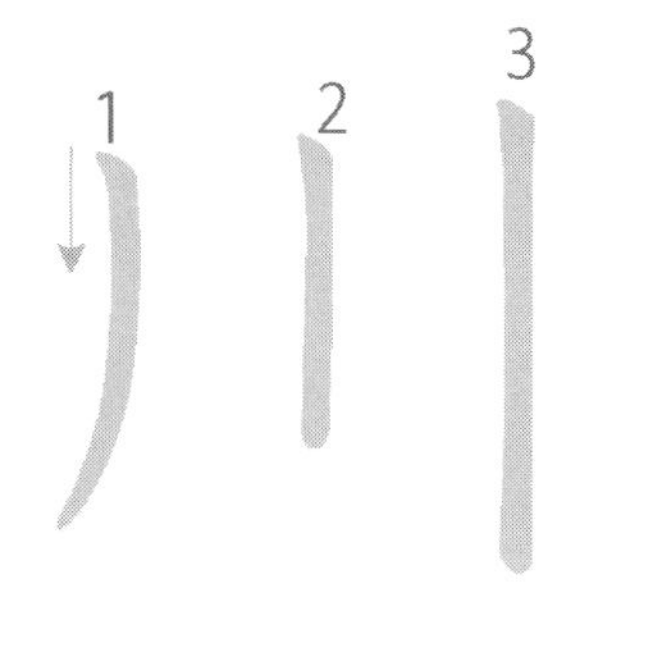

■こえに だして よみましょう。

川《かわ》で あそぶ。

■よみかたクイズ《くいず》

★ □に よみかたを かきましょう。

川《かわ》

↓

川 か□

↓

川 □□

■かくれんぼクイズ《くいず》

★「川《かわ》」を 三《みっ》つ さがして、○で かこみましょう。

川《かわ》よく川たえへおむふ
川いきゆんこはちほね
にすもし川ひりらせめ

ひにち

よんで、かいて、おぼえよう

なまえ

1 2 3

■つぎの ことばを いいながら 上《うえ》の かんじを なぞりましょう。

たてはらい、たて、たて

■あなたが おぼえやすい ことばを かんがえて、かきましょう。

■かんせい クイズ《くいず》

★それぞれの かんじを なぞって つけたして かんせいさせましょう。

リマインド

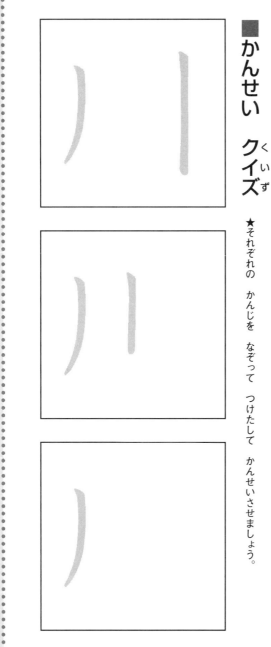

ひにち

★一《いっ》しゅうかんごの ひにちを かいて やりましょう。

1 2 3

はらう

★この かんじを おぼえた ことばを かきましょう。

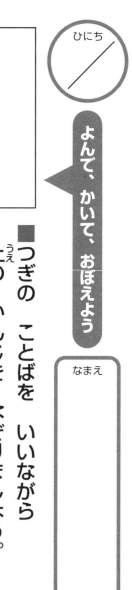

ひにち

なまえ

みて、よんで、おぼえよう

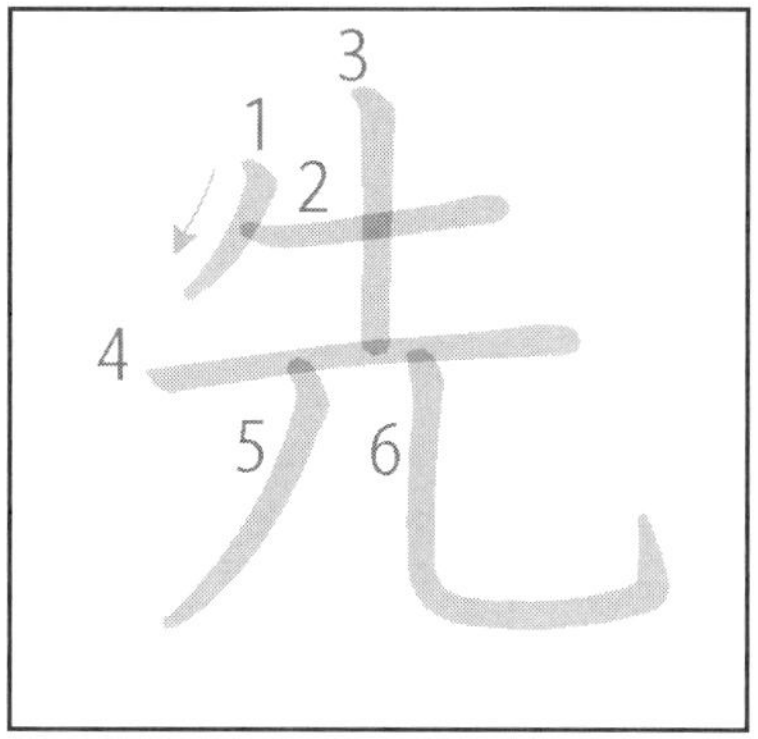

■こえに だして よみましょう。

ぼうの 先《さき》を みる。

■よみかたクイズ《くいず》

★ □に よみかたを かきましょう。

先（さき）
↓
先（さ□）
↓
先（□□）

■かくれんぼクイズ《くいず》

★「先《さき》」を 三《みっ》つ さがして、○で かこみましょう。

先《さき》こくいとてみ先あは
かむけふら先さのむぬ
よりゆまほ先とちつる

ひにち　／

なまえ

よんで、かいて、おぼえよう

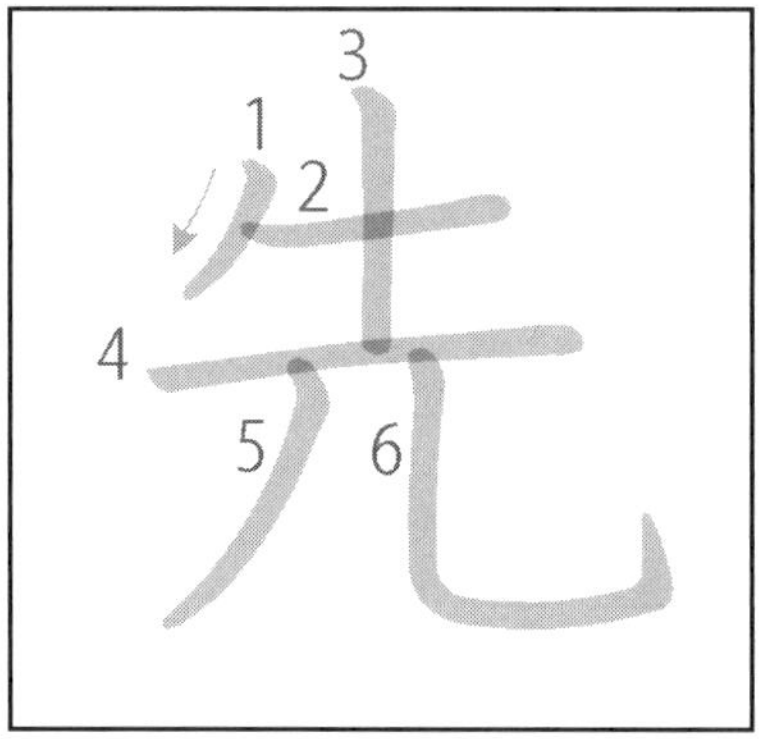

■つぎの　ことばを　いいながら　上《うえ》の　かんじを　なぞりましょう。

ノ、よこ、たて、よこ、ノ、たて

よこはね

■あなたが　おぼえやすい　ことばを　かんがえて、かきましょう。

■かんせい　クイズ《くいず》

★それぞれの　かんじを　なぞって　つけたして　かんせいさせましょう。

リマインド

ひにち　／

★一《いっ》しゅうかんごの　ひにちを　かいて　やりましょう。

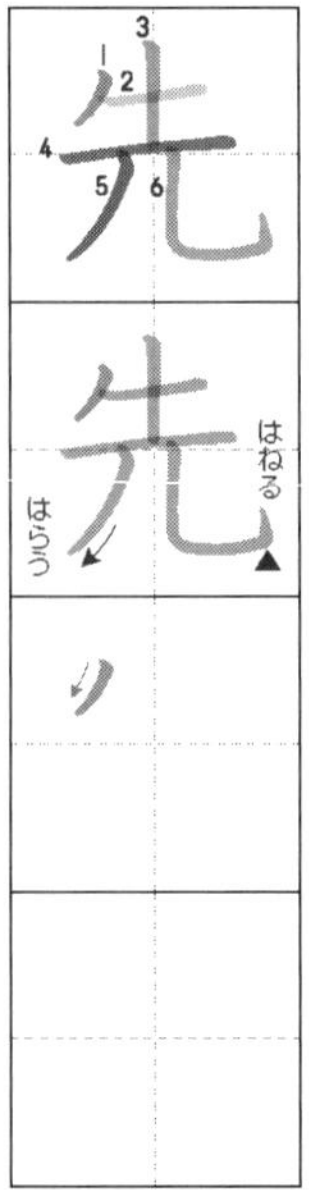

★この　かんじを　おぼえた　ことばを　かきましょう。

ひにち
／

みて、よんで、おぼえよう

なまえ

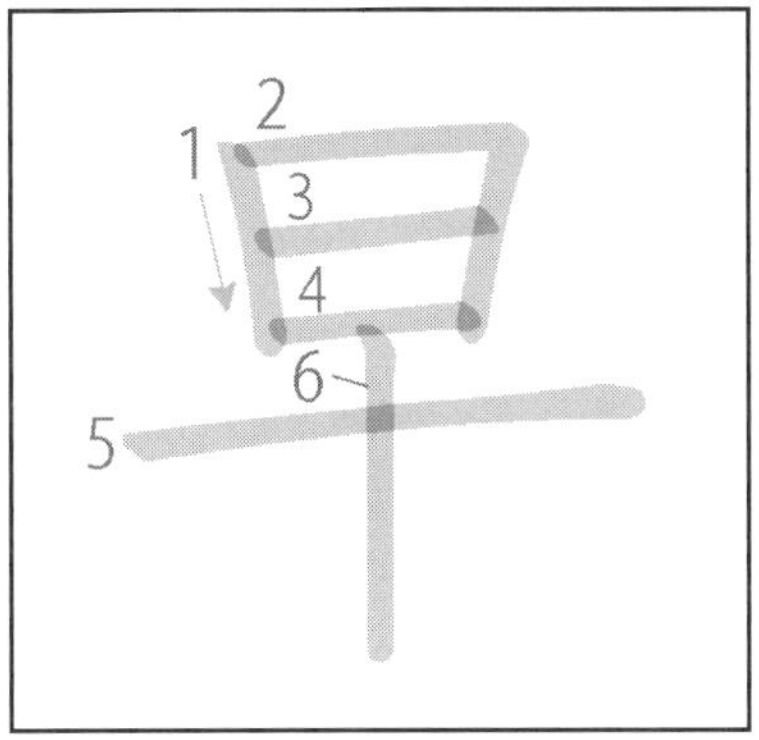

■こえに だして よみましょう。

早《はや》く おきる。

■よみかたクイズ《くいず》

★ □に よみかたを かきましょう。

早《はや》い
↓
早《は□》い
↓
早《□□》い

■かくれんぼクイズ《くいず》

★「早《はや》い」を 三《みっ》つ さがして、○で かこみましょう。

早《はや》いめまほ早いろおも
とい早いよしつするき
早いやこけゆちむにひ

ひにち

よんで、かいて、おぼえよう

なまえ

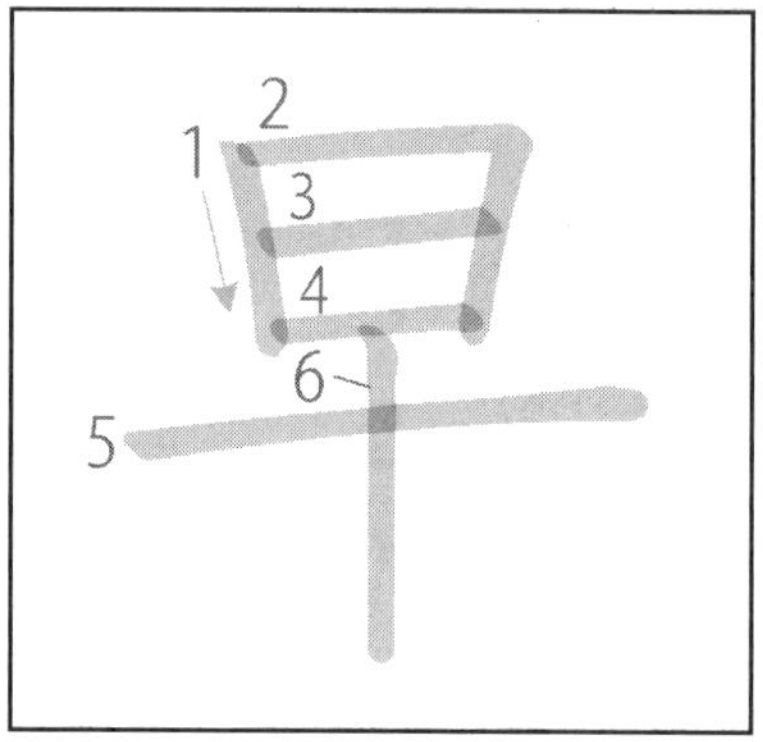

■つぎの ことばを いいながら 上《うえ》の かんじを なぞりましょう。

たて、かく、よこ、よこ、よこ、

たて

■あなたが おぼえやすい ことばを かんがえて、かきましょう。

■かんせい クイズ《くいず》

★それぞれの かんじを なぞって つけたして かんせいさせましょう。

リマインド

ひにち

★一《いっ》しゅうかんごの ひにちを かいて やりましょう。

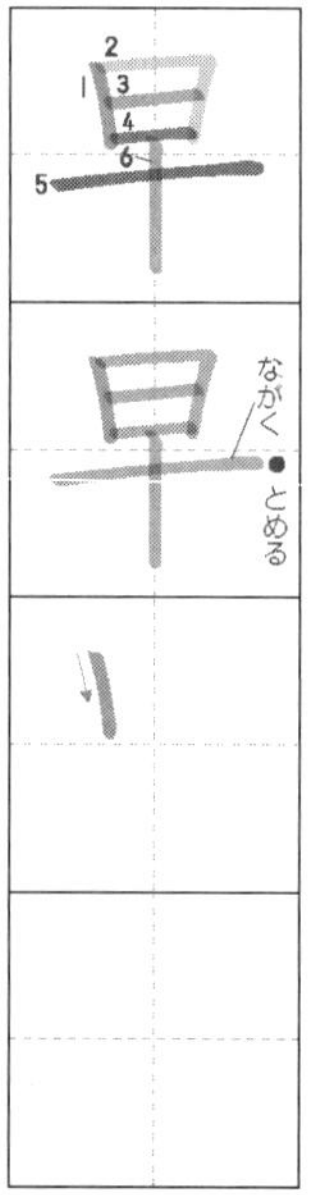

★この かんじを おぼえた ことばを かきましょう。

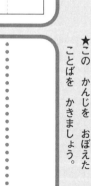

ひにち

みて、よんで、おぼえよう

なまえ

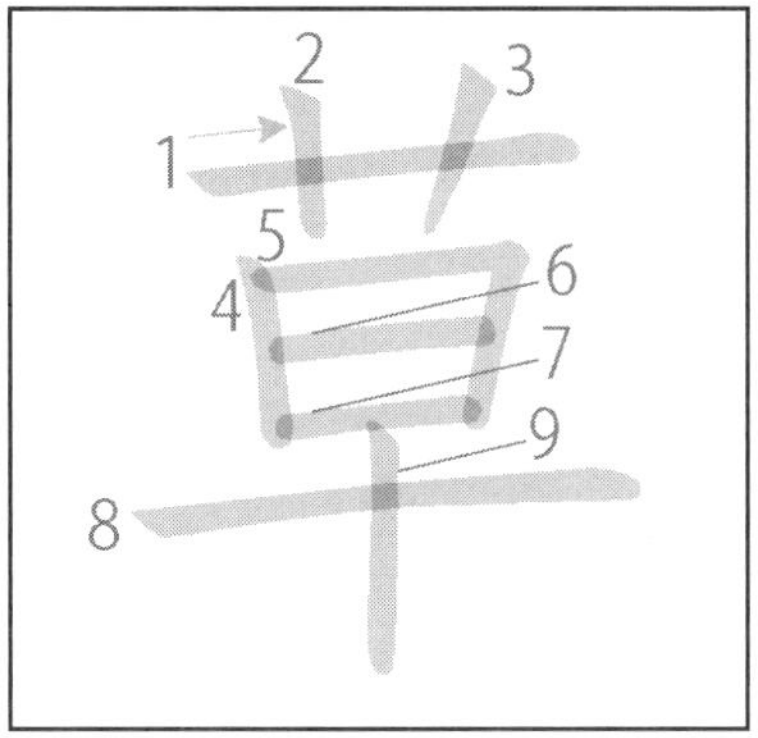

■こえに　だして　よみましょう。

草《くさ》はらを　はしる。

■よみかたクイズ《くいず》

★□に　よみかたを　かきましょう。

草《くさ》はら
↓
草《く□》はら
↓
草《□□》はら

■かくれんぼクイズ《くいず》

★「草《くさ》」を　三《みっ》つ　さがして、○で　かこみましょう。

草《くさ》のおに草みそきうち
れい草ひせよくねはた
も草まるんしってこぬ

ひにち

よんで、かいて、おぼえよう

なまえ

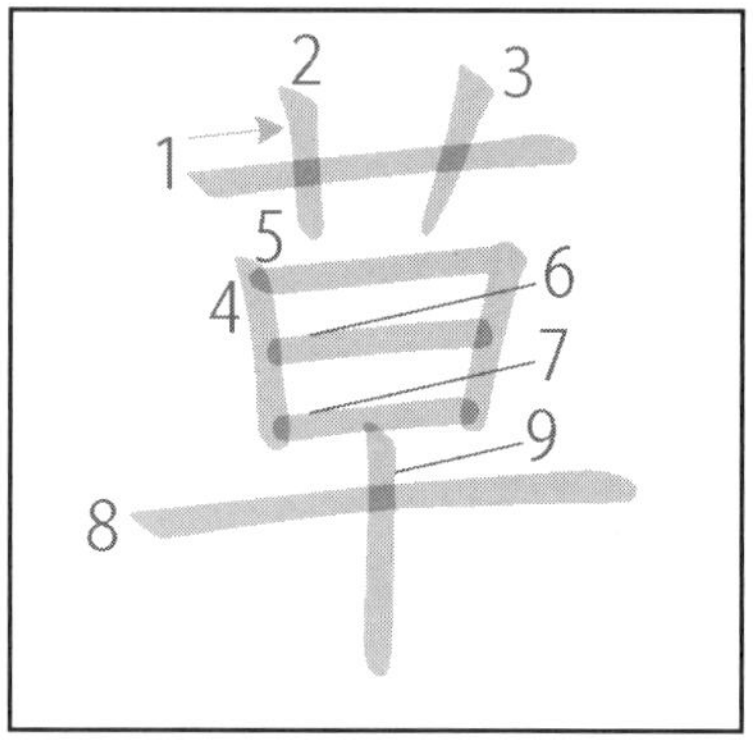

■つぎの ことばを いいながら 上《うえ》の かんじを なぞりましょう。

よこ、たて、たて、たて、かく、
よこ、よこ、よこ、たて

■あなたが おぼえやすい ことばを かんがえて、かきましょう。

■かんせい クイズ《くいず》

★それぞれの かんじを なぞって つけたして かんせいさせましょう。

リマインド

★一《いっ》しゅうかんごの ひにちを かいて やりましょう。

ひにち

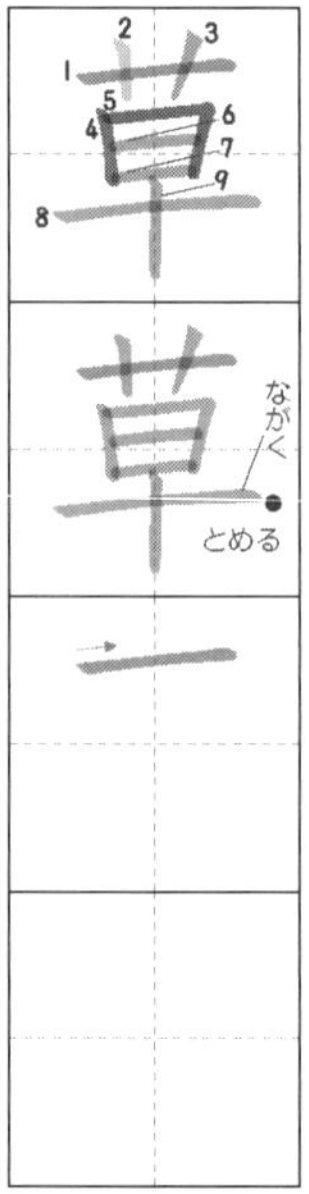

★この かんじを おぼえた ことばを かきましょう。

ひにち

みて、よんで、おぼえよう

なまえ

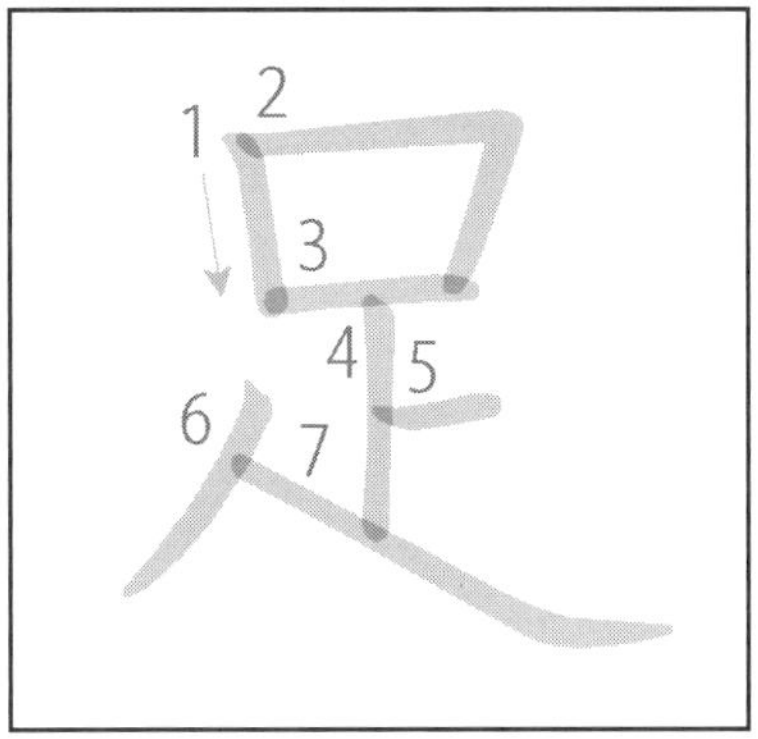

■こえに　だして　よみましょう。

足《あし》を
やすめる。

■よみかたクイズ《くいず》

★　□に　よみかたを　かきましょう。

足《あし》
↓
足《あ》□
↓
足□□

■かくれんぼクイズ《くいず》

★　「足《あし》」を　三《みっ》つ　さがして、○で　かこみましょう。

足《あし》とせこも足えやにく
か足らいさきょてすん
るりむほつの足れるは

ひにち

よんで、かいて、おぼえよう

なまえ

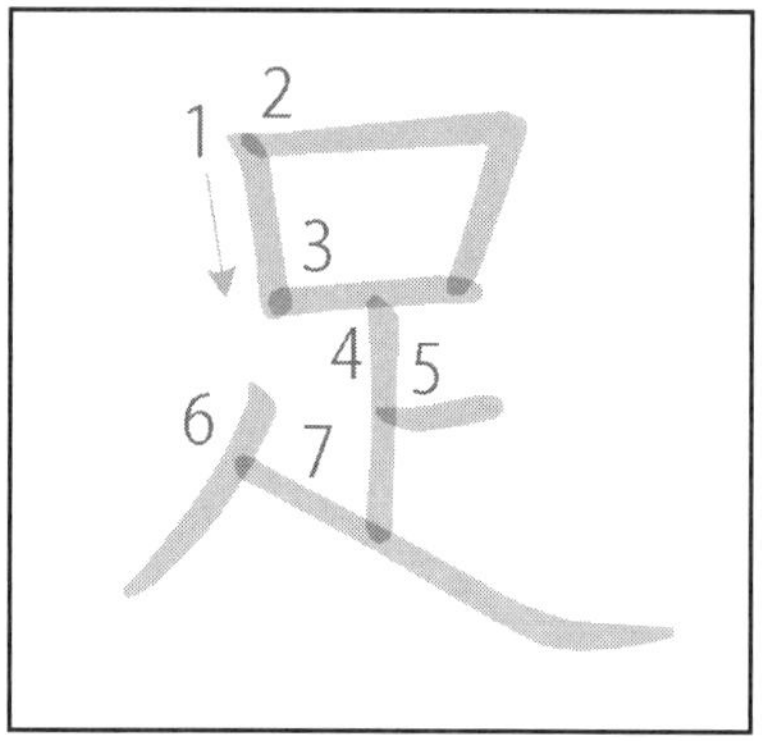

■つぎの　ことばを　いいながら　上《うえ》の　かんじを　なぞりましょう。

たて、かく、よこ、たて、よこ、ノ、

みぎはらい

■あなたが　おぼえやすい　ことばを　かんがえて、かきましょう。

■かんせい　クイズ《くいず》

★それぞれの　かんじを　なぞって　つけたして　かんせいさせましょう。

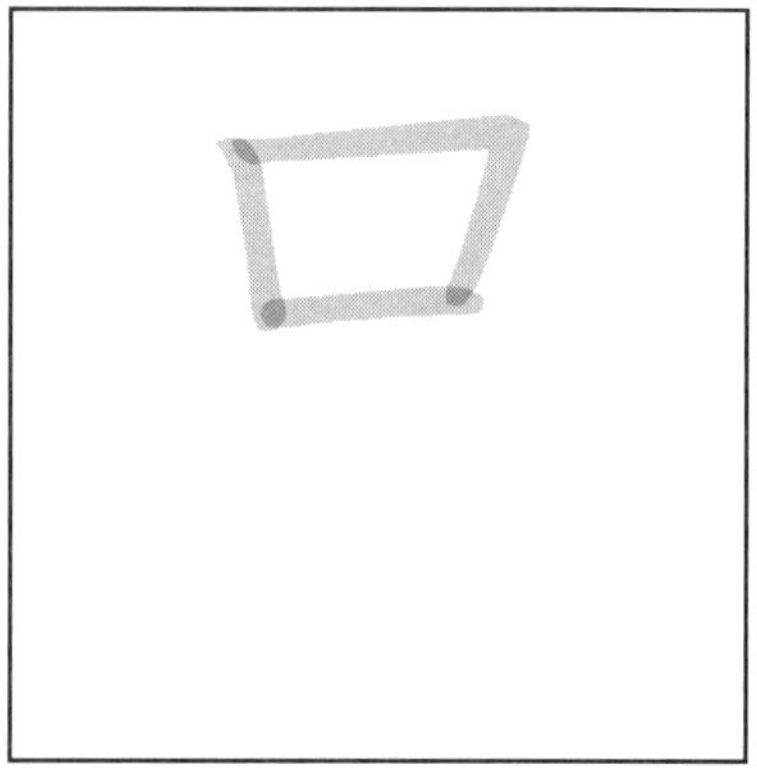

ひにち

リマインド

★一《いっ》しゅうかんごの　ひにちを　かいて　やりましょう。

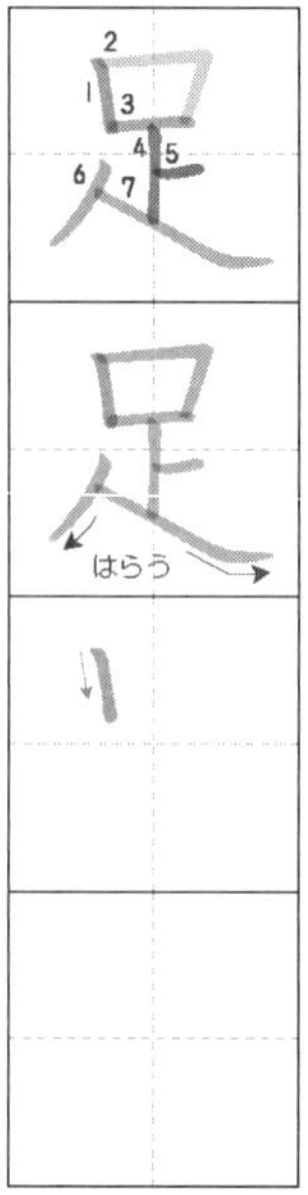

★この　かんじを　おぼえた
ことばを　かきましょう。

ひにち

みて、よんで、おぼえよう

なまえ

村

■こえに だして よみましょう。

村《むら》の ようす。

■よみかたクイズ《くいず》

★ □に よみかたを かきましょう。

村《むら》

↓

村□《む》

↓

村□□

■かくれんぼクイズ《くいず》

★「村《むら》」を 三《みっ》つ さがして、○で かこみましょう。

村《むら》めえほねへつ村いる

けふかた村せてぬきち

さよむりれも村なやろ

ひにち

なまえ

よんで、かいて、おぼえよう

■つぎの　ことばを　いいながら
上《うえ》の　かんじを　なぞりましょう。

よこ、たて、はらい、はらい、
よこ、たてはね、てん

■あなたが　おぼえやすい　ことばを　かんがえて、かきましょう。

■かんせい　クイズ《くいず》

★それぞれの　かんじを　なぞって　つけたして　かんせいさせましょう。

リマインド

ひにち

★一《いっ》しゅうかんごの　ひにちを　かいて　やりましょう。

とめる
はねる

★この　かんじを　おぼえた
ことばを　かきましょう。

ひにち　／

みて、よんで、おぼえよう

なまえ

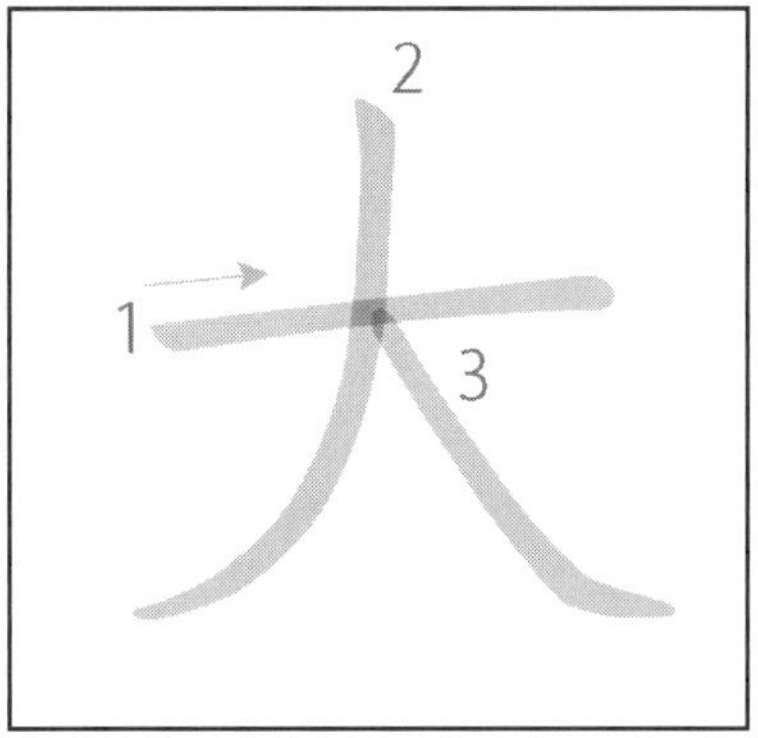

■こえに　だして　よみましょう。

大《おお》きい
どうぶつ。

■よみかたクイズ《くいず》

★ □に　よみかたを　かきましょう。

大《おお》きい
↓
大《お》□きい
↓
大□□きい

■かくれんぼクイズ《くいず》

★ 「大《おお》きい」を　三《みっ》つ　さがして、○で　かこみましょう。

大《おお》きいこかれん大きい
大きいえのさゆせほき
さ大きいとけねよなる

ひにち　／

なまえ

よんで、かいて、おぼえよう

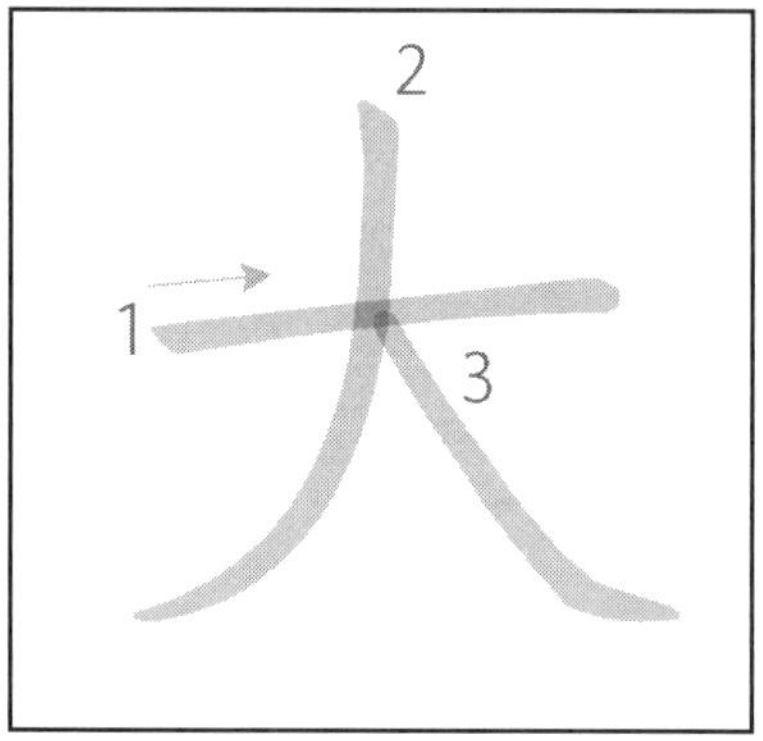

■つぎの　ことばを　いいながら
上《うえ》の　かんじを　なぞりましょう。

よこ、ノ、はらい

■あなたが　おぼえやすい　ことばを　かんがえて、かきましょう。

■かんせい　クイズ《くいず》

★それぞれの　かんじを　なぞって　つけたして　かんせいさせましょう。

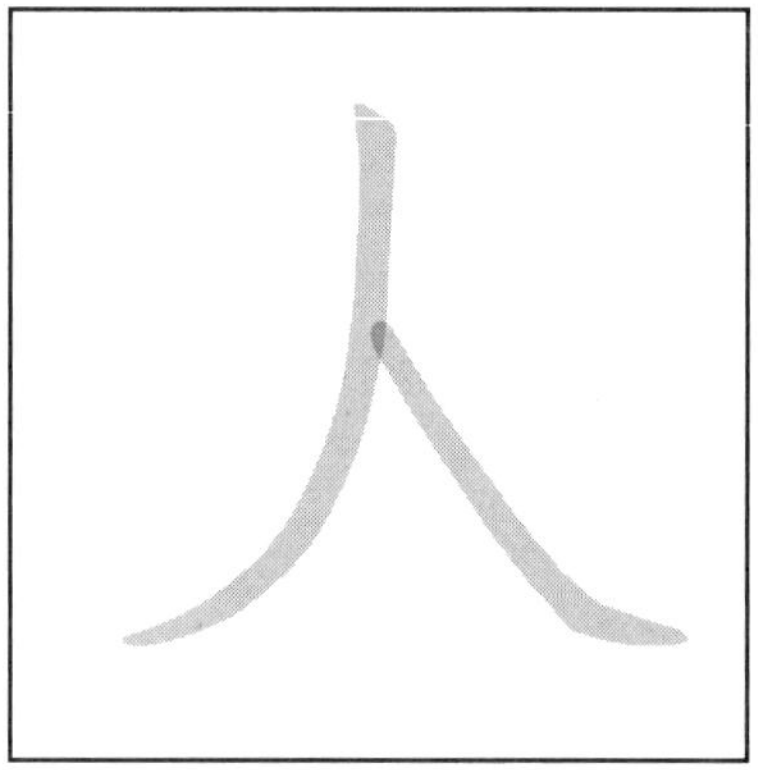

リマインド

ひにち　／

★一《いっ》しゅうかんごの　ひにちを　かいて　やりましょう。

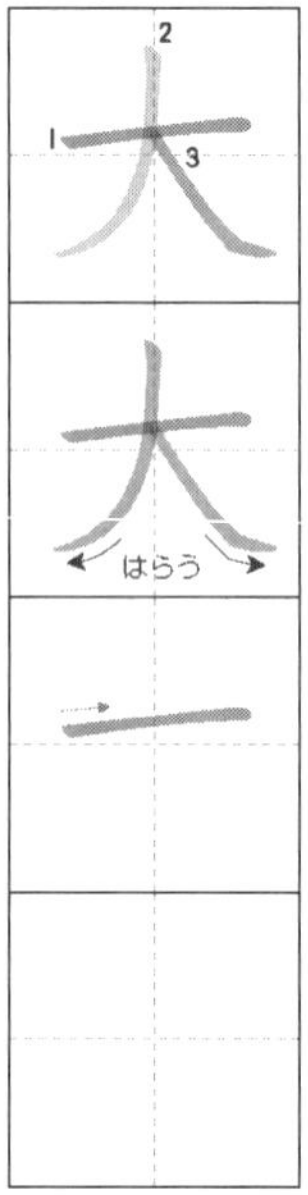

★この　かんじを　おぼえた　ことばを　かきましょう。

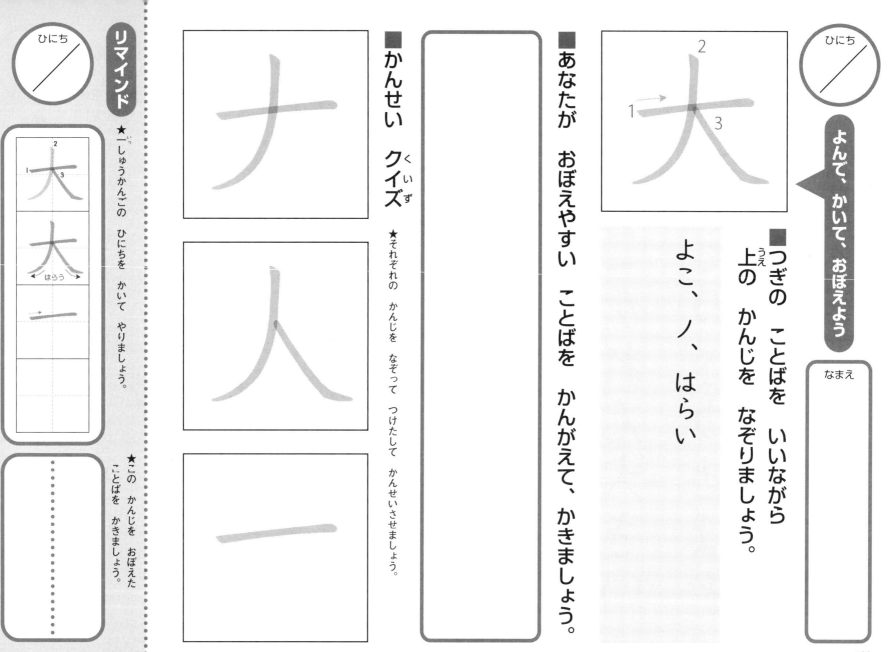

ひにち

なまえ

みて、よんで、おぼえよう

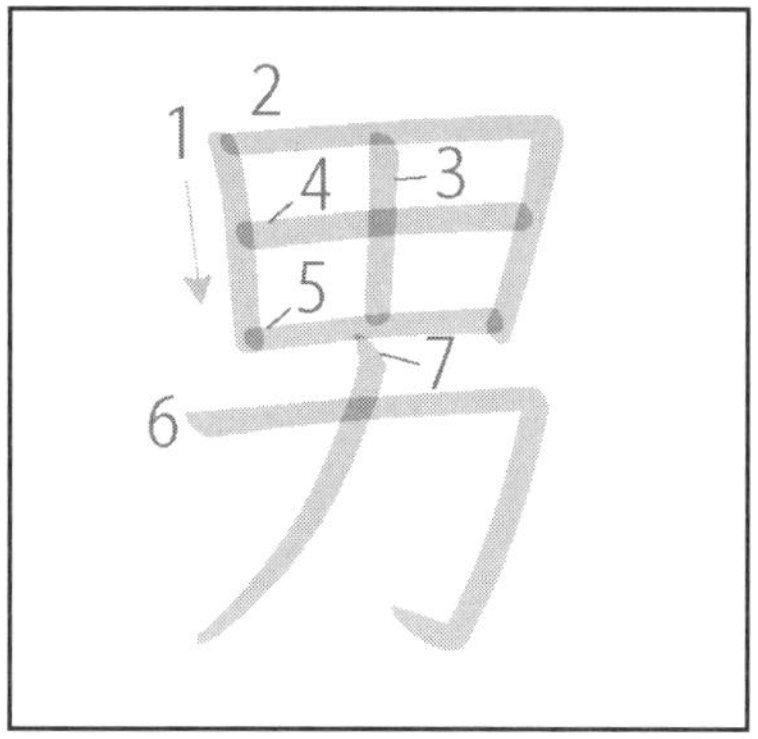

■こえに だして よみましょう。

男《おとこ》の子

■よみかたクイズ《くいず》

★□に よみかたを かきましょう。

男《おとこ》

↓

男《お□□》

↓

男《□□□》

■かくれんぼクイズ《くいず》

★「男《おこと》」を 三《みっ》つ さがして、○で かこみましょう。

男《おとこ》くらゆそか男なしう

にえまぬもてせはろん

男れへほぬけこ男たち

ひにち

よんで、かいて、おぼえよう

なまえ

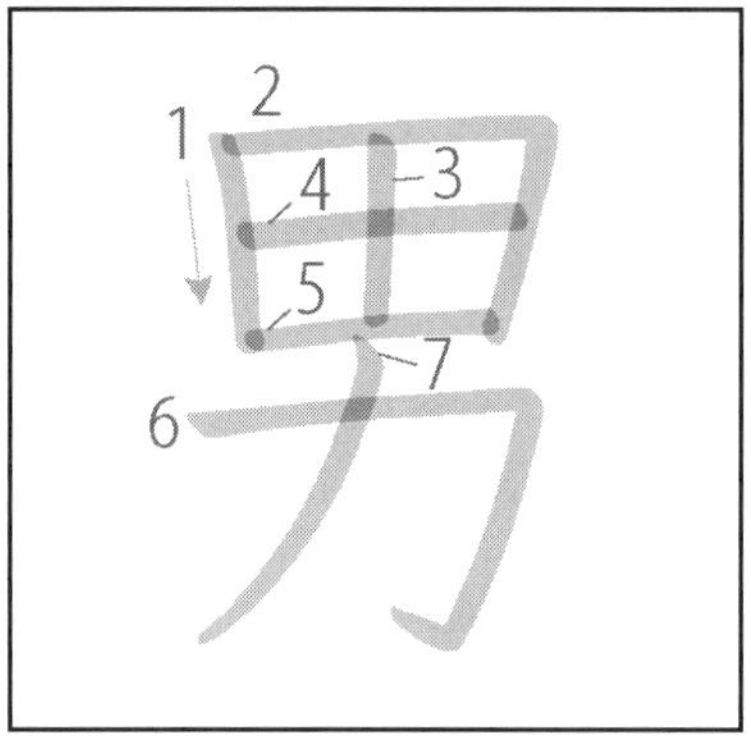

■つぎの　ことばを　いいながら　上《うえ》の　かんじを　なぞりましょう。

たて、かく、たて、たて、よこ、よこ、よこ、
かくはね、ノ

■あなたが　おぼえやすい　ことばを　かんがえて、かきましょう。

■かんせい　ク《く》イ《い》ズ《ず》

★それぞれの　かんじを　なぞって　つけたして　かんせいさせましょう。

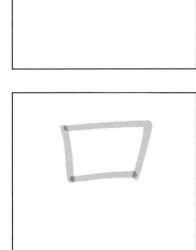

リマインド

★一《いっ》しゅうかんごの　ひにちを　かいて　やりましょう。

ひにち

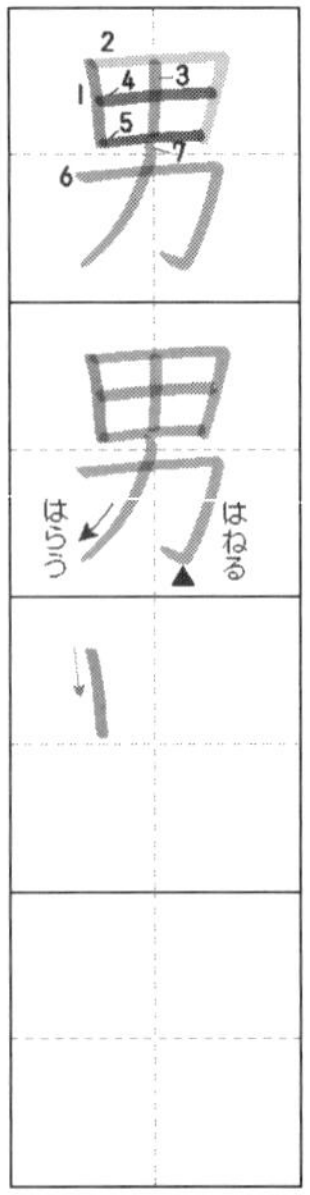

★この　かんじを　おぼえた
ことばを　かきましょう。

ひにち　／

みて、よんで、おぼえよう

なまえ

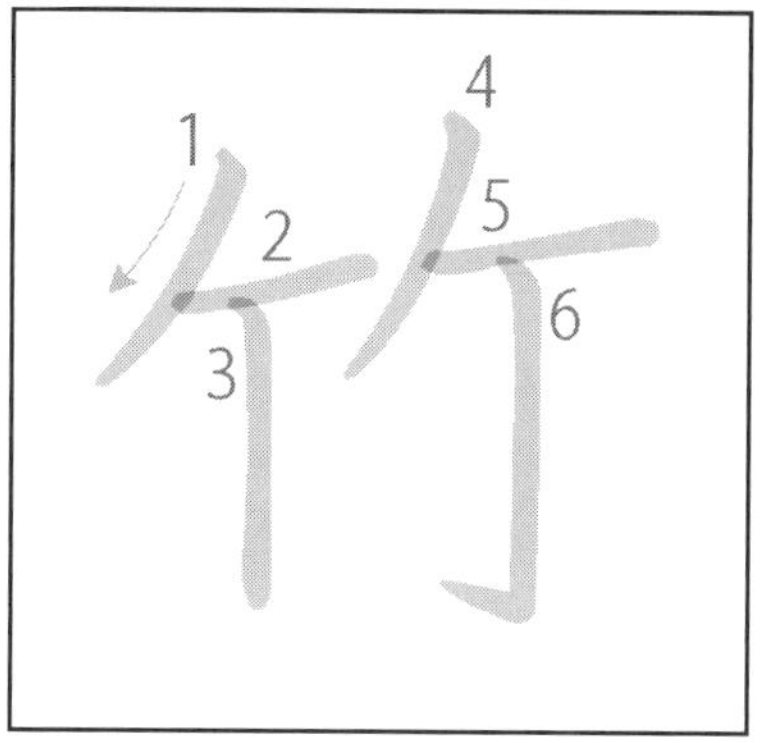

■こえに　だして　よみましょう。

竹《たけ》に
かぐやひめ。

■よみかたクイズ《くいず》

★□に　よみかたを　かきましょう。

竹《たけ》
↓
竹《た□》
↓
竹《□□》

■かくれんぼクイズ《くいず》

★「竹《たけ》」を　三《みっ》つ　さがして、○で　かこみましょう。

竹《たけ》るねえ竹ほうやへた
竹あはむらまのきれそ
つてゆこん竹さひにな

ひにち

よんで、かいて、おぼえよう

なまえ

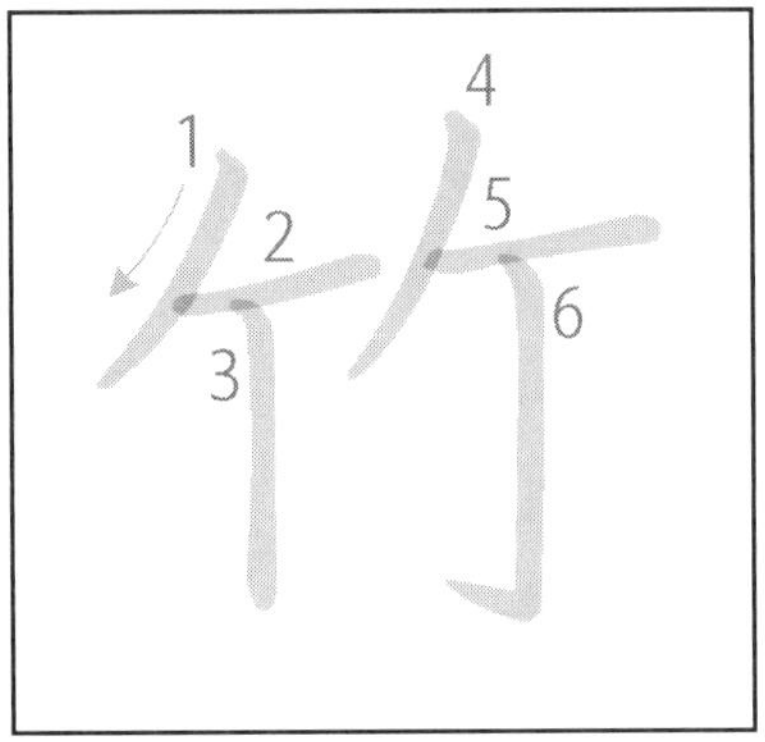

■つぎの　ことばを　いいながら　上《うえ》の　かんじを　なぞりましょう。

ノ、よこ、たて、ノ、よこ、たてはね

■あなたが　おぼえやすい　ことばを　かんがえて、かきましょう。

■かんせい　クイズ《くいず》

★それぞれの　かんじを　なぞって　つけたして　かんせいさせましょう。

ひにち

リマインド

★一《いっ》しゅうかんごの　ひにちを　かいて　やりましょう。

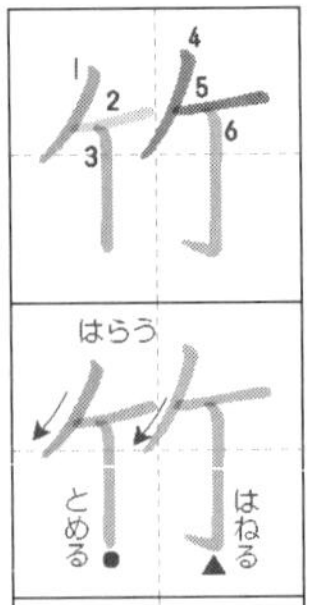

★この　かんじを　おぼえた　ことばを　かきましょう。

ひにち　／

みて、よんで、おぼえよう

なまえ

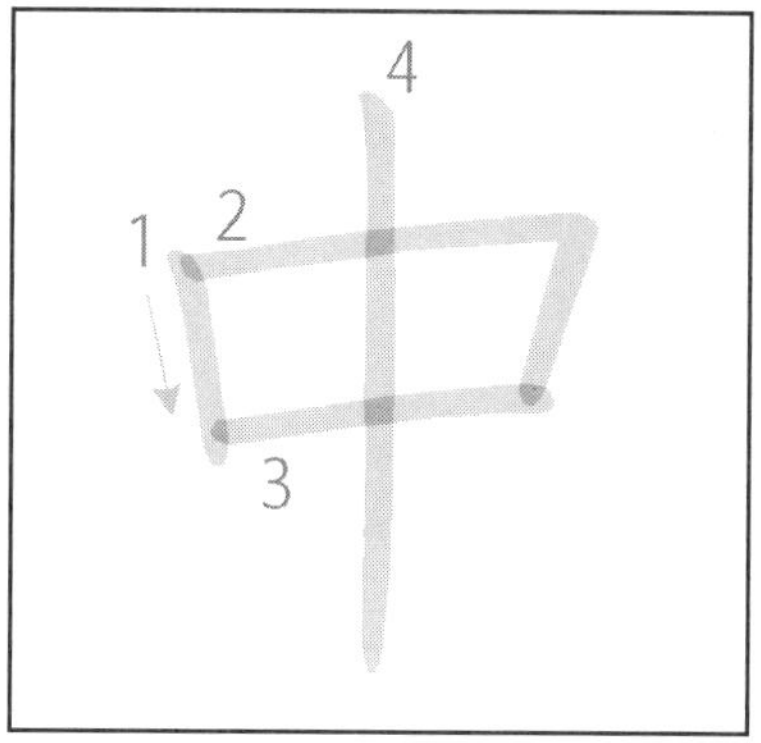

■こえに　だして　よみましょう。

中《ちゅう》学《がく》生《せい》

■よみかたクイズ《くいず》

★□に　よみかたを　かきましょう。

中学《ちゅうがく》

↓

ち□□
中学

↓

□□□
中学

■かくれんぼクイズ《くいず》

★「中《ちゅう》」を　三《みっ》つ　さがして、○で　かこみましょう。

中《ちゅう》はのせ中えやおねま
中あゆこへみて中んち
ほふなけめとぬたすき

ひにち

よんで、かいて、おぼえよう

なまえ

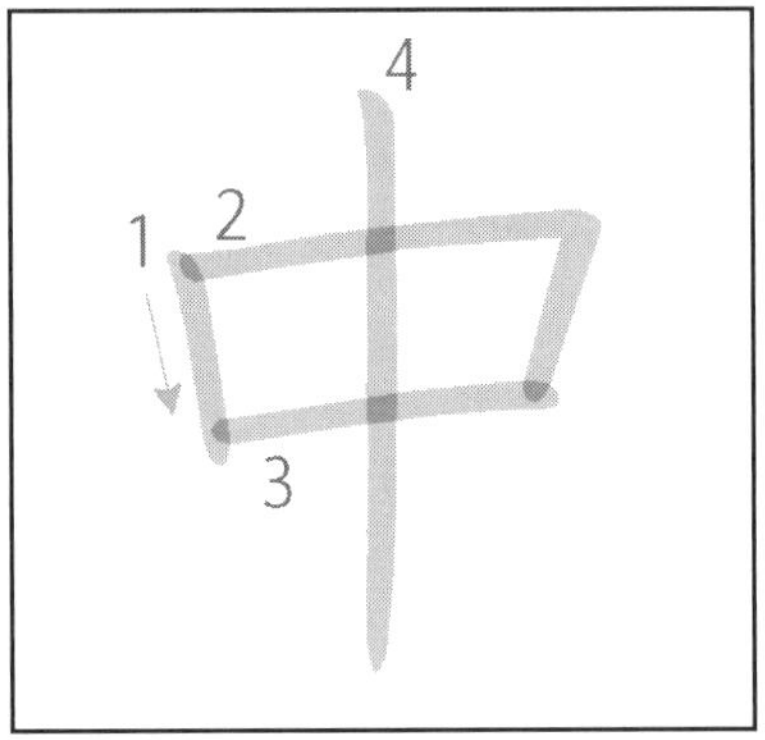

■つぎの ことばを いいながら 上《うえ》の かんじを なぞりましょう。

たて、かく、よこ、たて

■あなたが おぼえやすい ことばを かんがえて、かきましょう。

■かんせい クイズ《くいず》

★それぞれの かんじを なぞって つけたして かんせいさせましょう。

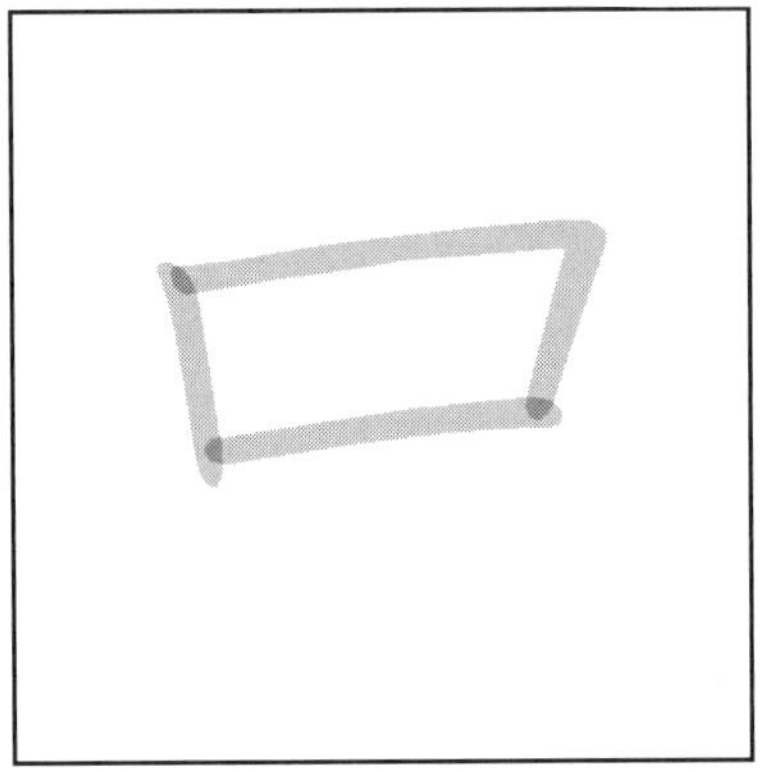

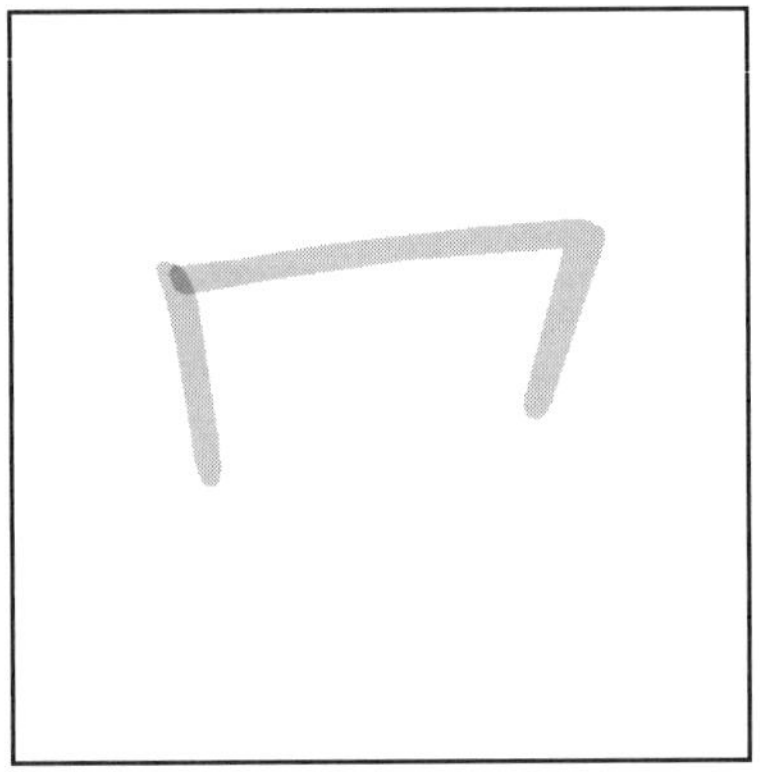

リマインド

ひにち

★一《いっ》しゅうかんごの ひにちを かいて やりましょう。

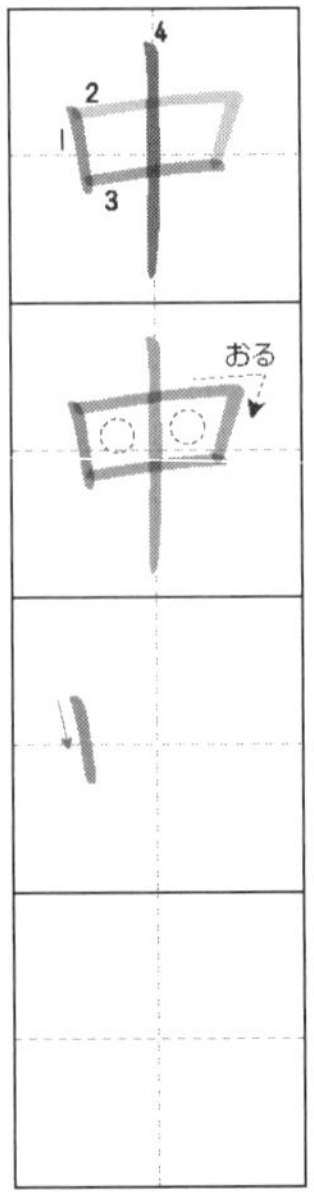

★この かんじを おぼえた ことばを かきましょう。

ひにち

／

みて、よんで、おぼえよう

なまえ

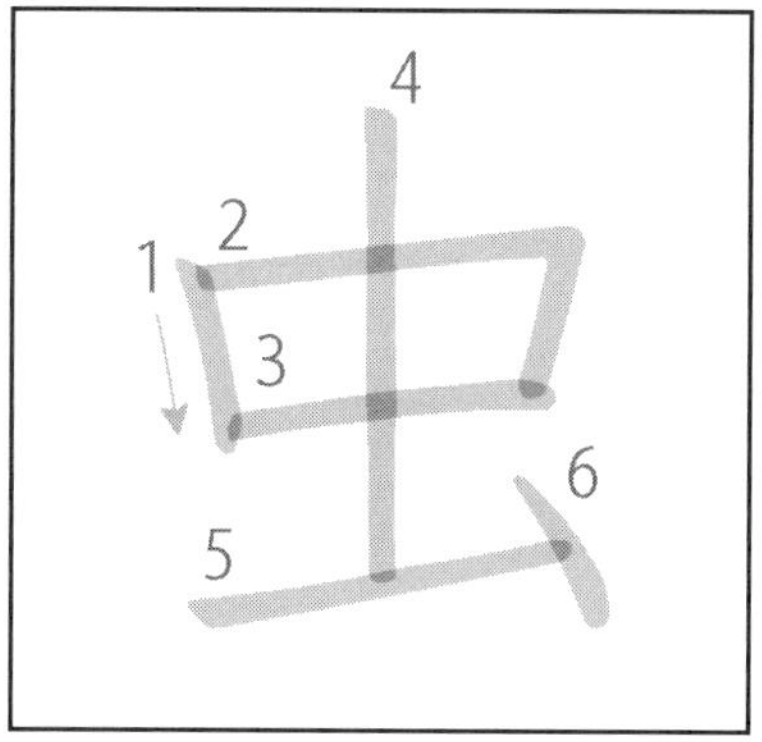

■こえに だして よみましょう。

虫《むし》を とる。

■よみかたクイズ《くいず》

★ □に よみかたを かきましょう。

虫《むし》とり

↓

虫《む》□とり

↓

虫□□とり

■かくれんぼクイズ《くいず》

★ 「虫《むし》」を 三《みっ》つ さがして、○で かこみましょう。

虫《むし》ついようさうへす虫

ゆまおや虫なも虫てつ

それほこふとせめはぬ

ひにち

なまえ

よんで、かいて、おぼえよう

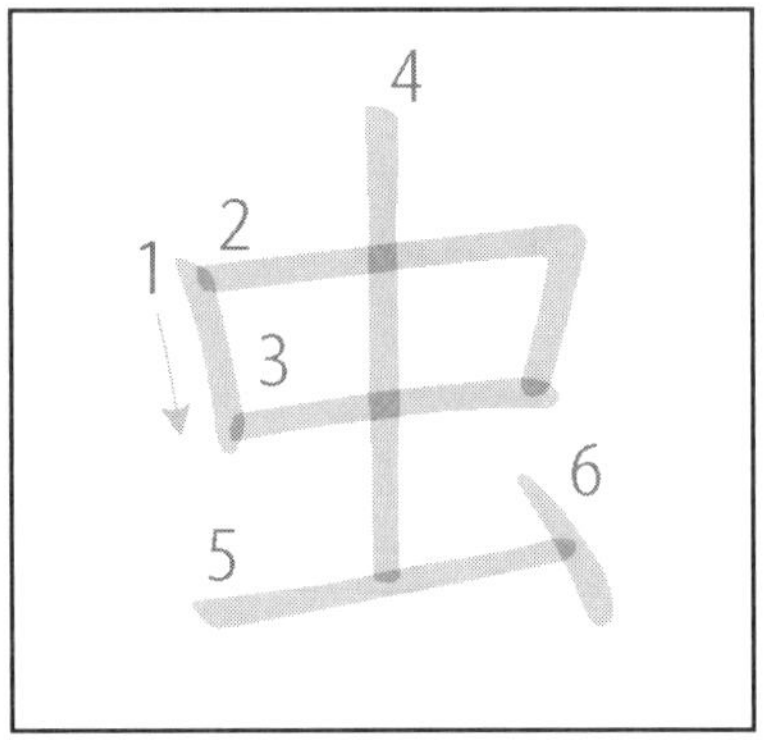

■つぎの ことばを いいながら 上《うえ》の かんじを なぞりましょう。

たて、かく、よこ、たて、たて、ななめ、てん

■あなたが おぼえやすい ことばを かんがえて、かきましょう。

■かんせい クイズ《くいず》

★それぞれの かんじを なぞって つけたして かんせいさせましょう。

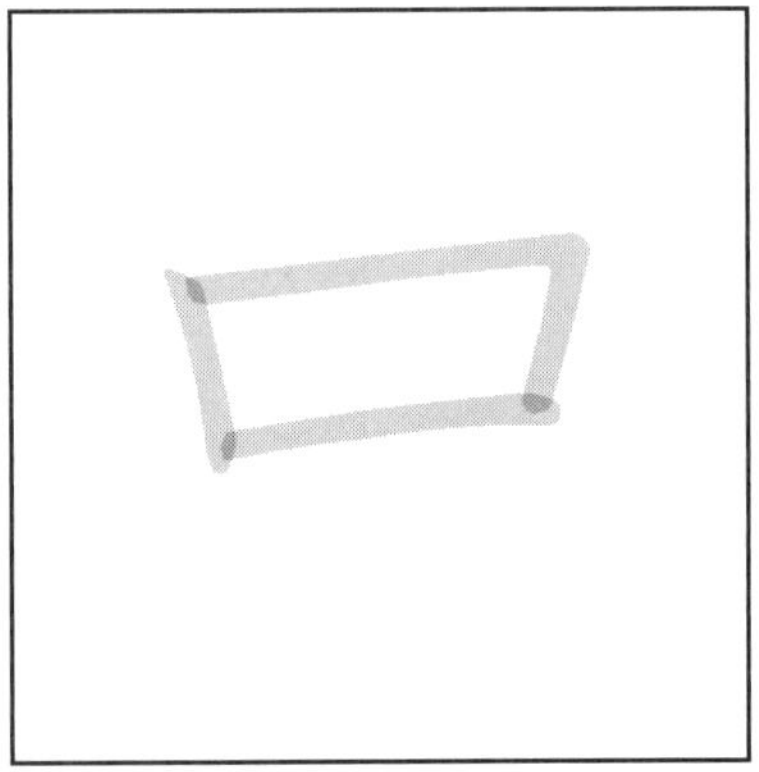

リマインド

ひにち

★一《いっ》しゅうかんごの ひにちを かいて やりましょう。

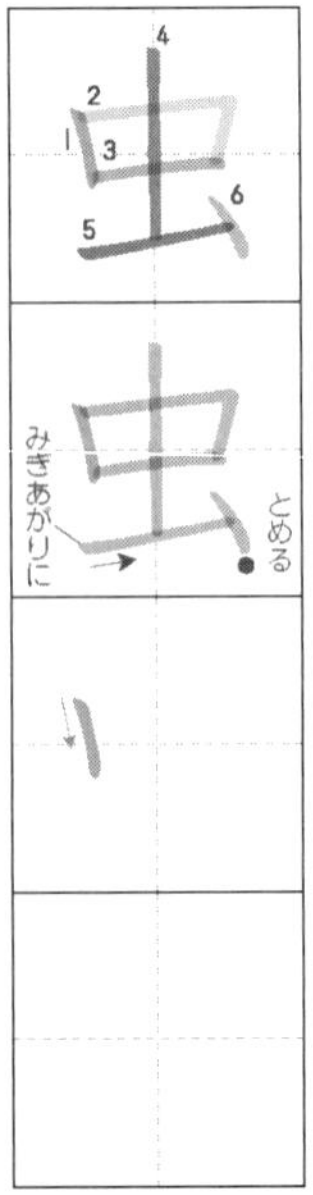

★この かんじを おぼえた ことばを かきましょう。

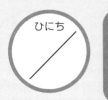

ひにち

みて、よんで、おぼえよう

なまえ

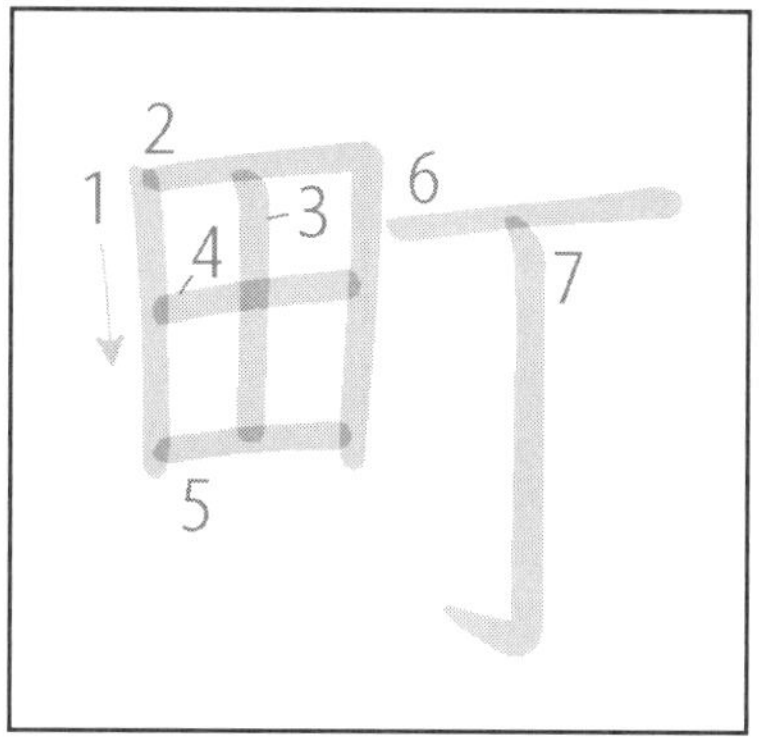

■こえに　だして　よみましょう。

町《まち》に
でかける。

■よみかたクイズ《くいず》

★□に　よみかたを　かきましょう。

町《まち》
↓
町　ま□
↓
町　□□

■かくれんぼクイズ《くいず》

★「町《まち》」を　三《みっ》つ　さがして、○で　かこみましょう。

町《まち》りんかするらえしう
よとふね町やたはろれ
くま町みへ町ひきさこ

ひにち

なまえ

よんで、かいて、おぼえよう

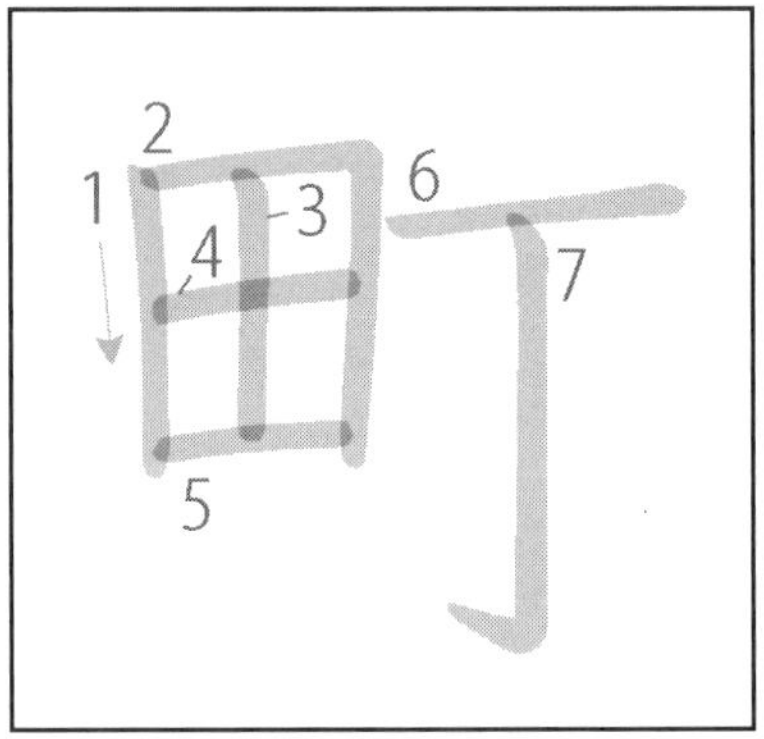

■つぎの ことばを いいながら 上《うえ》の かんじを なぞりましょう。

たて、かく、たて、よこ、よこ、よこ、
よこ、たて、たてはね

■あなたが おぼえやすい ことばを かんがえて、かきましょう。

■かんせい クイズ《くいず》

★それぞれの かんじを なぞって つけたして かんせいさせましょう。

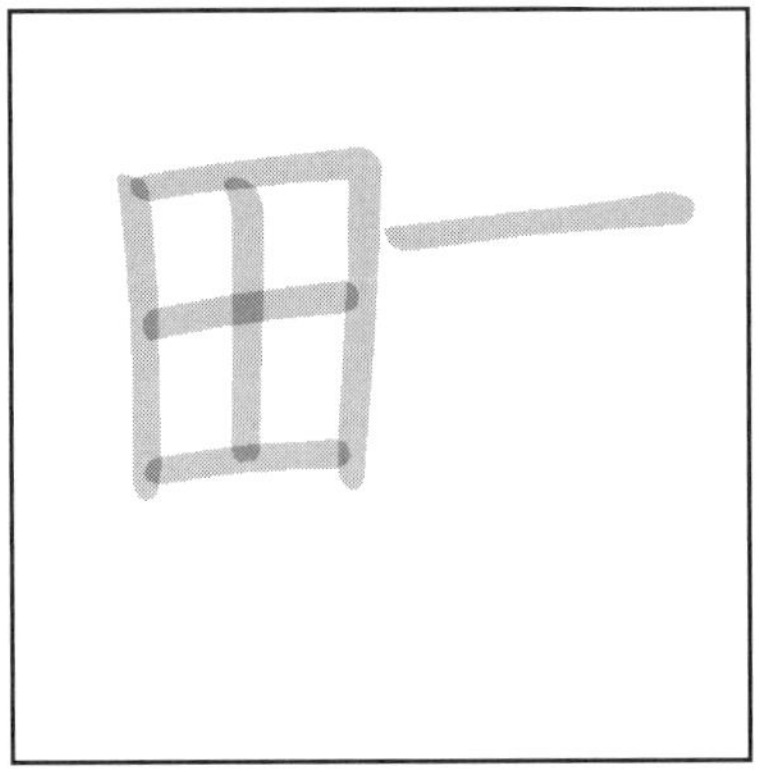

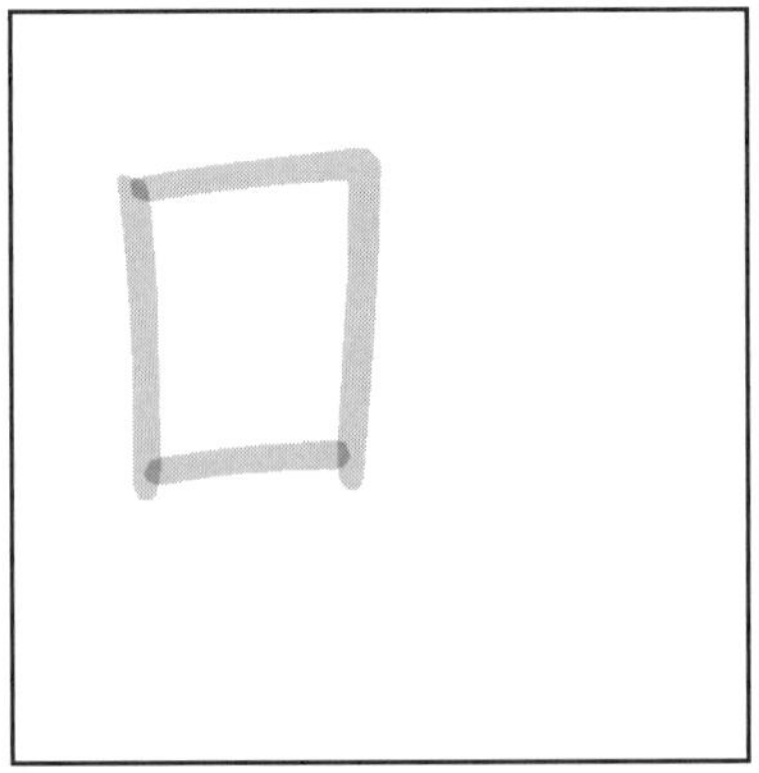

リマインド

ひにち

★一《いっ》しゅうかんごの ひにちを かいて やりましょう。

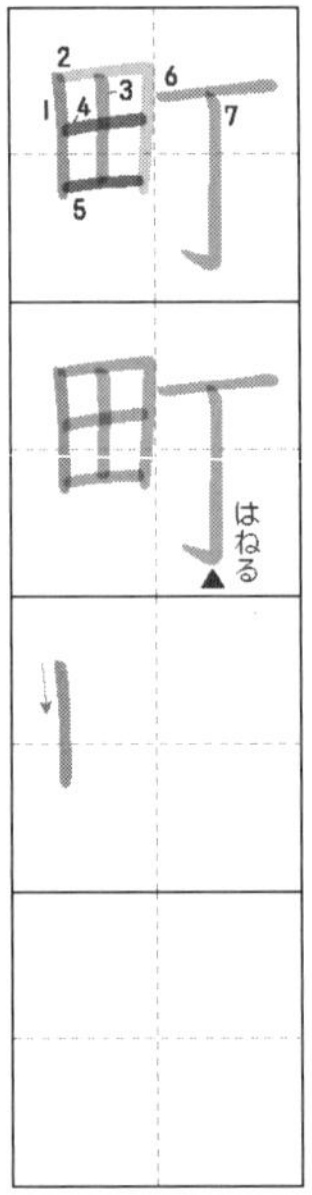

★この かんじを おぼえた ことばを かきましょう。

ひにち

みて、よんで、おぼえよう

なまえ

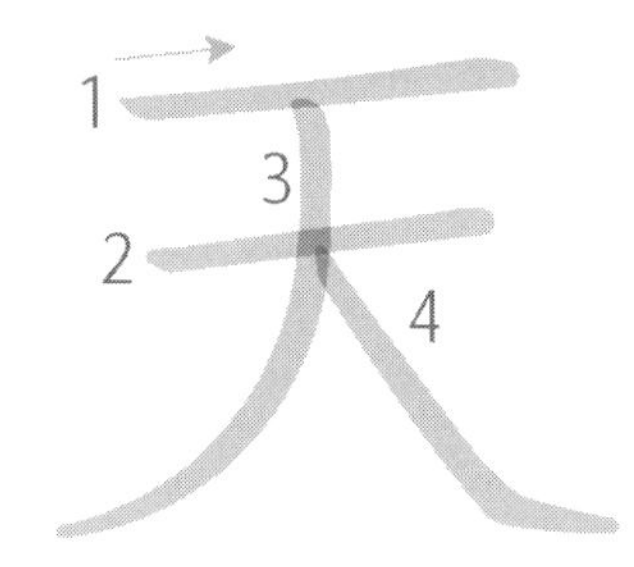

■こえに　だして　よみましょう。

天《てん》しが　とぶ。

■よみかたクイズ《くいず》

★ □に　よみかたを　かきましょう。

天《てん》し
↓
天《て》□し
↓
天□□し

■かくれんぼクイズ《くいず》

★「天《てん》」を　三《みっ》つ　さがして、○で　かこみましょう。

天《てん》すつはへいなあ天こ
ぬう天にみむほよもひ
きのるてさらふ天そた

ひにち　／

よんで、かいて、おぼえよう

なまえ

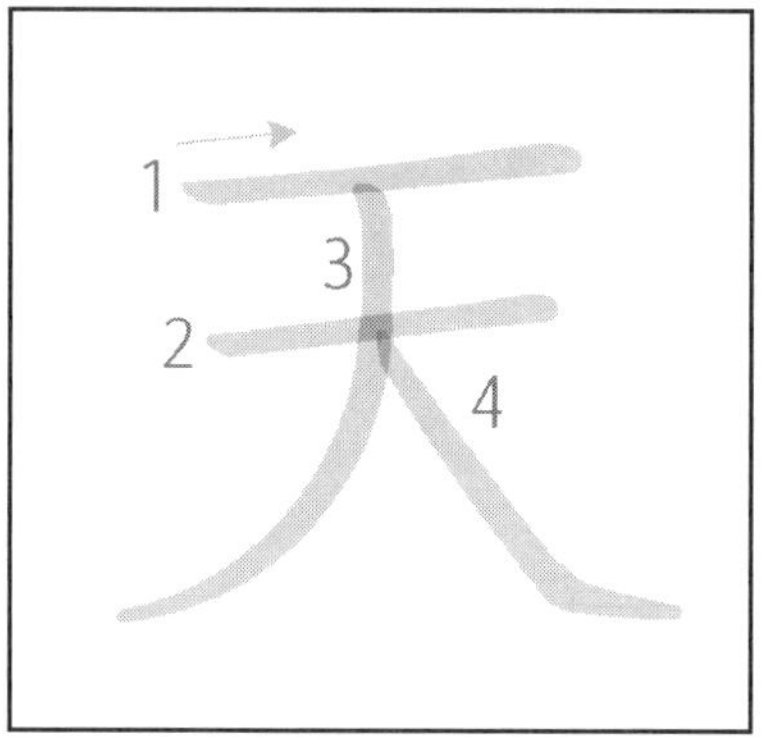

■つぎの　ことばを　いいながら　上《うえ》の　かんじを　なぞりましょう。

よこ、よこ、ノ、はらい

■あなたが　おぼえやすい　ことばを　かんがえて、かきましょう。

■かんせい　クイズ《くいず》

★それぞれの　かんじを　なぞって　つけたして　かんせいさせましょう。

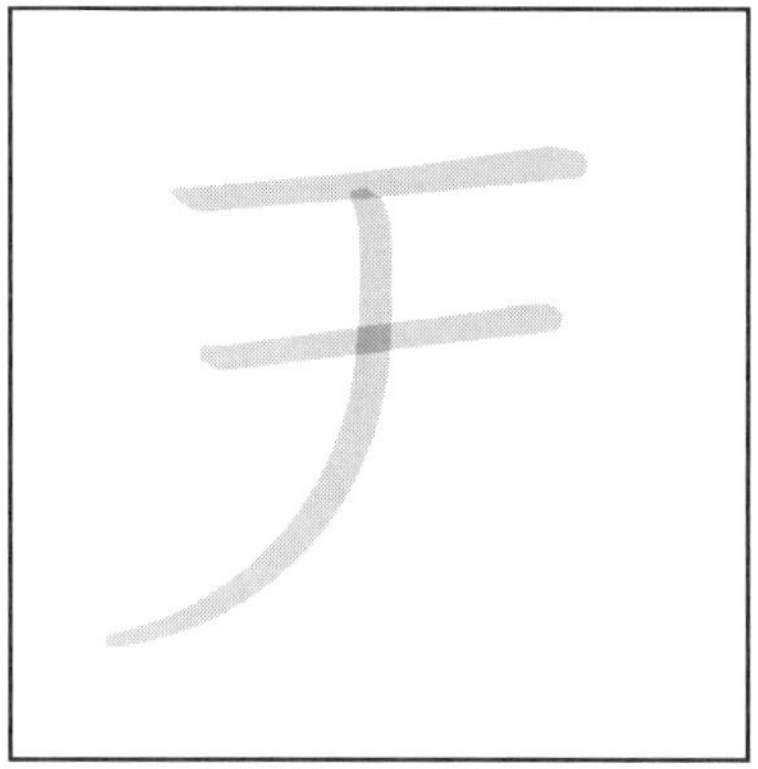

リマインド

ひにち　／

★一《いっ》しゅうかんごの　ひにちを　かいて　やりましょう。

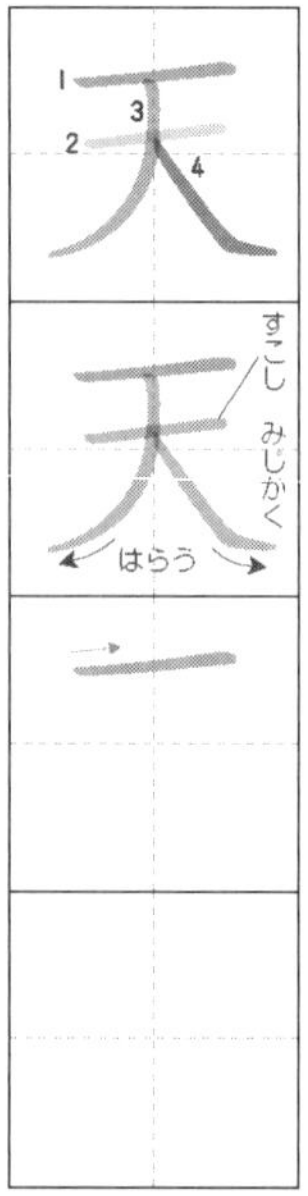

★この　かんじを　おぼえた　ことばを　かきましょう。

ひにち

みて、よんで、おぼえよう

なまえ

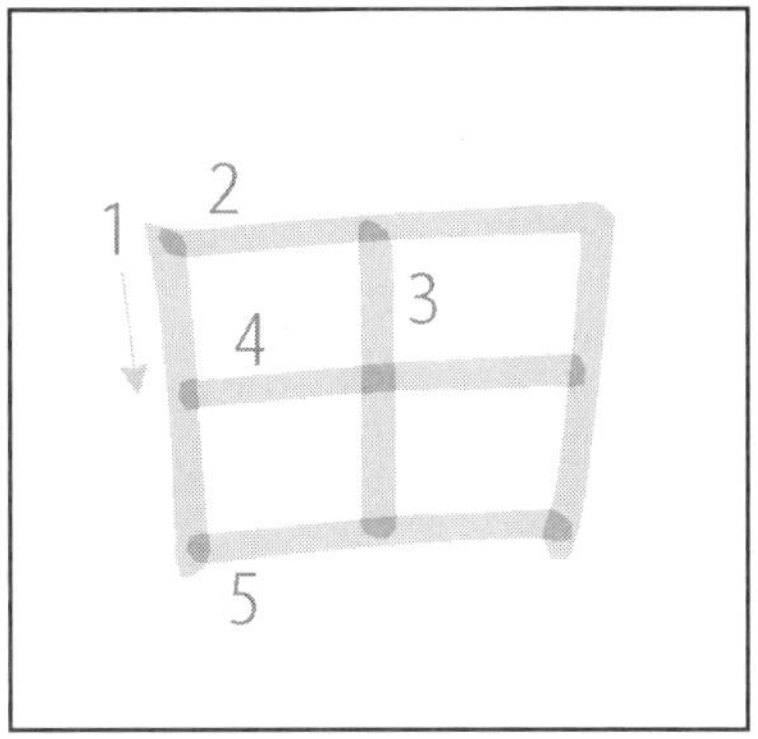

■こえに だして よみましょう。

田《た》んぼで はたらく。

■よみかたクイズ《くいず》

★□に よみかたを かきましょう。

田《た》んぼ
↓
田□んぼ
↓
田□んぼ

■かくれんぼクイズ《くいず》

★「田《た》」を 三《みっ》つ さがして、○で かこみましょう。

田《た》もちんえ田むろうみ
田ひたふお田らてきけ
すへはくぬれよこなね

ひにち　／

よんで、かいて、おぼえよう

なまえ

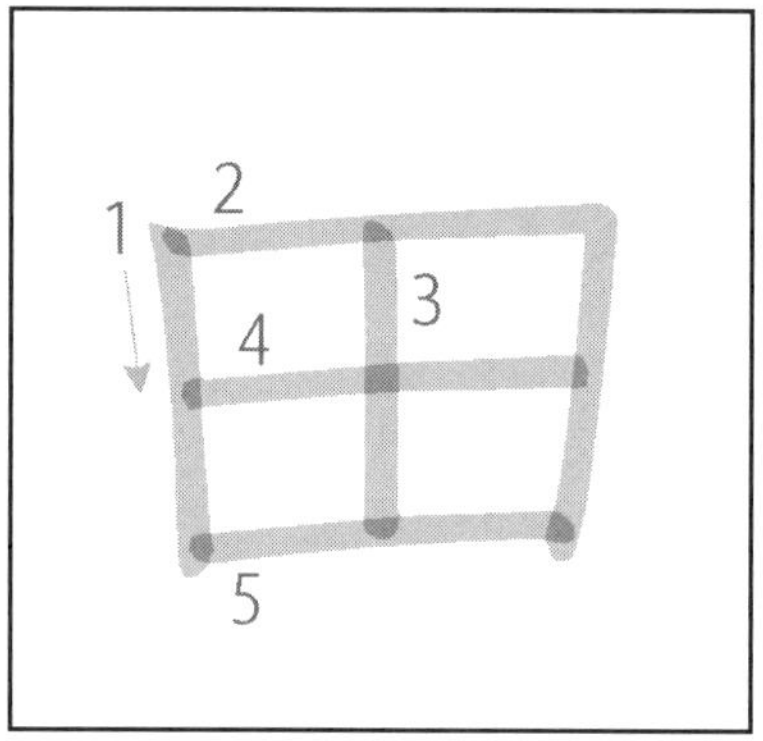

■つぎの　ことばを　いいながら
上《うえ》の　かんじを　なぞりましょう。

たて、かく、たて、よこ、よこ

■あなたが　おぼえやすい　ことばを　かんがえて、かきましょう。

■かんせい　クイズ《くいず》

★それぞれの　かんじを　なぞって　つけたして　かんせいさせましょう。

リマインド

ひにち　／

★一《いっ》しゅうかんごの　ひにちを　かいて　やりましょう。

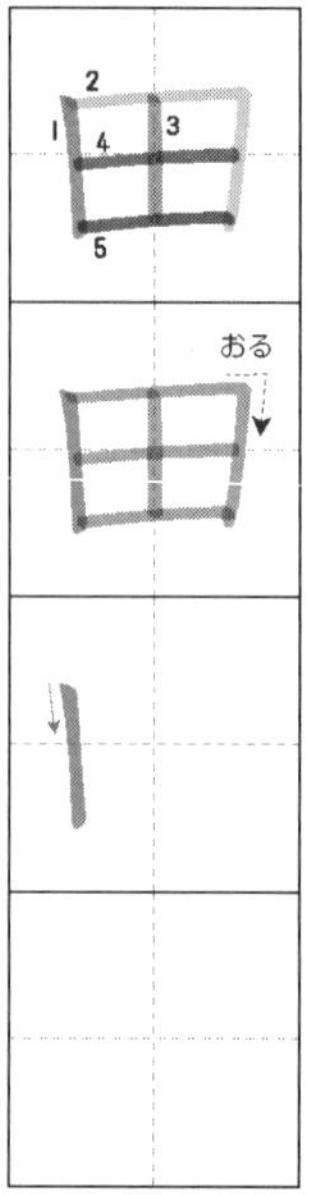

★この　かんじを　おぼえた
ことばを　かきましょう。

ひにち　／

みて、よんで、おぼえよう

なまえ

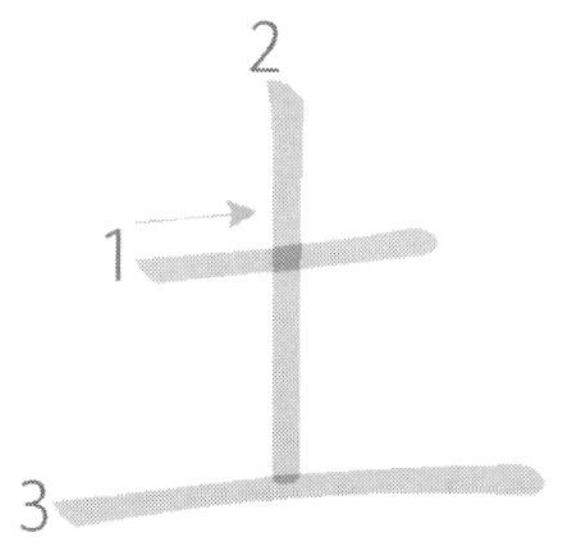

■こえに　だして　よみましょう。

土《つち》を　ほる。

■よみかたクイズ《くいず》

★　□に　よみかたを　かきましょう。

土《つち》

↓

土《つ》□

↓

土□□

■かくれんぼクイズ《くいず》

★　「土《つち》」を　三《みっ》つ　さがして、○で　かこみましょう。

土《つち》まちう土はえほへゆ

土あねよんなふさたぬ

らこにめる土つとせす

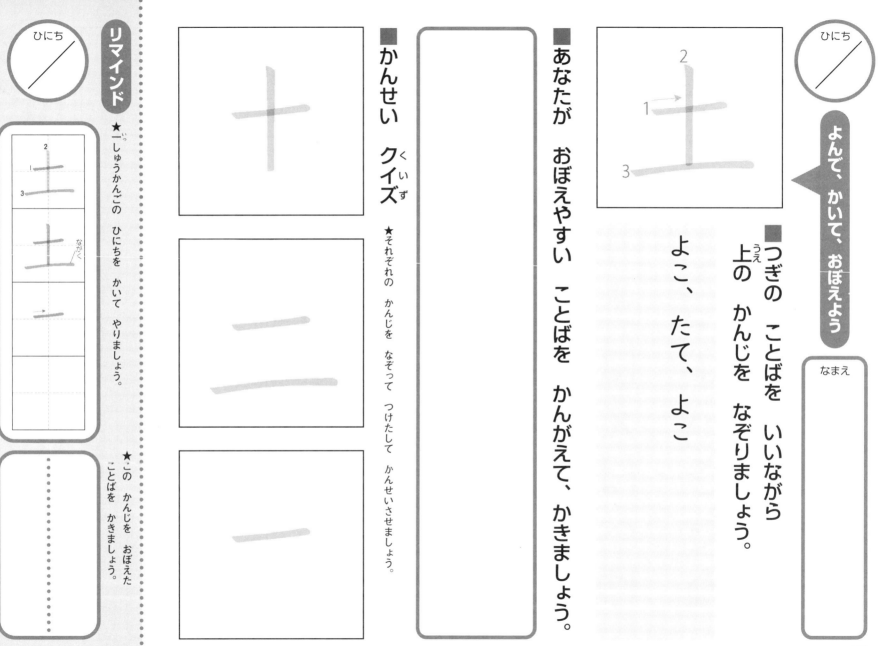

ひにち

よんで、かいて、おぼえよう

なまえ

土

1 2 3

■つぎの ことばを いいながら 上《うえ》の かんじを なぞりましょう。

よこ、たて、よこ

■あなたが おぼえやすい ことばを かんがえて、かきましょう。

■かんせい クイズ《くいず》

★それぞれの かんじを なぞって つけたして かんせいさせましょう。

リマインド

ひにち

★一《いっ》しゅうかんごの ひにちを かいて やりましょう。

ながく

★この かんじを おぼえた ことばを かきましょう。

ひにち　／

みて、よんで、おぼえよう

なまえ

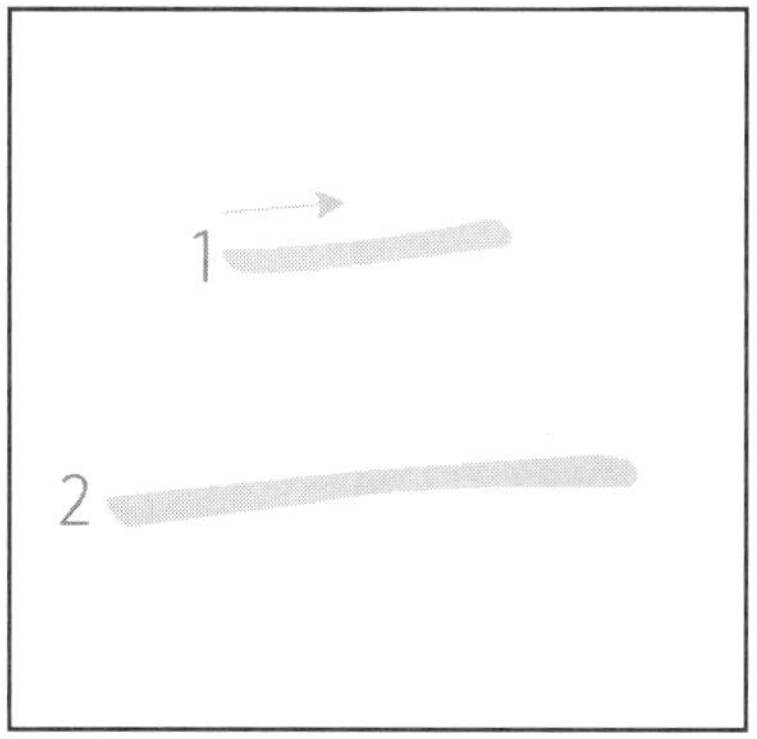

■こえに　だして　よみましょう。

二《ふた》つの
りんご。

■よみかたクイズ《くいず》

★□に　よみかたを　かきましょう。

二《ふた》つ
↓
二《ふ》□つ
↓
二□□つ

■かくれんぼクイズ《くいず》

★「二《ふた》つ」を　三《みっ》つ　さがして、○で　かこみましょう。

二《ふた》つとけふ二つこはあ
すりぬうら二つちつゆ
ろきほひ二つやくせへ

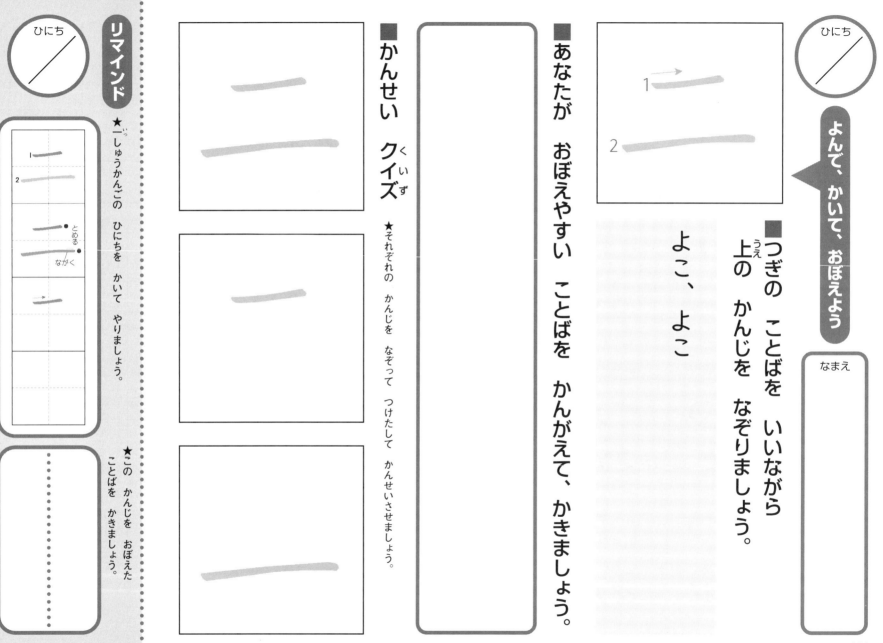

ひにち　／

よんで、かいて、おぼえよう

なまえ

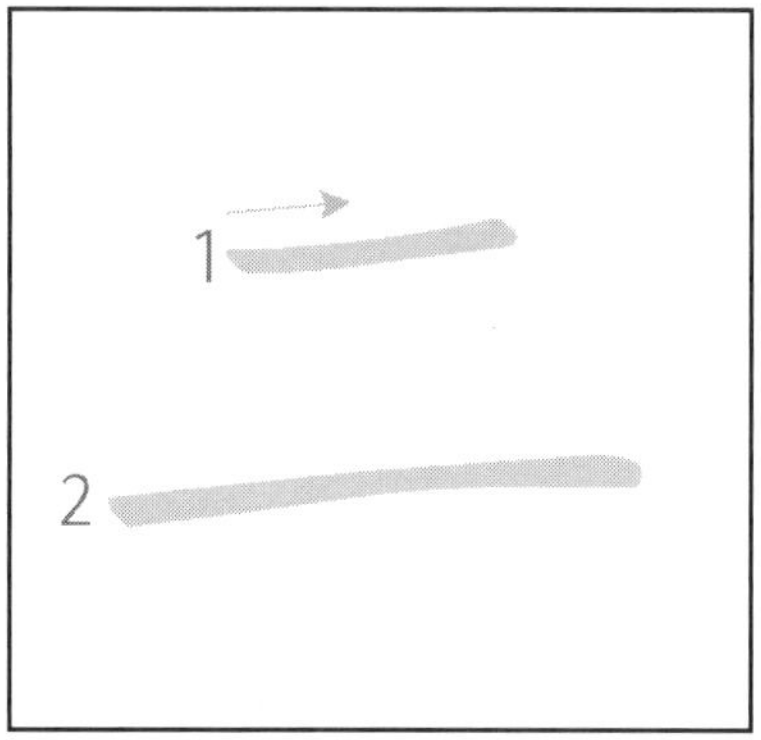

■つぎの　ことばを　いいながら　上《うえ》の　かんじを　なぞりましょう。

よこ、よこ

■あなたが　おぼえやすい　ことばを　かんがえて、かきましょう。

■かんせい　クイズ《くいず》

★それぞれの　かんじを　なぞって　つけたして　かんせいさせましょう。

ひにち　／

リマインド

★一《いっ》しゅうかんごの　ひにちを　かいて　やりましょう。

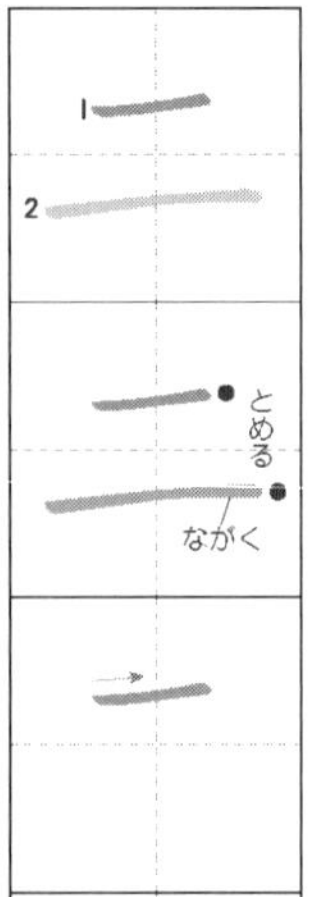

★この　かんじを　おぼえた　ことばを　かきましょう。

ひにち

みて、よんで、おぼえよう

なまえ

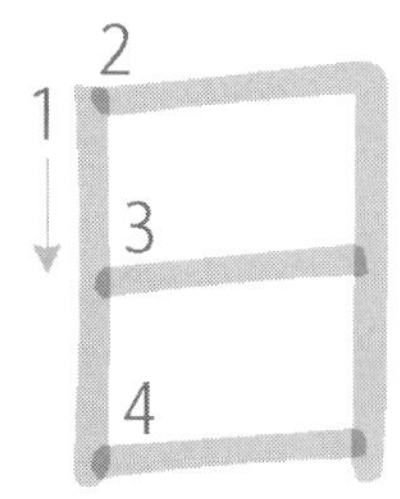

■こえに だして よみましょう。

お日《ひ》さまが でる。

■よみかたクイズ《くいず》

★ □に よみかたを かきましょう。

お日さま（ひ）↓お日さま（□）↓お日さま（□）

■かくれんぼクイズ《くいず》

★「日《ひ》」を 三《みっ》つ さがして、◯で かこみましょう。

日《ひ》たゆら日さあつねえ

そしせ日いはとれほり

にこ日てぬよくなひむ

ひにち

よんで、かいて、おぼえよう

なまえ

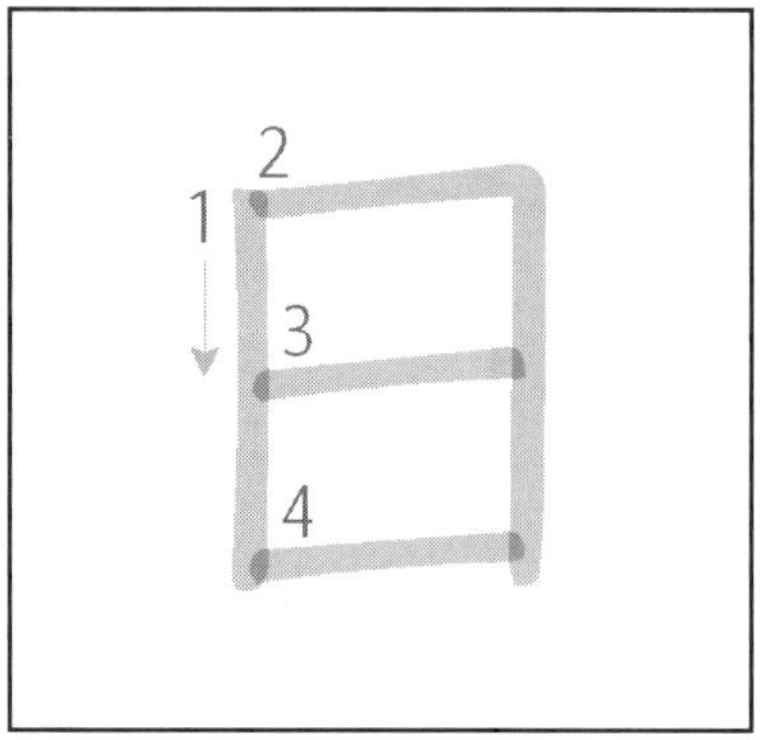

■つぎの ことばを いいながら 上《うえ》の かんじを なぞりましょう。

たて、かく、よこ、よこ

■あなたが おぼえやすい ことばを かんがえて、かきましょう。

■かんせい クイズ《くいず》

★それぞれの かんじを なぞって つけたして かんせいさせましょう。

リマインド

ひにち

★一《いっ》しゅうかんごの ひにちを かいて やりましょう。

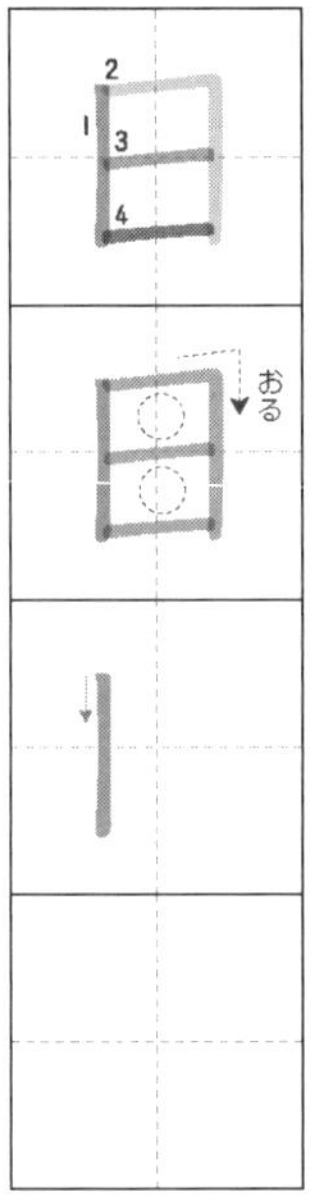

★この かんじを おぼえた ことばを かきましょう。

ひにち

／

みて、よんで、おぼえよう

なまえ

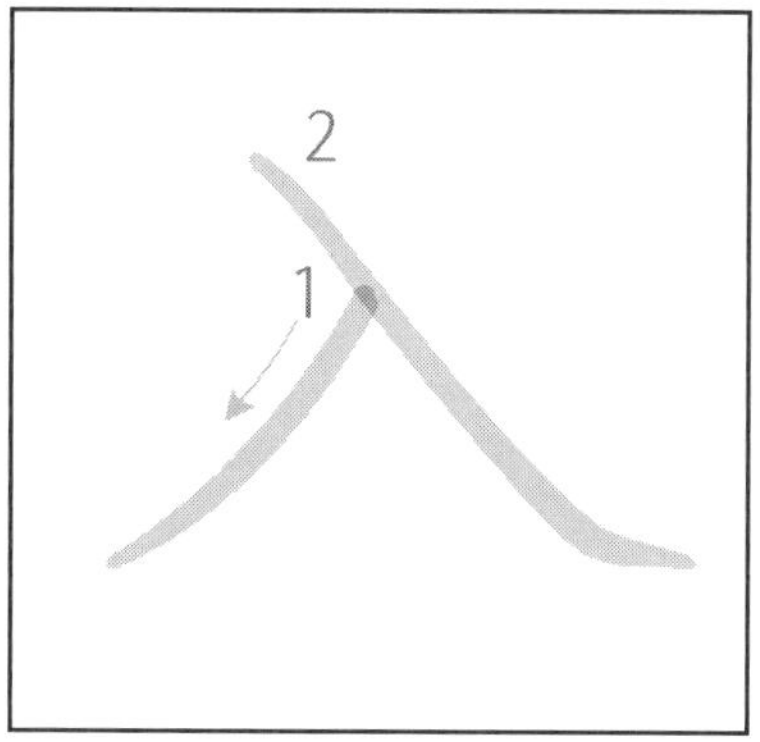

■こえに　だして　よみましょう。

はがきを　入《い》れる。

■よみかたクイズ《くいず》

★　□に　よみかたを　かきましょう。

入《い》れる
↓
入□れる
↓
入□れる

■かくれんぼクイズ《くいず》

★　「入《い》れる」を　三《みっ》つ　さがして、◯で　かこみましょう。

入《い》れるのら入れるにぬ
あそ入れるむさみろも
ひきとねた入れるなち

ひにち
/

よんで、かいて、おぼえよう

なまえ

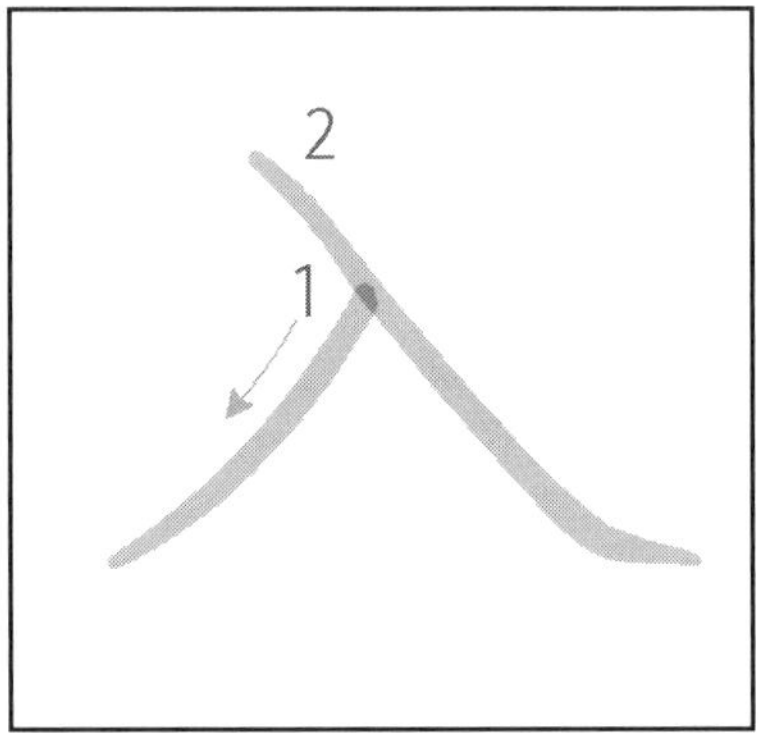

■つぎの ことばを いいながら 上《うえ》の かんじを なぞりましょう。

ノ、みぎはらい

■あなたが おぼえやすい ことばを かんがえて、かきましょう。

■かんせい クイズ《くいず》

★それぞれの かんじを なぞって つけたして かんせいさせましょう。

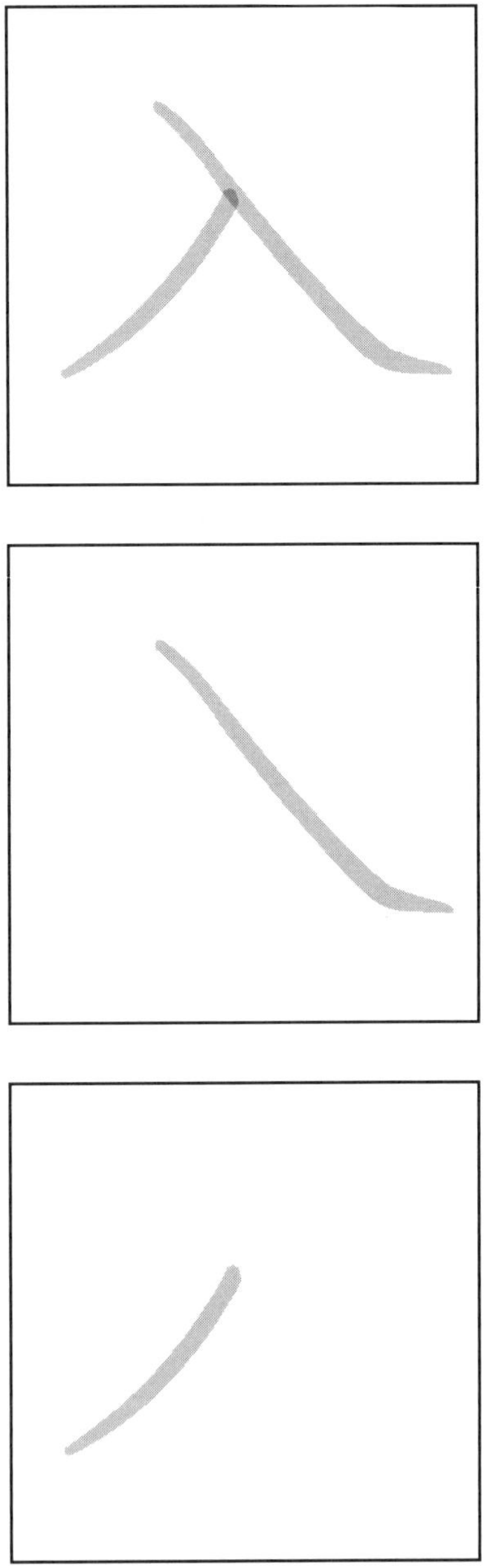

リマインド

ひにち
/

★一《いっ》しゅうかんごの ひにちを かいて やりましょう。

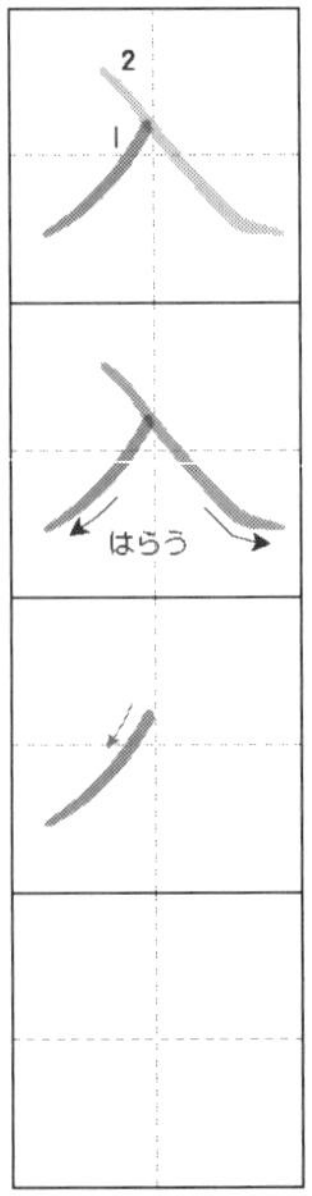

★この かんじを おぼえた ことばを かきましょう。

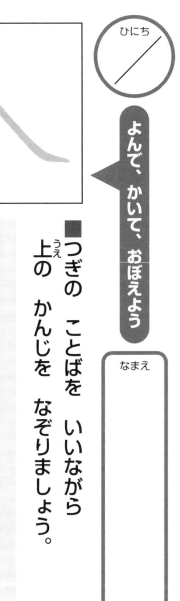

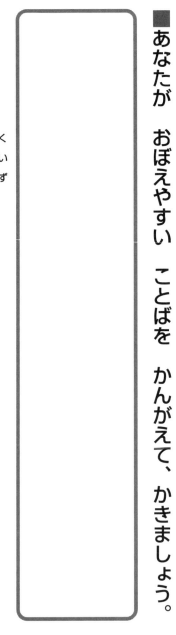

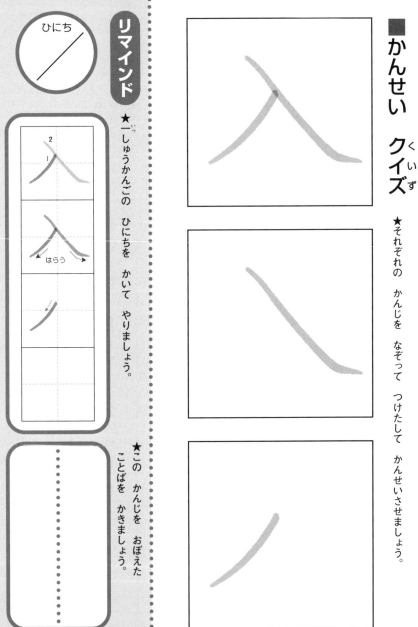

ひにち　／

なまえ

みて、よんで、おぼえよう

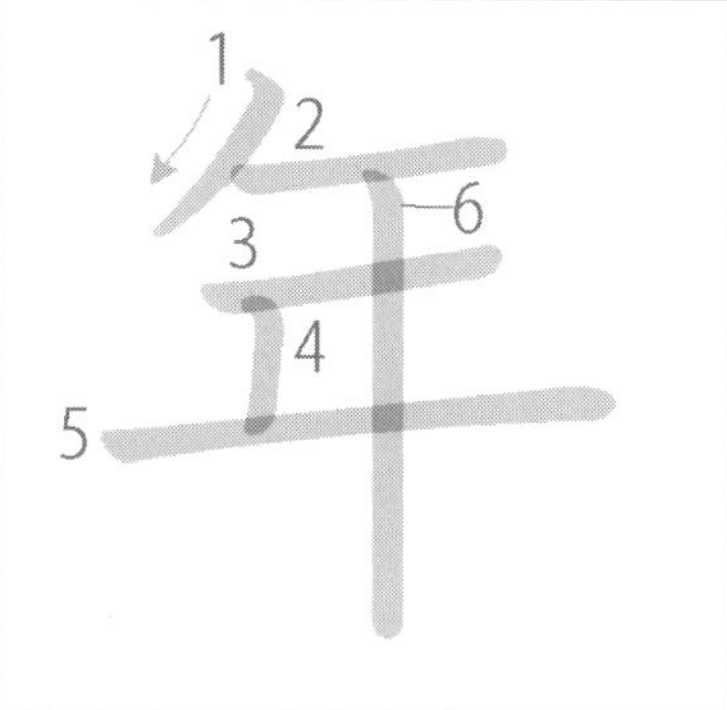

■こえに　だして　よみましょう。

木《き》の　年《ねん》りん。

■よみかたクイズ《くいず》

★　□に　よみかたを　かきましょう。

年《ねん》りん

↓

年《ね》□りん

↓

年□□りん

■かくれんぼクイズ《くいず》

★　「年《ねん》」を　三《みっ》つ　さがして、○で　かこみましょう。

年《ねん》しおは年きぬあんよ
年うのつらふゆさもむ
にせ年ひりろれとけな

ひにち

よんで、かいて、おぼえよう

なまえ

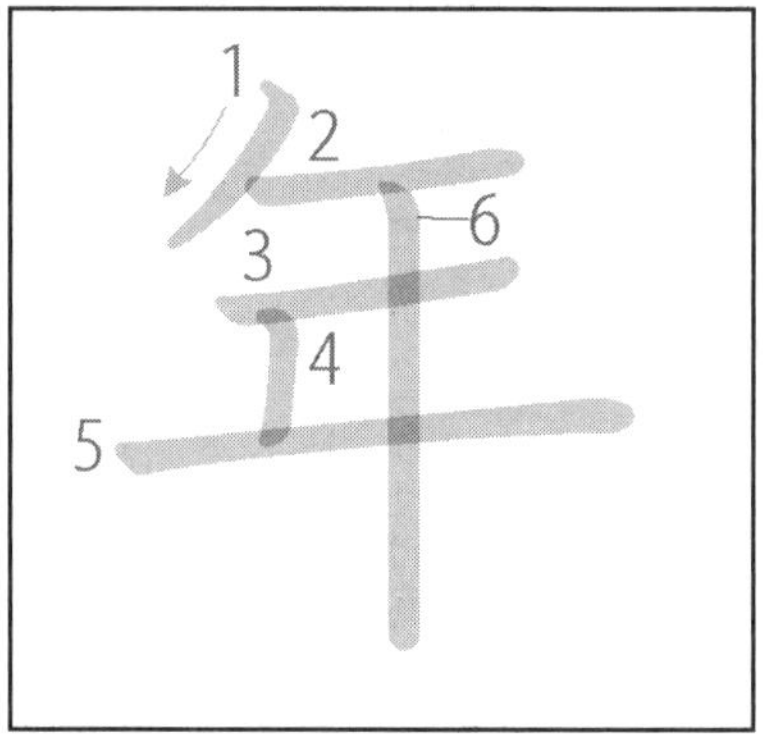

■つぎの ことばを いいながら 上《うえ》の かんじを なぞりましょう。

ノ、いち、よこ、たて、たて、よこ、よこ、たて

■あなたが おぼえやすい ことばを かんがえて、かきましょう。

■かんせい クイズ《くいず》

★それぞれの かんじを なぞって つけたして かんせいさせましょう。

ひにち

リマインド

★一《いっ》しゅうかんごの ひにちを かいて やりましょう。

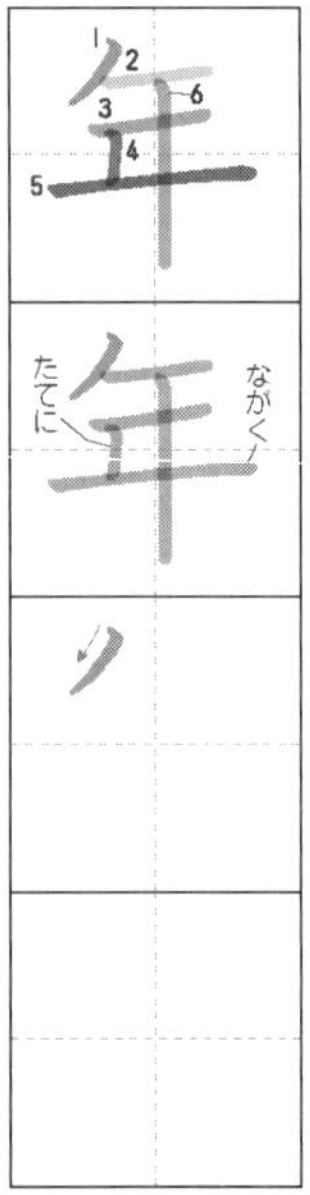

★この かんじを おぼえた ことばを かきましょう。

ひにち　／

みて、よんで、おぼえよう

なまえ

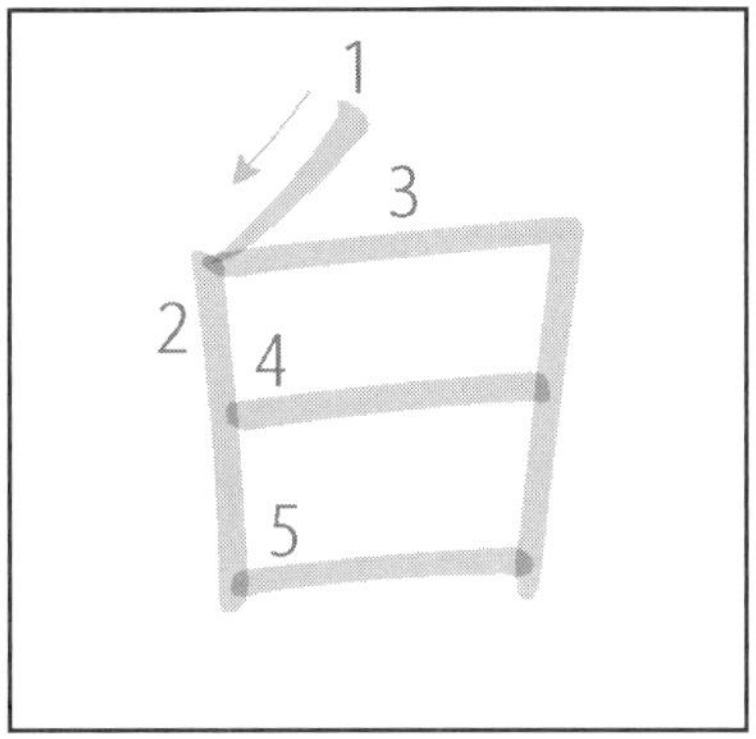

■こえに　だして　よみましょう。

白《しろ》い　雪《ゆき》。

■よみかたクイズ《くいず》

★□に　よみかたを　かきましょう。

白《しろ》い
↓
白　し□　い
↓
白□□い

■かくれんぼクイズ《くいず》

★「白《しろ》い」を　三《みっ》つ　さがして、○で　かこみましょう。

白《しろ》いひたえによさ白い
お白いはうほなま白い
ふくみそけぬもめしす

ひにち
／

よんで、かいて、おぼえよう

なまえ

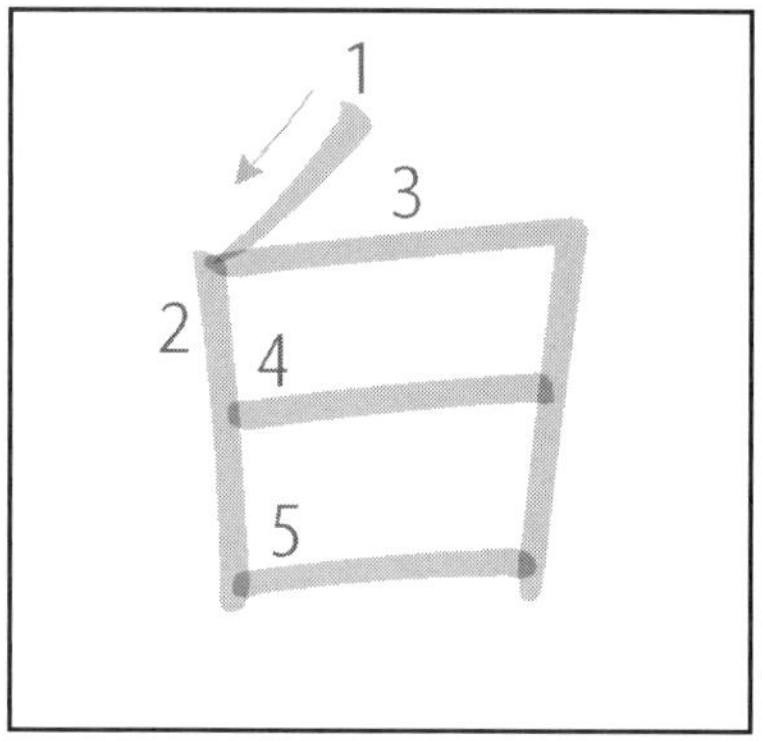

■つぎの ことばを いいながら 上《うえ》の かんじを なぞりましょう。

ノ、たて、かく、よこ、よこ

■あなたが おぼえやすい ことばを かんがえて、かきましょう。

■かんせい クイズ《くいず》

★それぞれの かんじを なぞって つけたして かんせいさせましょう。

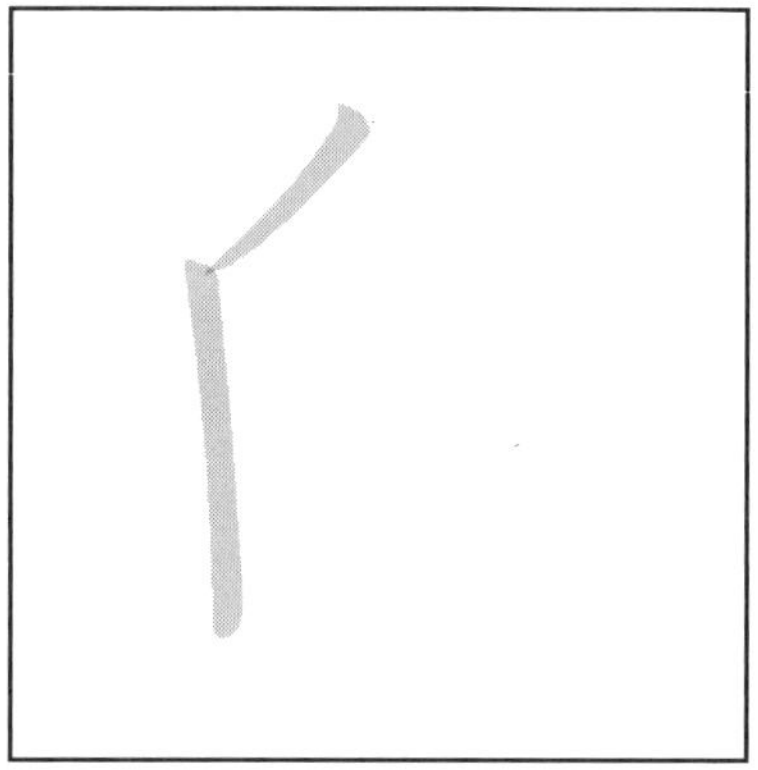

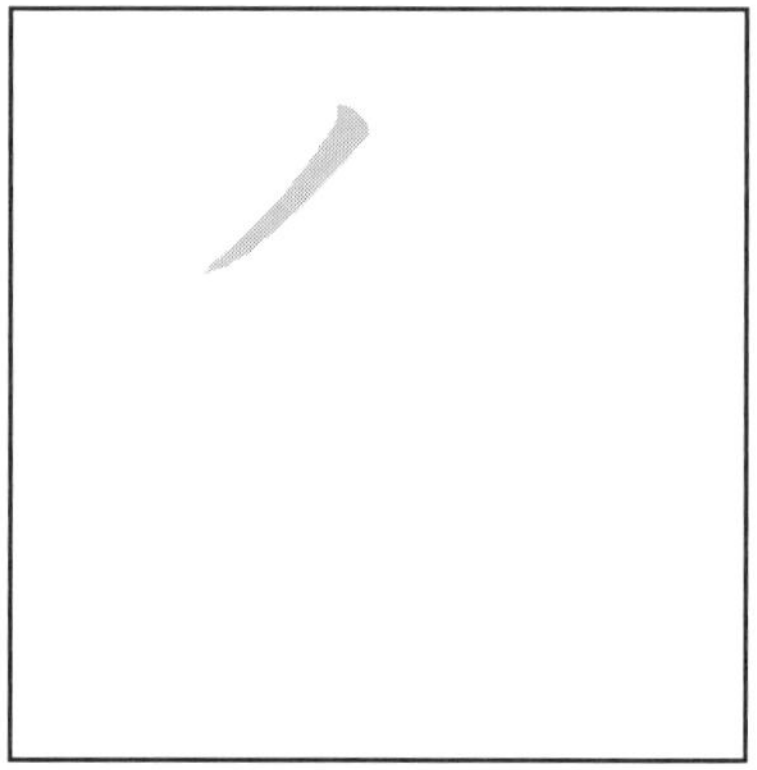

リマインド

ひにち
／

★一《いっ》しゅうかんごの ひにちを かいて やりましょう。

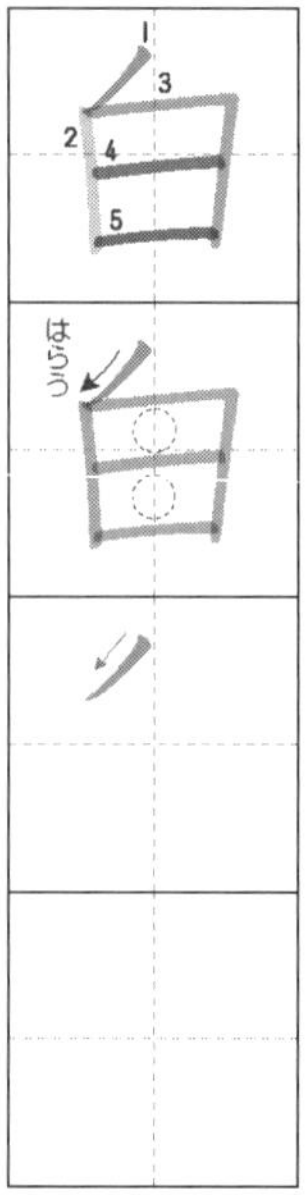

★この かんじを おぼえた ことばを かきましょう。

ひにち

みて、よんで、おぼえよう

なまえ

八

1 2

■こえに だして よみましょう。

八《はち》本《はん》の あし。

■よみかたクイズ《くいず》 ★ □に よみかたを かきましょう。

はちほん
八本
↓
は□
八本
↓
□□
八本

■かくれんぼクイズ《くいず》 ★ 「八《はち》」を 三《みっ》つ さがして、○で かこみましょう。

八《はち》もむうり八つやるお
ふき八よあこまられな
とねろさそぬし八んけ

ひにち

なまえ

よんで、かいて、おぼえよう

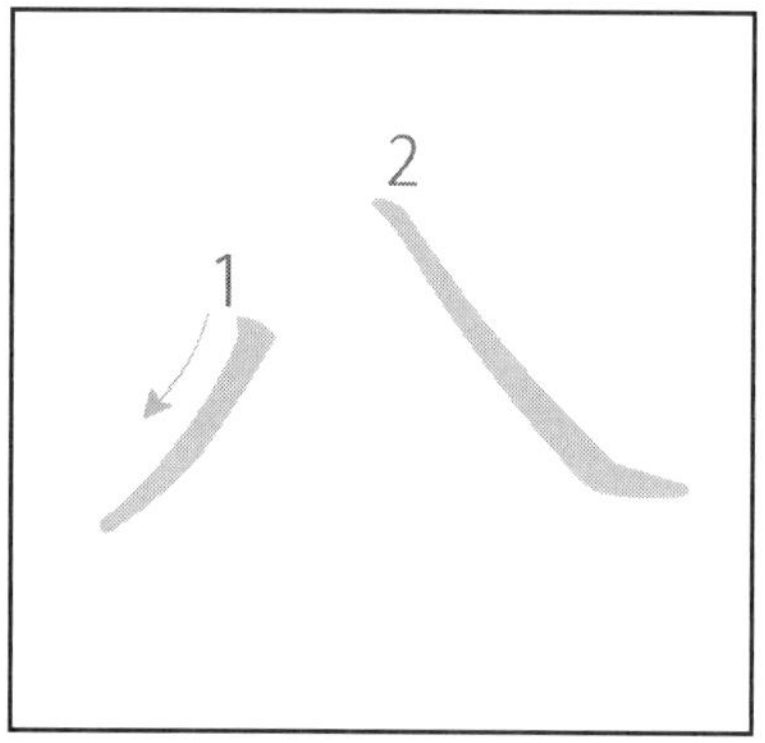

■つぎの ことばを いいながら 上《うえ》の かんじを なぞりましょう。

ノ、はらい

■あなたが おぼえやすい ことばを かんがえて、かきましょう。

■かんせい クイズ《くいず》

★それぞれの かんじを なぞって つけたして かんせいさせましょう。

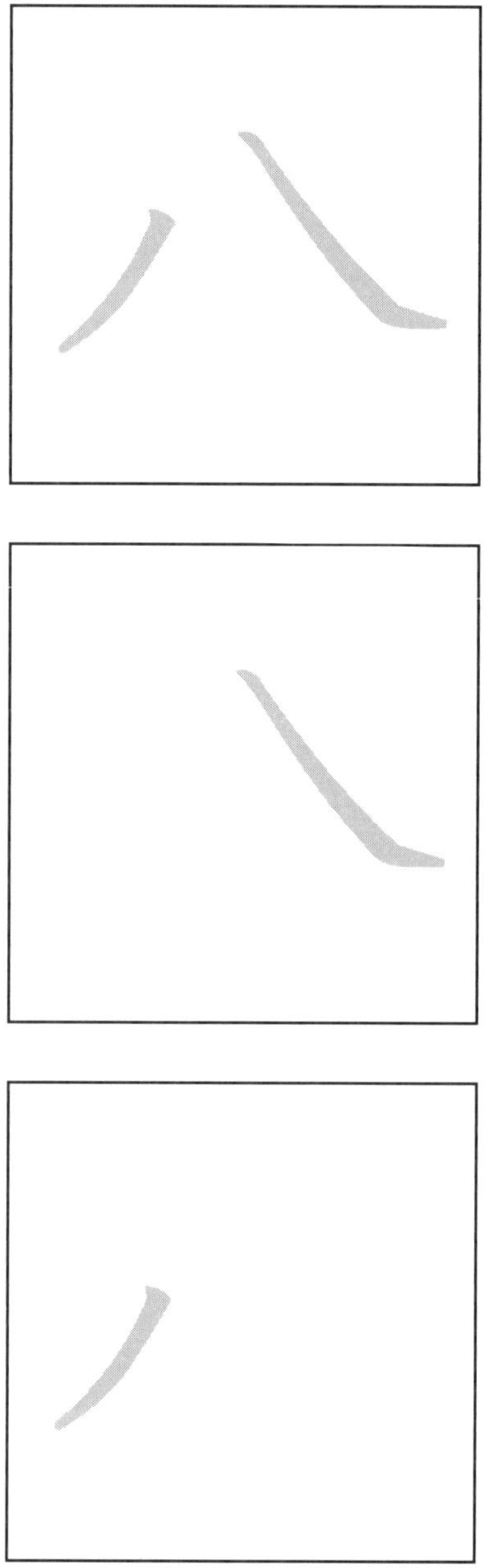

リマインド

ひにち

★一《いっ》しゅうかんごの ひにちを かいて やりましょう。

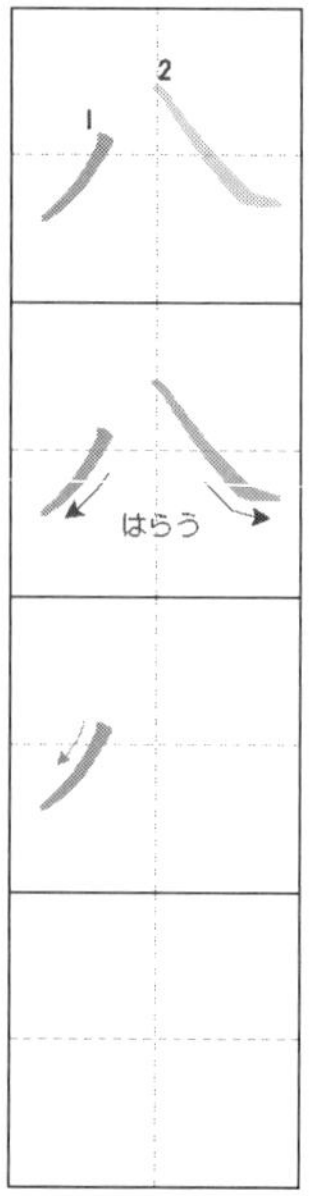

★この かんじを おぼえた ことばを かきましょう。

ひにち　／

みて、よんで、おぼえよう

なまえ

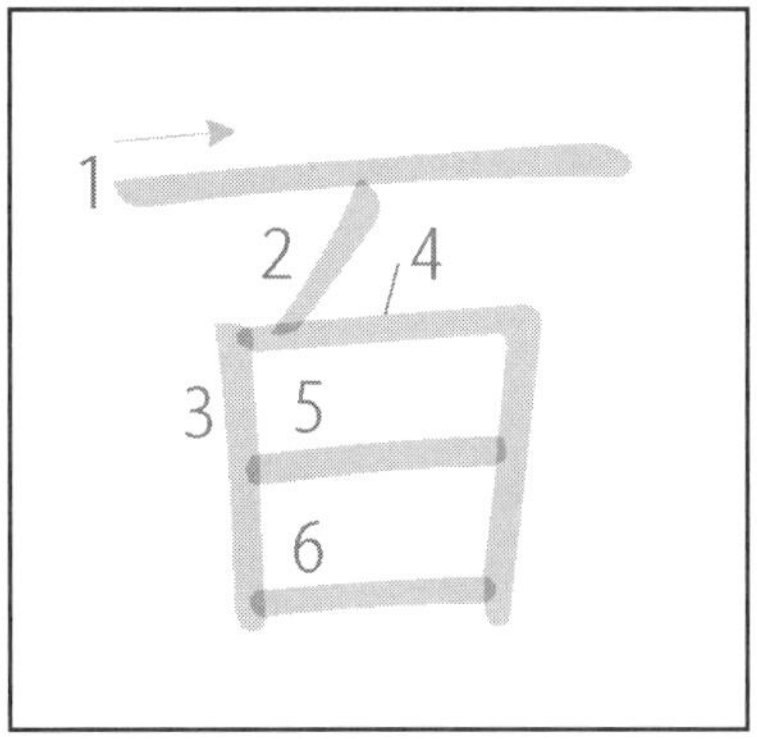

■こえに　だして　よみましょう。

百《ひゃく》てんを
とる。

■よみかたクイズ《くいず》　★　□に　よみかたを　かきましょう。

百《ひゃく》てん
↓
百《ひ□□》てん
↓
百《□□□》てん

■かくれんぼクイズ《くいず》　★　「百《ひゃく》」を　三《みっ》つ　さがして、○で　かこみましょう。

百《ひゃく》るのよえ百しあてれ
いねとほ百りにもぬた
こせはろなや百ふさま

ひにち
／

よんで、かいて、おぼえよう

なまえ

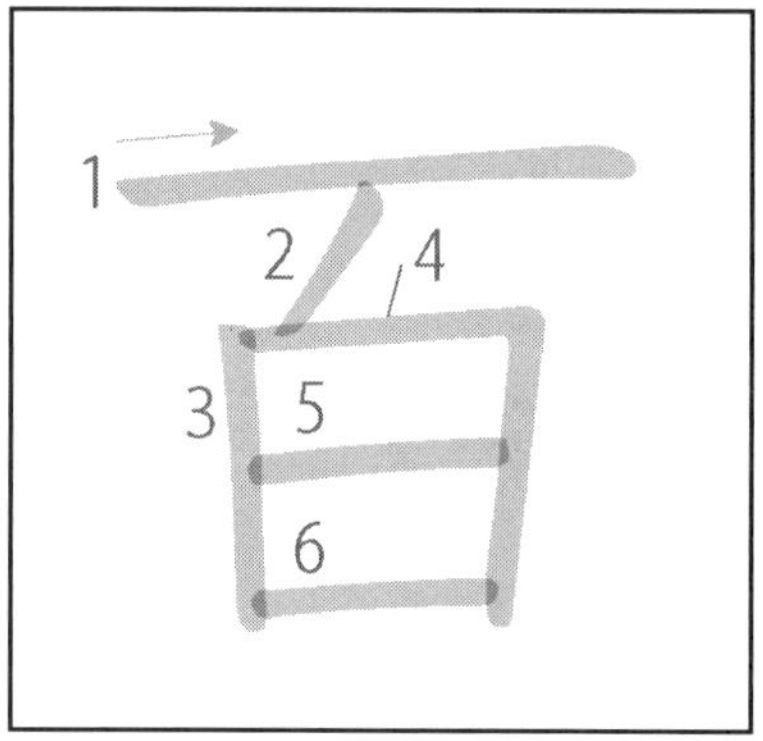

■つぎの ことばを いいながら 上《うえ》の かんじを なぞりましょう。

よこ、ノ、たて、かく、よこ、よこ

■あなたが おぼえやすい ことばを かんがえて、かきましょう。

■かんせい クイズ《くいず》

★それぞれの かんじを なぞって つけたして かんせいさせましょう。

リマインド

ひにち
／

★一《いっ》しゅうかんごの ひにちを かいて やりましょう。

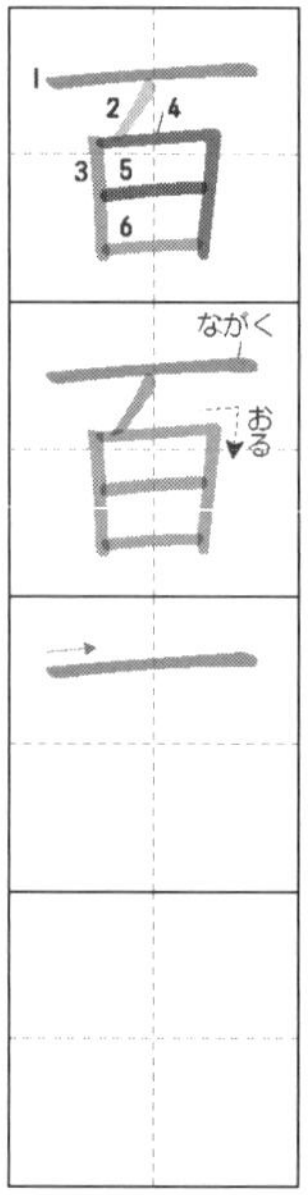

★この かんじを おぼえた ことばを かきましょう。

ひにち

なまえ

みて、よんで、おぼえよう

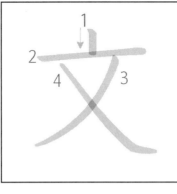

文

1 2 3 4

■こえに だして よみましょう。

文《ぶん》を かく。

■よみかたクイズ《くいず》

★ □に よみかたを かきましょう。

文《ぶん》

↓

文□（ぶ）

↓

文□□

■かくれんぼクイズ《くいず》

★ 「文《ぶん》」を 三《みっ》つ さがして、○で かこみましょう。

文《ぶん》ろの文はけうしてぬ

文あむにおれひ文せふ

なやもほさめへりゆこ

ひにち　／

よんで、かいて、おぼえよう

なまえ

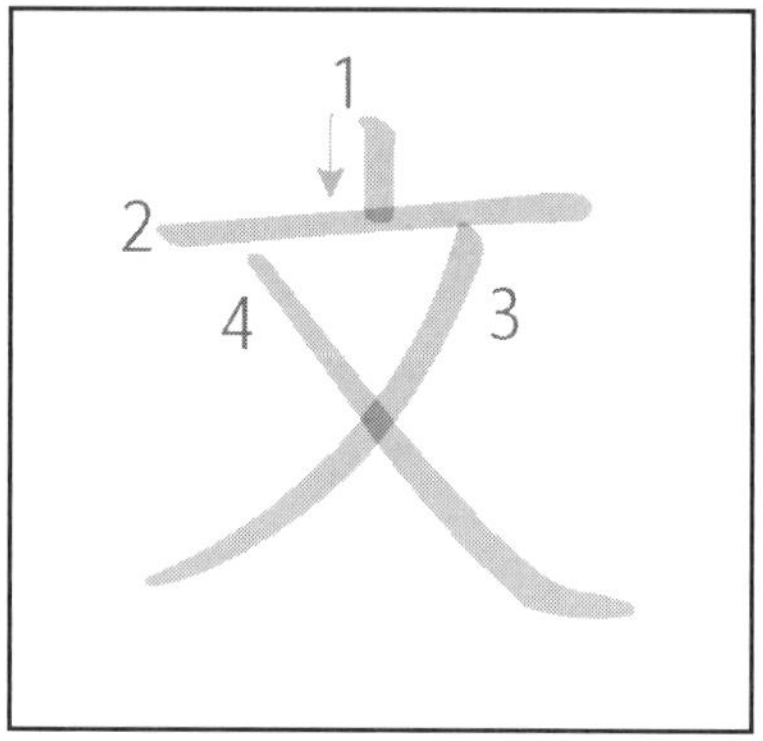

■つぎの　ことばを　いいながら　上《うえ》の　かんじを　なぞりましょう。

たて、よこ、ノ、みぎはらい

■あなたが　おぼえやすい　ことばを　かんがえて、かきましょう。

■かんせい　クイズ《くいず》

★それぞれの　かんじを　なぞって　つけたして　かんせいさせましょう。

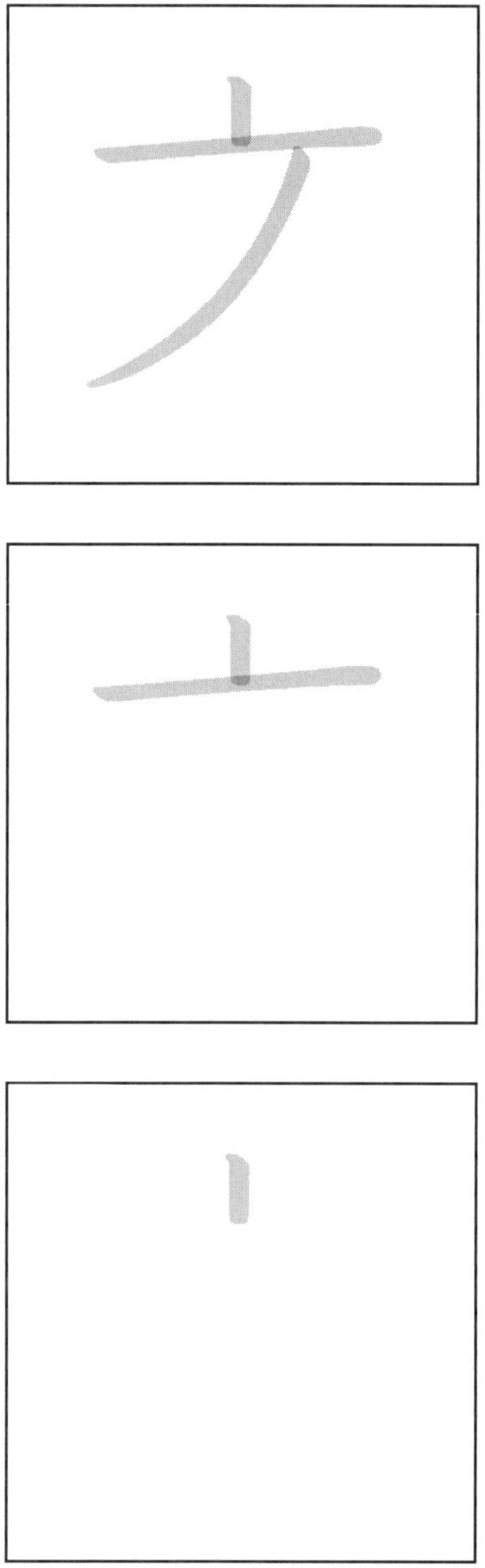

ひにち　／

リマインド

★一《いっ》しゅうかんごの　ひにちを　かいて　やりましょう。

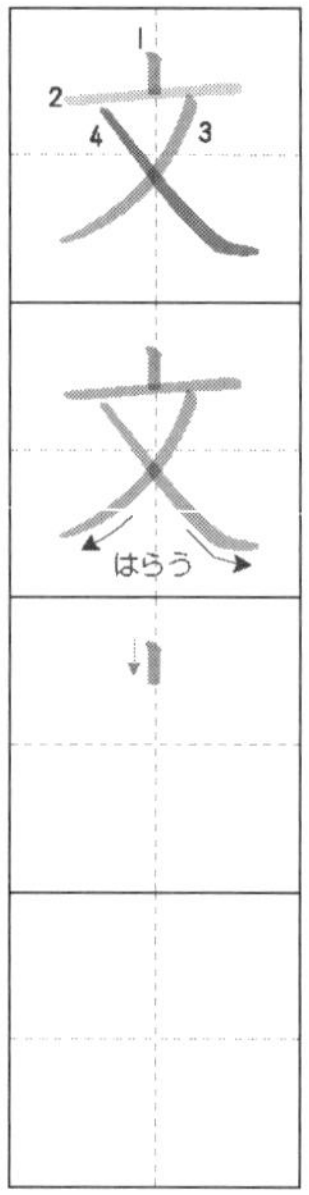

★この　かんじを　おぼえた　ことばを　かきましょう。

ひにち　／

みて、よんで、おぼえよう

なまえ

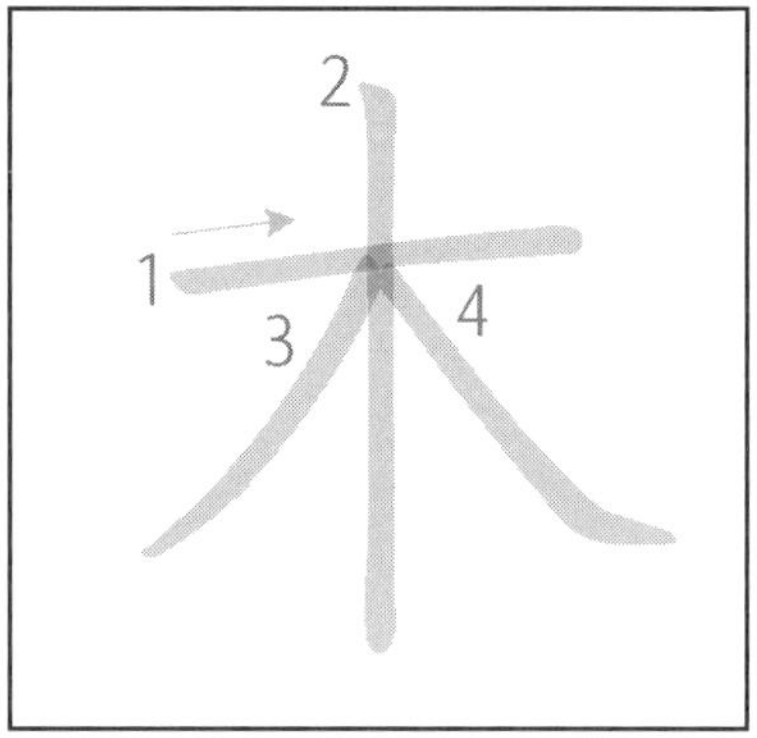

■こえに　だして　よみましょう。

木《き》に　ふれる。

■よみかたクイズ《くいず》

★□に　よみかたを　かきましょう。

木《き》のした
↓
木□のした
↓
木□のした

■かくれんぼクイズ《くいず》

★「木《き》」を　三《みっ》つ　さがして、◯で　かこみましょう。

木《き》はれきうなえこさ木
あるましてひねけに木
らた木ゆせそもよくり

ひにち

よんで、かいて、おぼえよう

なまえ

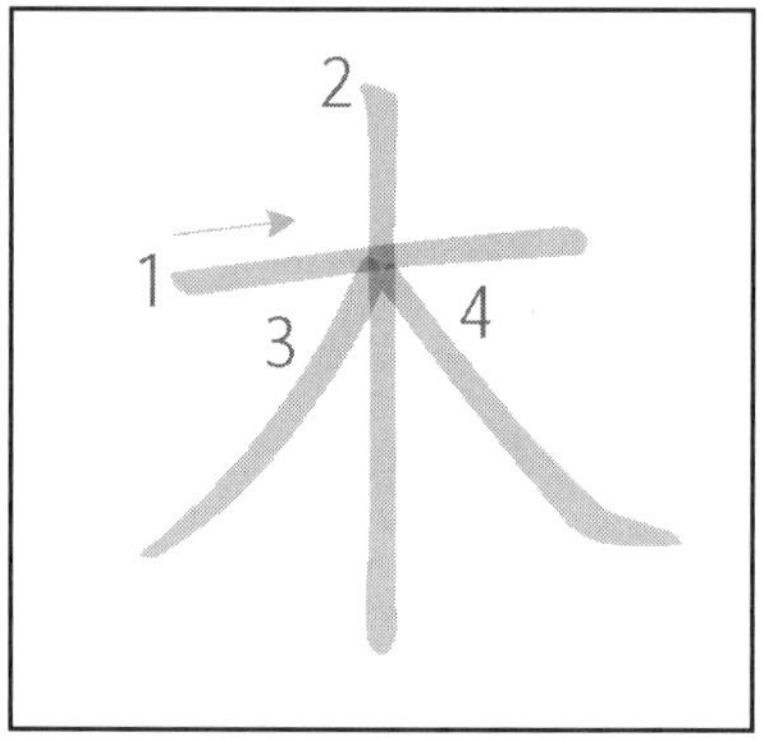

■つぎの ことばを いいながら 上《うえ》の かんじを なぞりましょう。

よこ、たて、はらい、はらい

■あなたが おぼえやすい ことばを かんがえて、かきましょう。

■かんせい クイズ《くいず》

★それぞれの かんじを なぞって つけたして かんせいさせましょう。

リマインド

ひにち

★一《いっ》しゅうかんごの ひにちを かいて やりましょう。

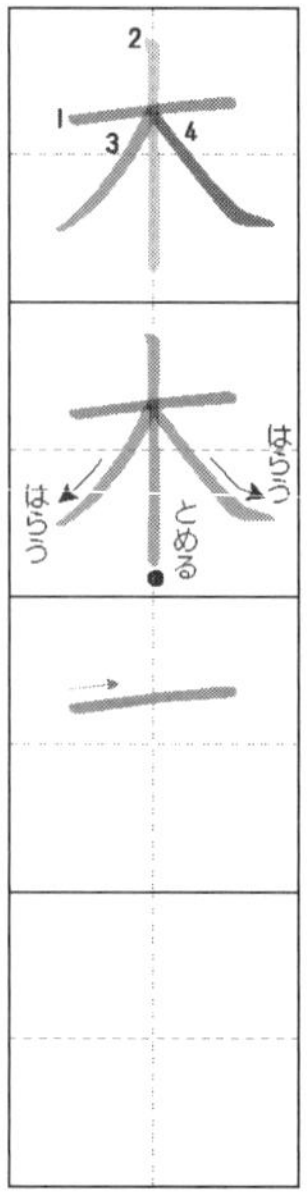

★この かんじを おぼえた ことばを かきましょう。

ひにち

みて、よんで、おぼえよう

なまえ

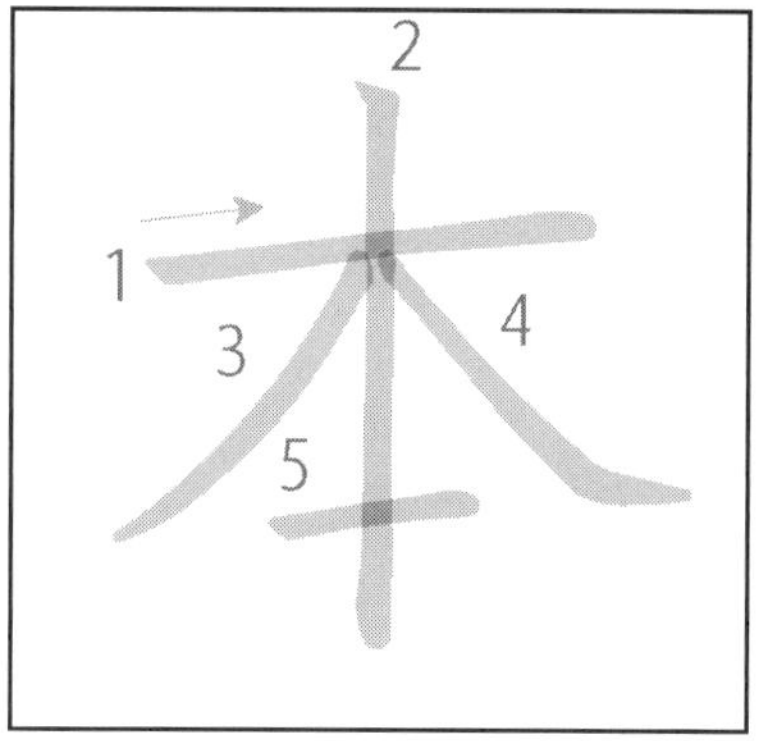

■こえに だして よみましょう。

本《ほん》を よむ。

■よみかたクイズ《くいず》

★□に よみかたを かきましょう。

本《ほん》

↓

本《ほ》□

↓

本□□

■かくれんぼクイズ《くいず》

★「本《ほん》」を 三《みっ》つ さがして、○で かこみましょう。

本《ほん》りおほけ本かくにゆ
えそ本ひみ本やはこつ
ねのむろへなれてとち

ひにち ／

よんで、かいて、おぼえよう

なまえ

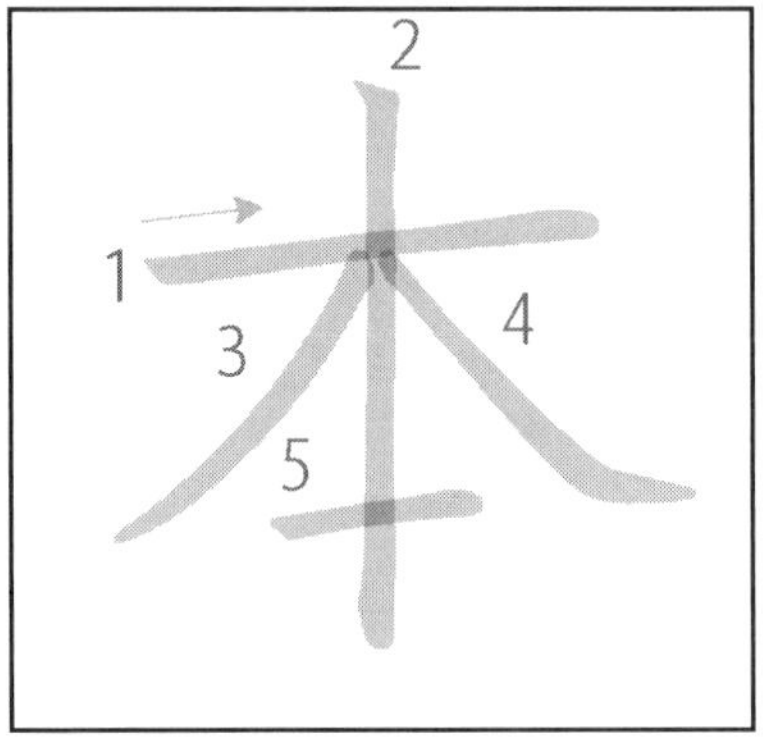

■つぎの　ことばを　いいながら　上《うえ》の　かんじを　なぞりましょう。

よこ、たて、はらい、はらい、よこ

■あなたが　おぼえやすい　ことばを　かんがえて、かきましょう。

■かんせい　クイズ《くいず》

★それぞれの　かんじを　なぞって　つけたして　かんせいさせましょう。

ひにち ／

リマインド

★一《いっ》しゅうかんごの　ひにちを　かいて　やりましょう。

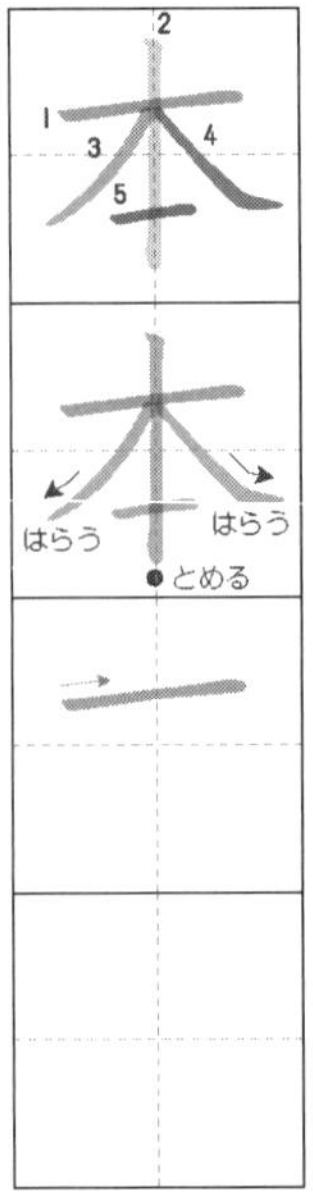

★この　かんじを　おぼえた　ことばを　かきましょう。

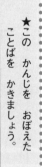

ひにち

みて、よんで、おぼえよう

なまえ

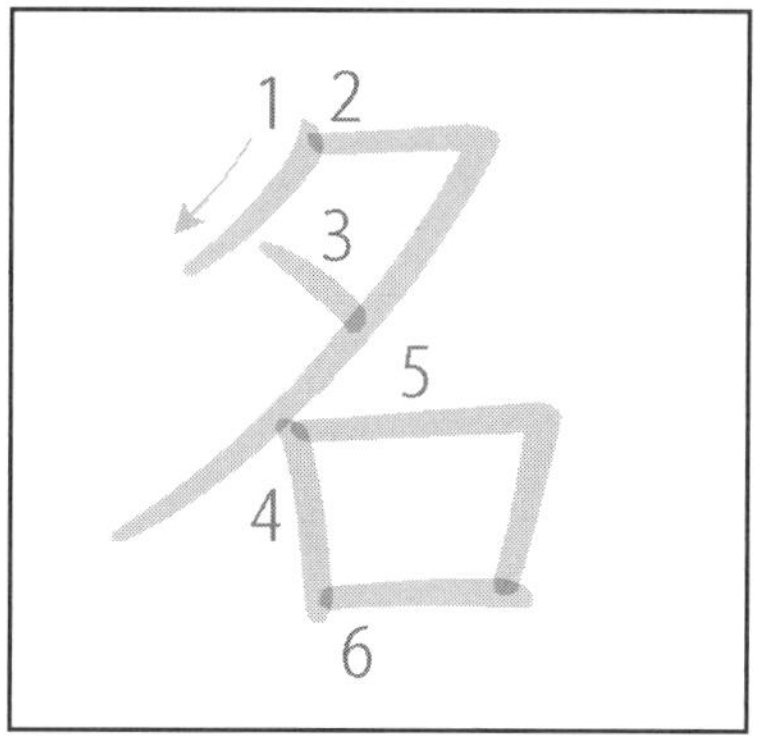

■こえに　だして　よみましょう。

名《な》ふだを
つける。

■よみかたクイズ《くいず》

★　□に　よみかたを　かきましょう。

名《な》ふだ
↓
名□ふだ
↓
名□ふだ

■かくれんぼクイズ《くいず》

★　「名《な》ふだ」を　三《みっ》つ　さがして、○で　かこみましょう。

名《な》ふだなゆてめあくち
やか名ふだへむふせす
名ふだのしに名ふだま

ひにち

なまえ

よんで、かいて、おぼえよう

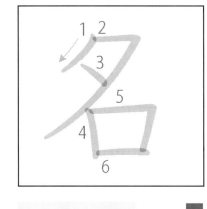

■つぎの　ことばを　いいながら
上《うえ》の　かんじを　なぞりましょう。

ノ、フ、てん、たて、かく、よこ

■あなたが　おぼえやすい　ことばを　かんがえて、かきましょう。

■かんせい　クイズ《くいず》

★それぞれの　かんじを　なぞって　つけたして　かんせいさせましょう。

リマインド

ひにち

★一《いっ》しゅうかんごの　ひにちを　かいて　やりましょう。

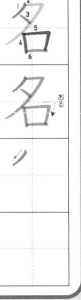

おる

★この　かんじを　おぼえた
ことばを　かきましょう。

ひにち

なまえ

みて、よんで、おぼえよう

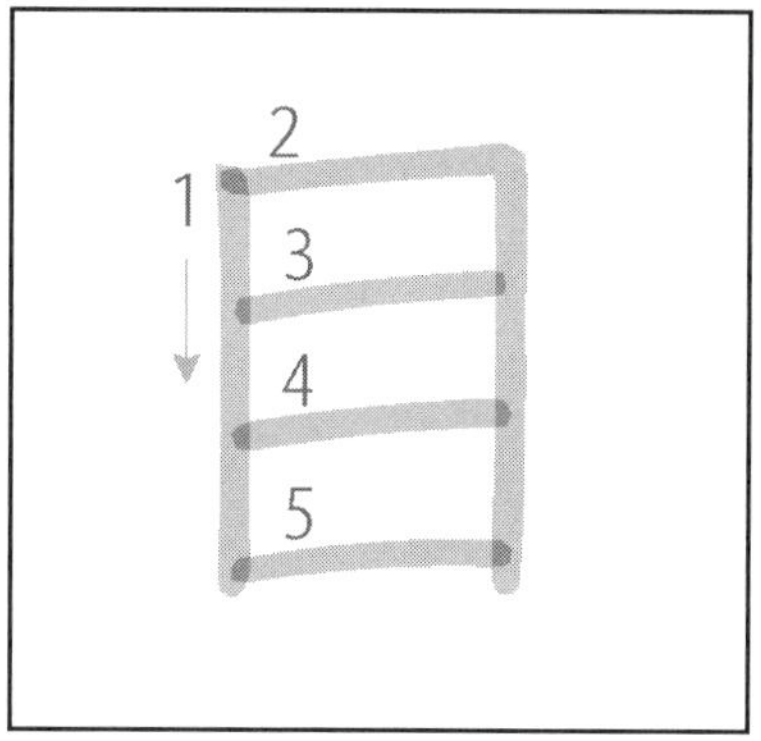

■こえに だして よみましょう。

目《め》で 見《み》る。

■よみかたクイズ《くいず》

★□に よみかたを かきましょう。

目《め》で 見《み》る
↓
目□で 見る
↓
目□で 見る

■かくれんぼクイズ《くいず》

★「目《め》」を 三《みっ》つ さがして、◯で かこみましょう。

目《め》もろれかゆむんたえ
といみるよぬりちら目
やき目て目せのくつね

ひにち
／

よんで、かいて、おぼえよう

なまえ

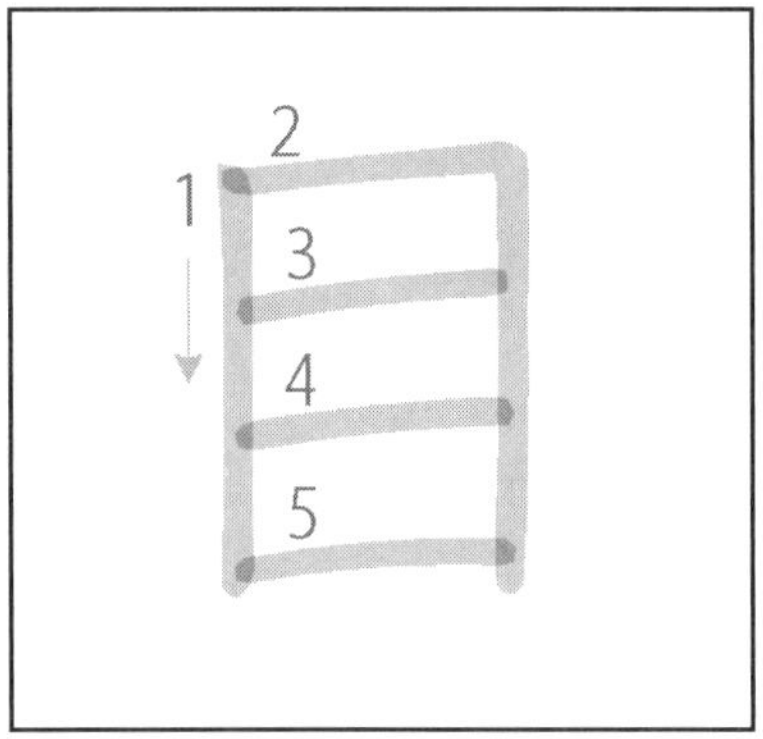

■つぎの　ことばを　いいながら
上《うえ》の　かんじを　なぞりましょう。

たて、かく、よこ、よこ、よこ

■あなたが　おぼえやすい　ことばを　かんがえて、かきましょう。

■かんせい　クイズ《くいず》

★それぞれの　かんじを　なぞって　つけたして　かんせいさせましょう。

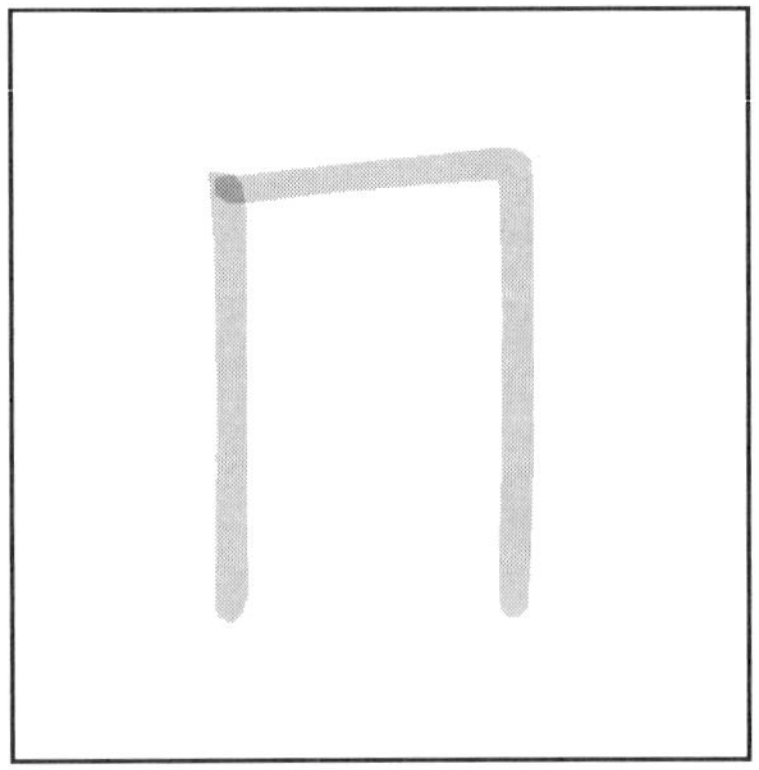

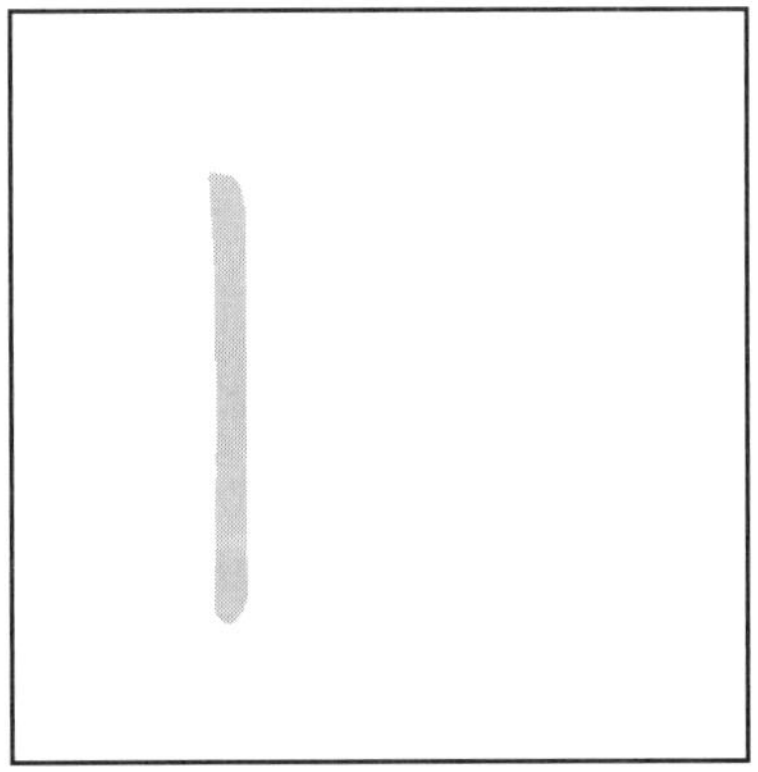

リマインド

★一《いっ》しゅうかんごの　ひにちを　かいて　やりましょう。

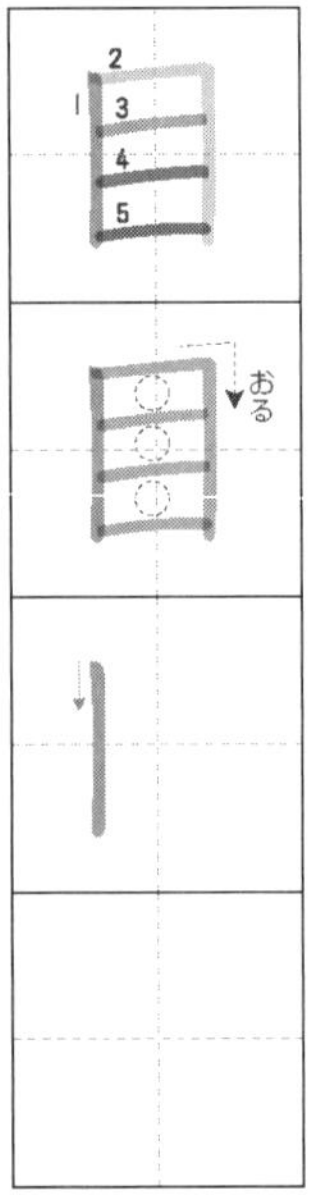

★この　かんじを　おぼえた
ことばを　かきましょう。

ひにち
／

ひにち　／

なまえ

みて、よんで、おぼえよう

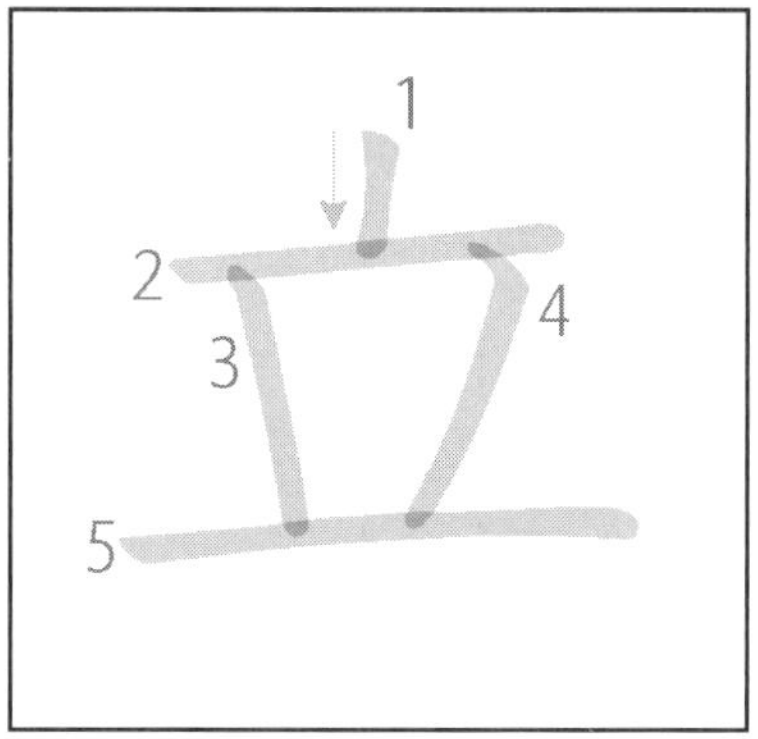

■こえに　だして　よみましょう。

ひとりで
立《た》つ。

■よみかたクイズ《くいず》

★　□に　よみかたを　かきましょう。

立《た》つ
↓
立□つ
↓
立□つ

■かくれんぼクイズ《くいず》

★「立《た》つ」を　三《みっ》つ　さがして、○で　かこみましょう。

立《た》つねえ立つうはぬん
ま立つふくれきちすせ
みたひ立つこらめろや

ひにち

よんで、かいて、おぼえよう

なまえ

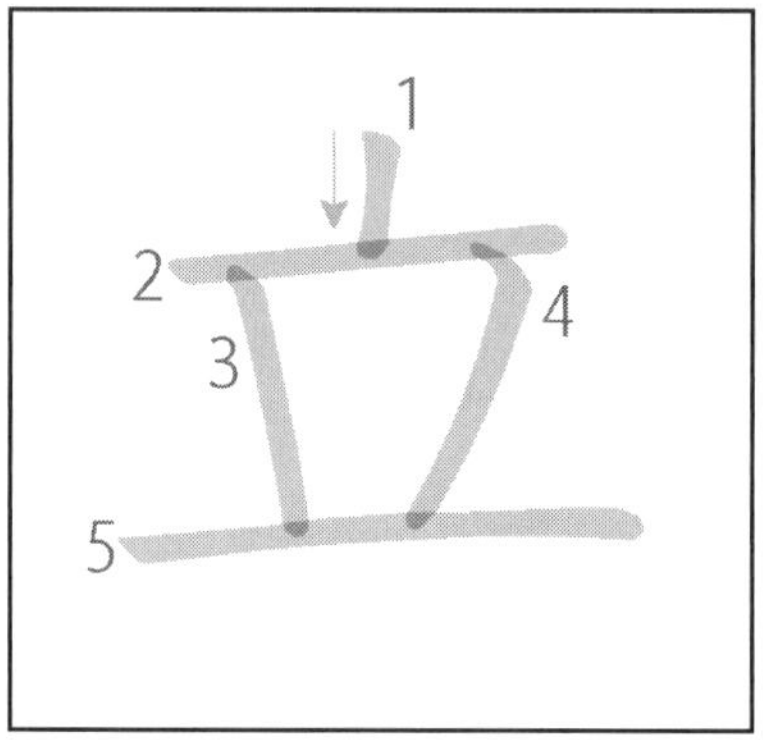

■つぎの ことばを いいながら 上《うえ》の かんじを なぞりましょう。

たて、よこ、ソ、よこ

■あなたが おぼえやすい ことばを かんがえて、かきましょう。

■かんせい クイズ《くいず》

★それぞれの かんじを なぞって つけたして かんせいさせましょう。

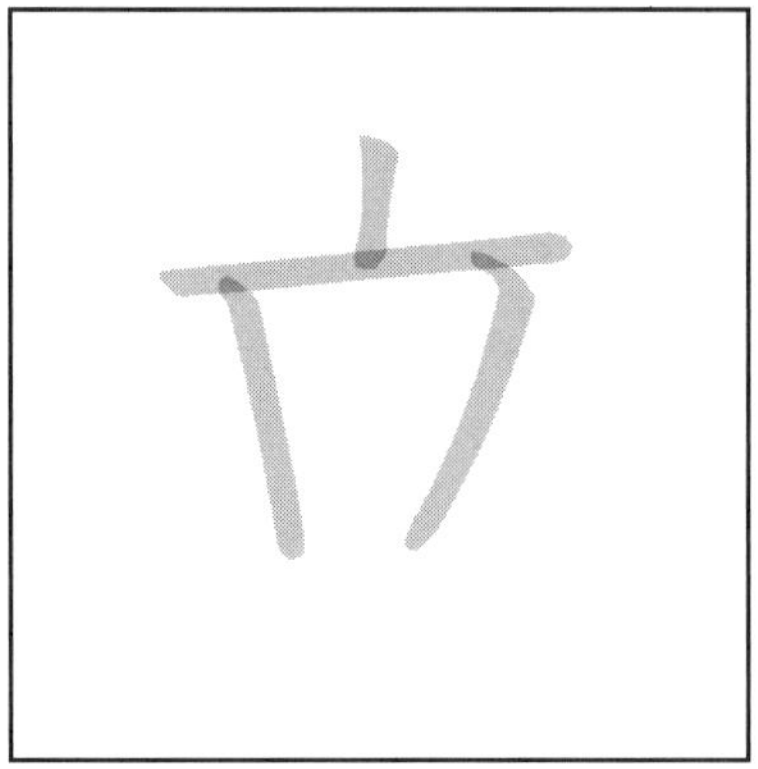

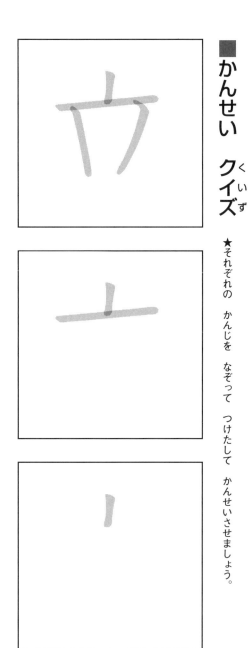

リマインド

ひにち

★一《いっ》しゅうかんごの ひにちを かいて やりましょう。

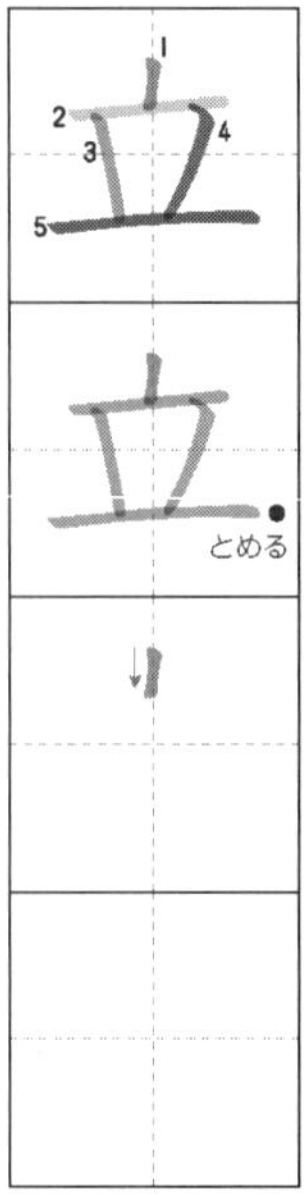

★この かんじを おぼえた ことばを かきましょう。

ひにち　／

みて、よんで、おぼえよう

なまえ

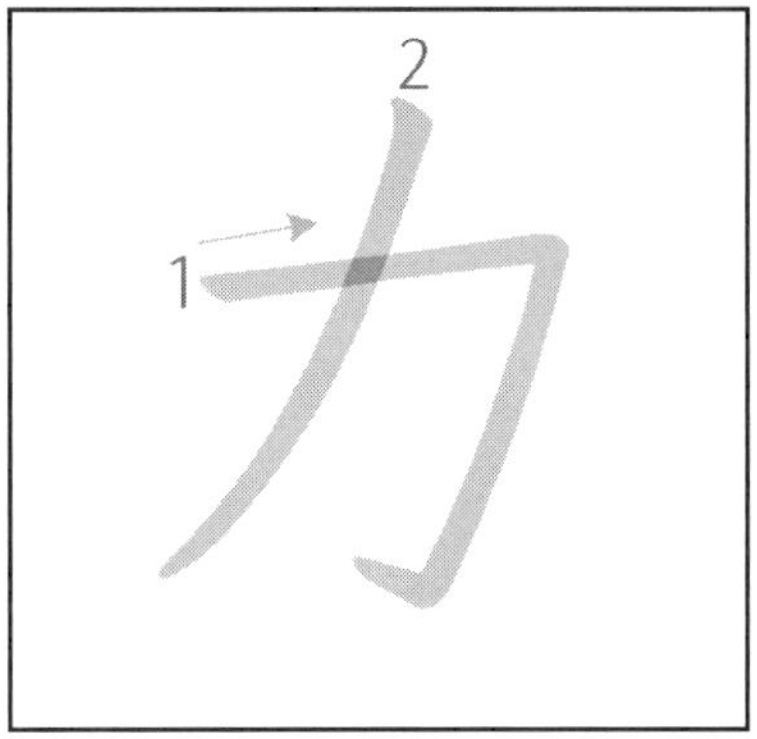

■こえに　だして　よみましょう。

力《ちから》を　だす。

■よみかたクイズ《くいず》

★　□に　よみかたを　かきましょう。

ちから
力
↓
ち□□
力
↓
□□□
力

■かくれんぼクイズ《くいず》

★　「力《ちから》」を　三《みっ》つ　さがして、○で　かこみましょう。

力《ちから》つの力おてろ力ひあ
れうふけそりみ力るさ
たきめはしらすほむま

ひにち

よんで、かいて、おぼえよう

なまえ

■つぎの ことばを いいながら 上《うえ》の かんじを なぞりましょう。

かくはね、ノ

■あなたが おぼえやすい ことばを かんがえて、かきましょう。

■かんせい クイズ《くいず》

★それぞれの かんじを なぞって つけたして かんせいさせましょう。

リマインド

ひにち

★一《いっ》しゅうかんごの ひにちを かいて やりましょう。

はらう

はねる

★この かんじを おぼえた ことばを かきましょう。

ひにち　／

みて、よんで、おぼえよう

なまえ

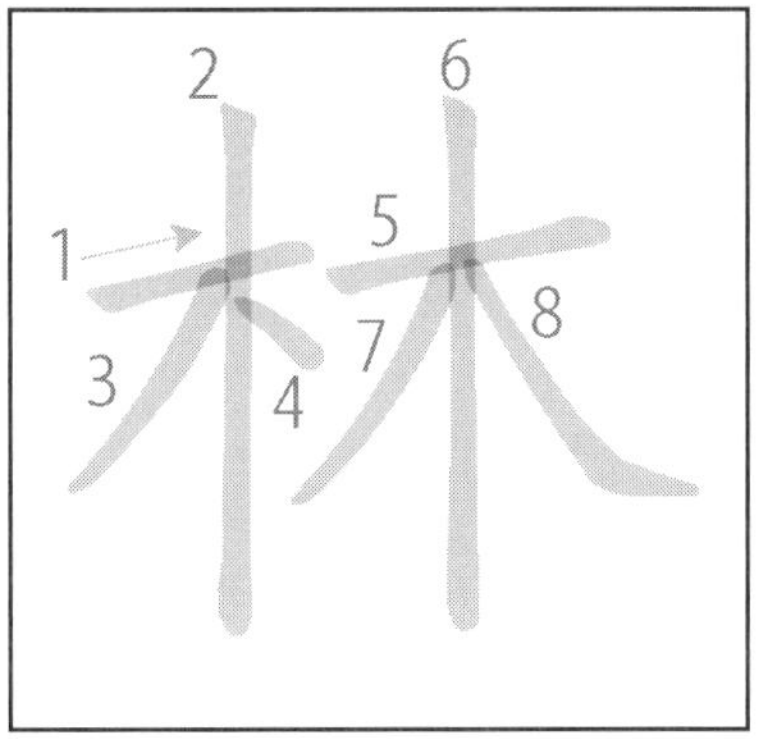

■こえに　だして　よみましょう。

林《はやし》を　あるく。

■よみかたクイズ《くいず》

★　□に　よみかたを　かきましょう。

林《はやし》

↓

林　は□□

↓

林　□□□

■かくれんぼクイズ《くいず》

★　「林《はやし》」を　三《みっ》つ　さがして、○で　かこみましょう。

林《はやし》ふさうもま林くりお

ゆひろい林ほむしにね

れたて林のならけよへ

ひにち

よんで、かいて、おぼえよう

なまえ

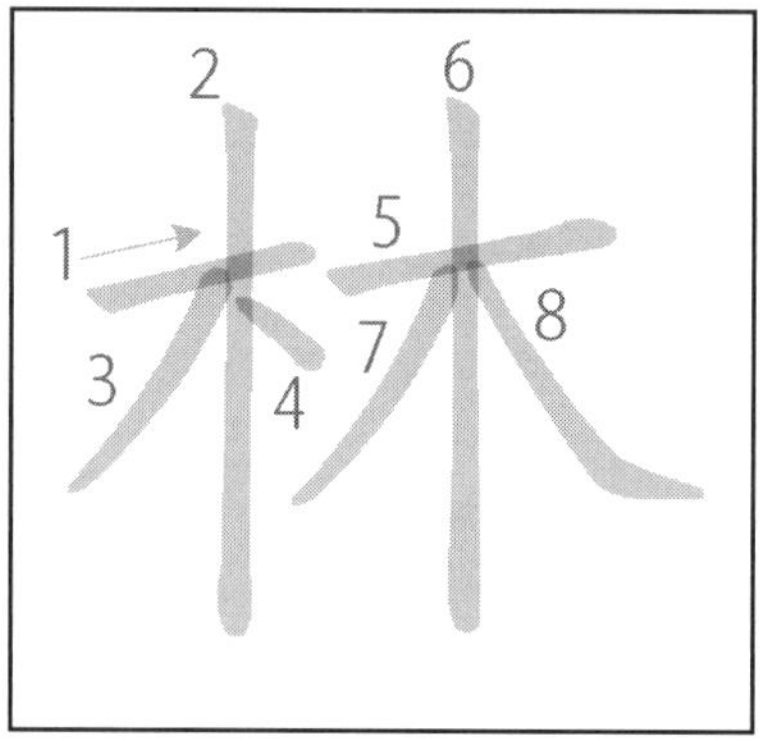

■つぎの ことばを いいながら 上《うえ》の かんじを なぞりましょう。

よこ、たて、はらい、はらい、
よこ、たて、はらい、はらい

■あなたが おぼえやすい ことばを かんがえて、かきましょう。

■かんせい クイズ《くいず》

★それぞれの かんじを なぞって つけたして かんせいさせましょう。

リマインド

ひにち

★一《いっ》しゅうかんごの ひにちを かいて やりましょう。

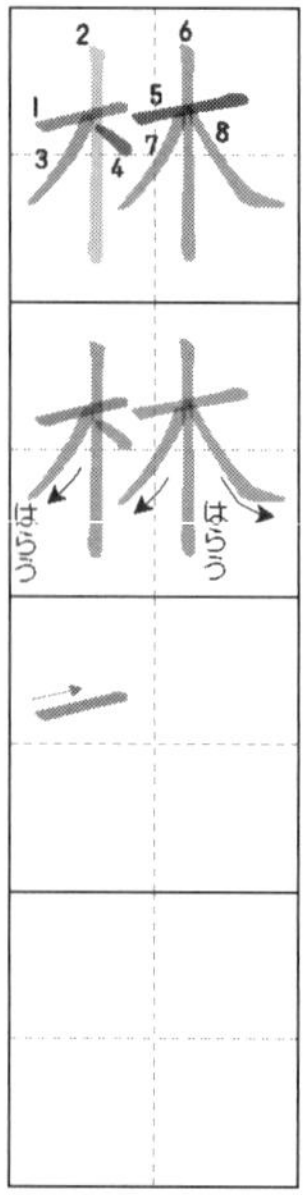

★この かんじを おぼえた ことばを かきましょう。

ひにち

みて、よんで、おぼえよう

なまえ

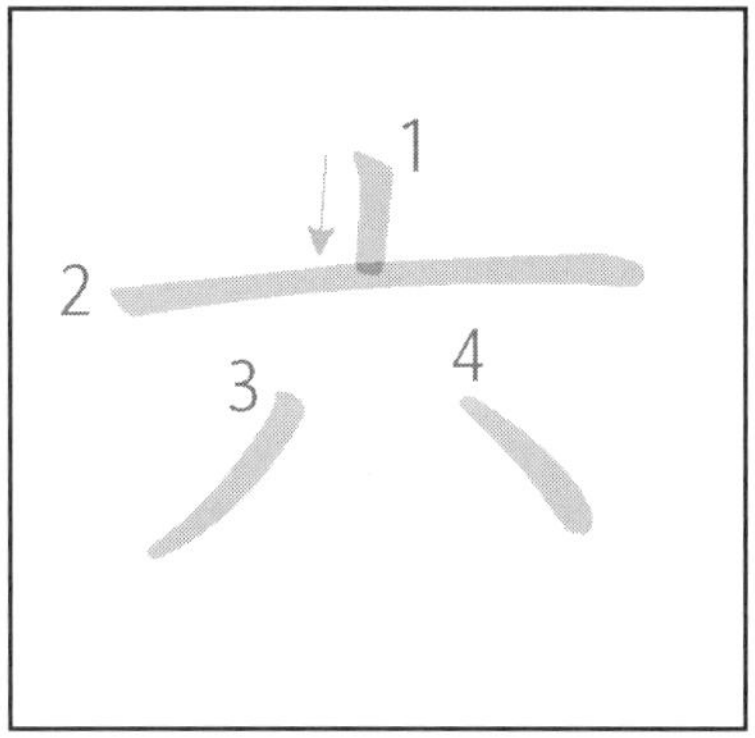

■こえに　だして　よみましょう。

六本《ろっぽん》の
えんぴつ。

■よみかたクイズ《くいず》

★□に　よみかたを　かきましょう。

六本《ろっぽん》

↓

六本《ろ□》

↓

六本《□□》

■かくれんぼクイズ《くいず》

★「六《ろく》」を　三《みっ》つ　さがして、○で　かこみましょう。

六《ろく》すのえほち六たねい
とおくめよ六れそもせ
しへゆて六やまひむみ

ひにち

よんで、かいて、おぼえよう

なまえ

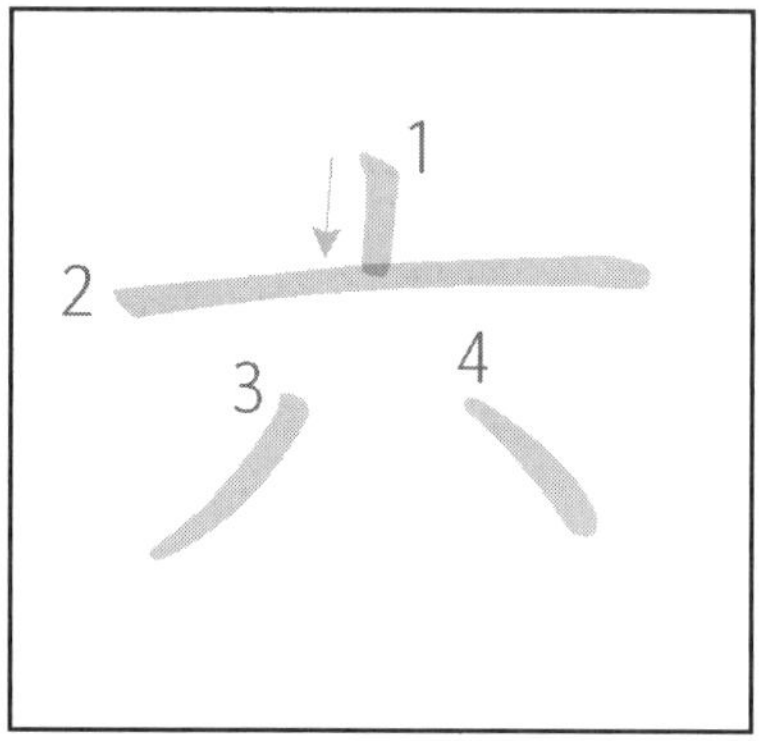

■つぎの ことばを いいながら 上《うえ》の かんじを なぞりましょう。

たて、よこ、ハ

■あなたが おぼえやすい ことばを かんがえて、かきましょう。

■かんせい クイズ《くいず》

★それぞれの かんじを なぞって つけたして かんせいさせましょう。

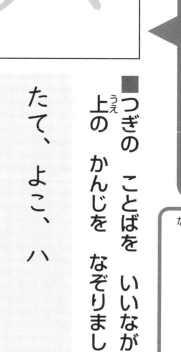

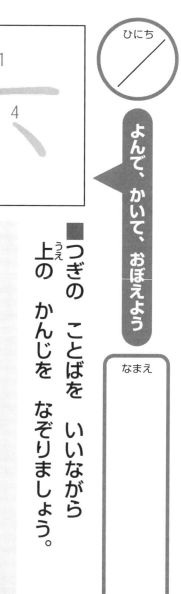

ひにち

リマインド

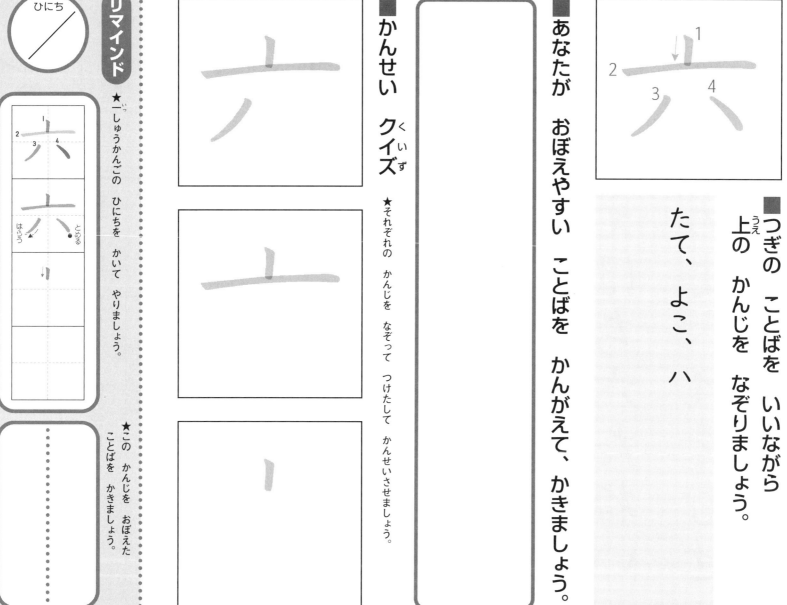

★一《いっ》しゅうかんごの ひにちを かいて やりましょう。

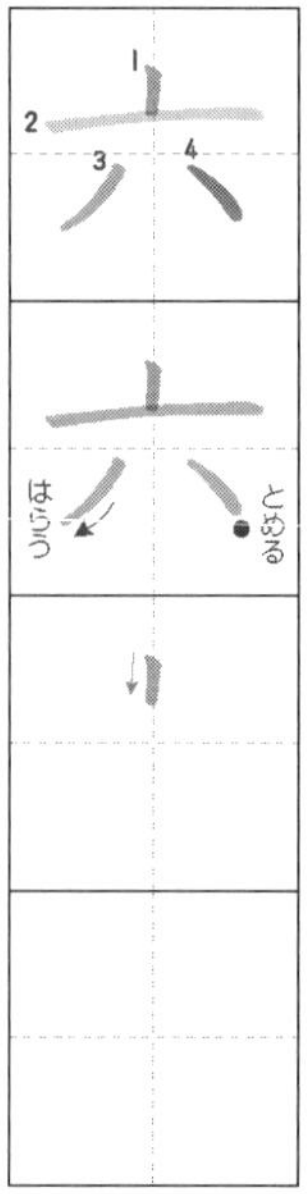

★この かんじを おぼえた ことばを かきましょう。

ひにち

なまえ

ぶぶん(ぶひん)で おぼえよう

一
右
雨

★うえの かんじの ▭ から、したの よみに なる ぶぶんを えらんで □に かき、たして できる かんじを みぎはしの ⊞に かきましょう。

一 冂 :: 一
ノ 丨 一 口

できる かんじの よみ

いち □ ⋯⋯▶ ⊞

みぎ □ + □ + □ ⋯⋯▶ ⊞

あめ □ + □ + □ + □ ⋯⋯▶ ⊞

ひにち　／

なまえ

ぶぶん（ぶひん）で　おぼえよう

円
王
音

★うえの ⬚ から、したの　よみに　なる　かんじの　ぶぶんを　えらんで　□に　かき、たして　できる　かんじを　みぎはしの　□に　かきましょう。

一　立　丨　一　冂

丨　一　日　一

できる　かんじの　よみ

えん　□ ＋ □ ＋ □ ⋯⋯▶ □

おう　□ ＋ □ ＋ □ ＋ □ ⋯⋯▶ □

おと　□ ＋ □ ⋯⋯▶ □

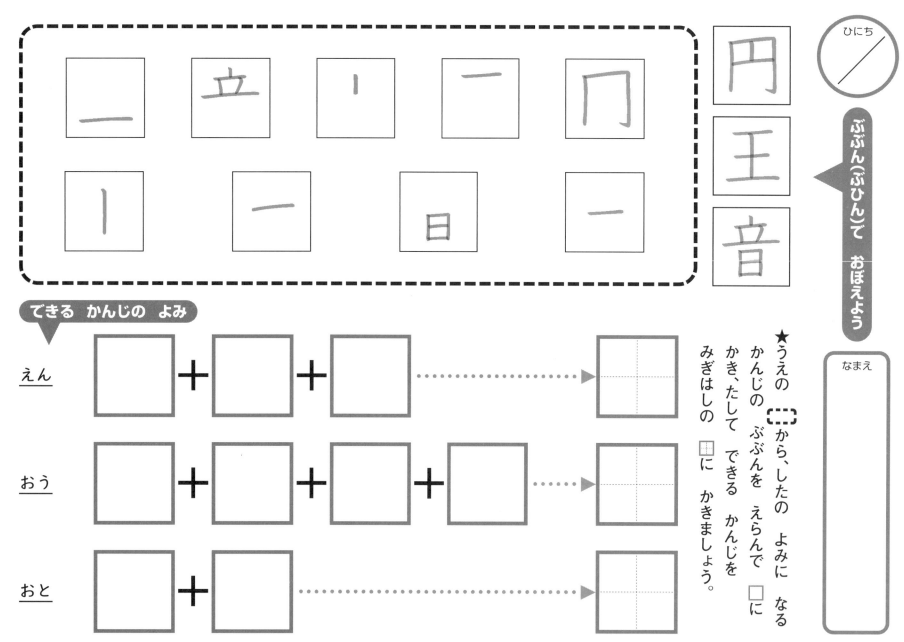

ひにち

ぶぶん(ぶひん)で　おぼえよう

なまえ

下

火

花

★うえの　[ ]　から、したの　よみに　なる　かんじの　ぶぶんを　えらんで　□に　かき、たして　できる　かんじを　みぎはしの　□に　かきましょう。

丨　艹　丷　一

亻　人　丶　匕

できる　かんじの　よみ

した　□＋□＋□ ……▶ □

ひ　□＋□ ……▶ □

はな　□＋□＋□ ……▶ □

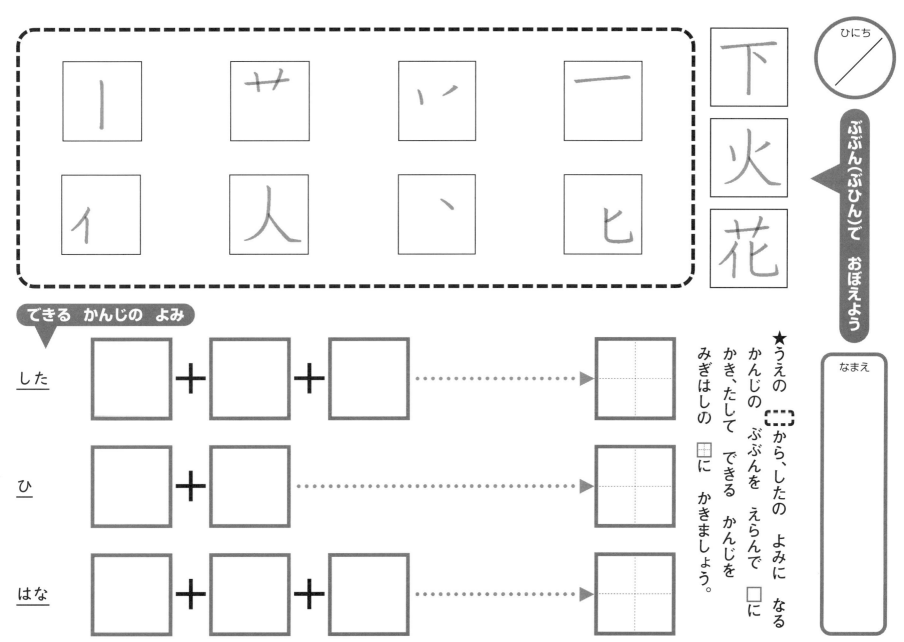

ひにち

ぶぶん(ぶひん)で おぼえよう

なまえ

貝 学 気

★うえの ⬚ から、したの よみに なる かんじの ぶぶんを えらんで □に かき、たして できる かんじを みぎはしの □に かきましょう。

𠂉	目	メ	子	一
⺍	冖	㇈	八	

できる かんじの よみ

かい □ + □ → □

まなぶ □ + □ + □ → □

きもち □ + □ + □ + □ → □

ひにち

／

なまえ

ぶぶん（ぶひん）で　おぼえよう

★うえの　から、したの　よみに　なる　かんじの　ぶぶんを　えらんで　□に　かき、たして　できる　かんじを　みぎはしの　□に　かきましょう。

九　休　玉

、　乙　木　一

亻　土　ノ

できる　かんじの　よみ

ここのつ　□ ＋ □ → □

やすむ　□ ＋ □ → □

たま　□ ＋ □ ＋ □ → □

ひにち

なまえ

ぶぶん(ぶひん)で　おぼえよう

★うえの ⬚ から、したの　よみに　なる　かんじの　ぶぶんを　えらんで　□に　かき、たして　できる　かんじを　みぎはしの　□に　かきましょう。

金

空

月

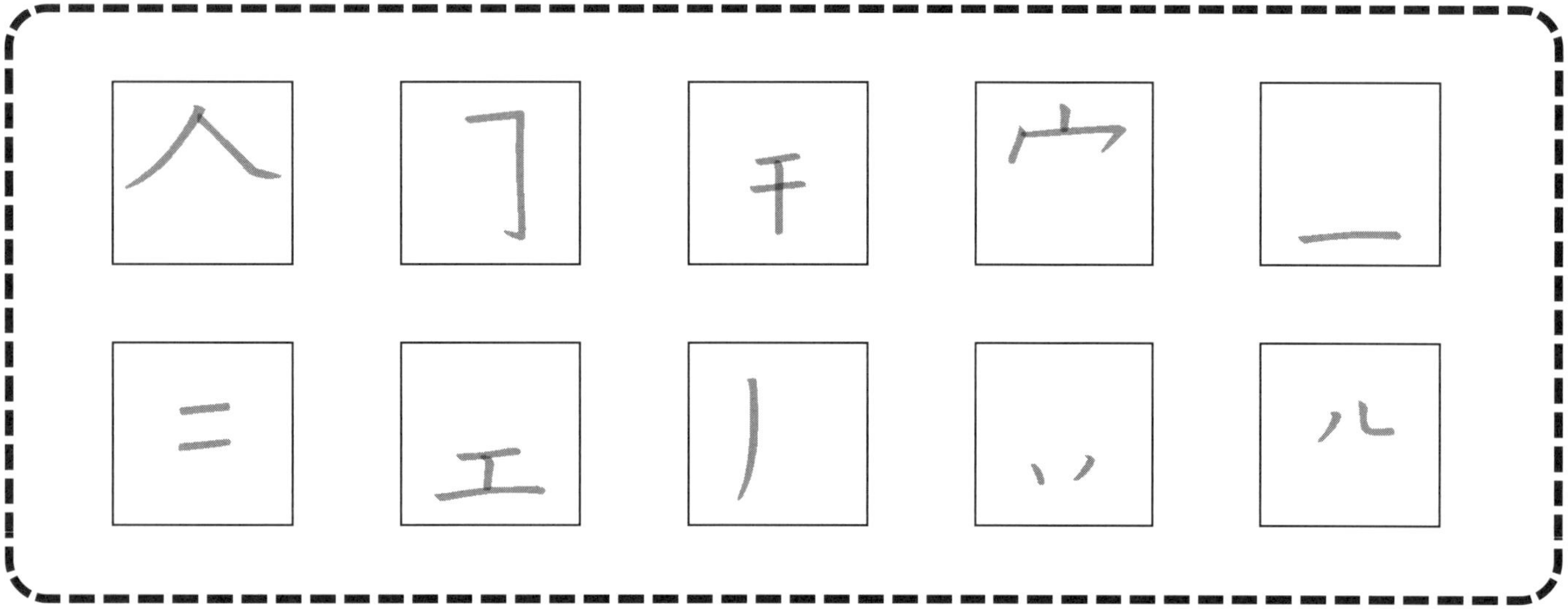

できる　かんじの　よみ

きんいろ　□＋□＋□＋□ ……▶ □

そら　□＋□＋□ ……▶ □

つき　□＋□＋□ ……▶ □

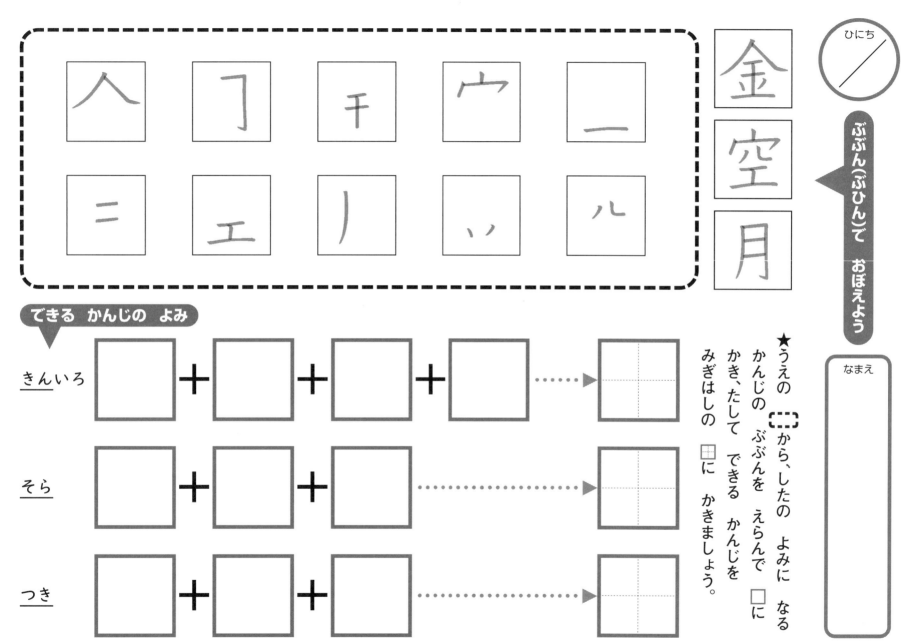

ひにち　／

なまえ

ぶぶん(ぶひん)で　おぼえよう

★うえの ┅ から、したの よみに なる かんじの ぶぶんを えらんで □に かき、たして できる かんじを みぎはしの □に かきましょう。

犬
見
五

、	儿	ノ	目	一
㇕	一	人	一	

できる　かんじの　よみ

いぬ　□ ＋ □ ＋ □ ･･････▶ □

みる　□ ＋ □ ･･････▶ □

ご　□ ＋ □ ＋ □ ＋ □ ･･････▶ □

ひにち

ぶぶん（ぶひん）で　おぼえよう

なまえ

★うえの [ ] から、したの　よみに　なる　かんじの　ぶぶんを　えらんで　□に　かき、たして　できる　かんじを　みぎはしの　□に　かきましょう。

口　校　左

木　丨　一　フ　ハ
ノ　一　メ　亠　エ

できる　かんじの　よみ

くち　□＋□＋□ ……▶ □

こうしゃ　□＋□＋□＋□ ……▶ □

ひだり　□＋□＋□ ……▶ □

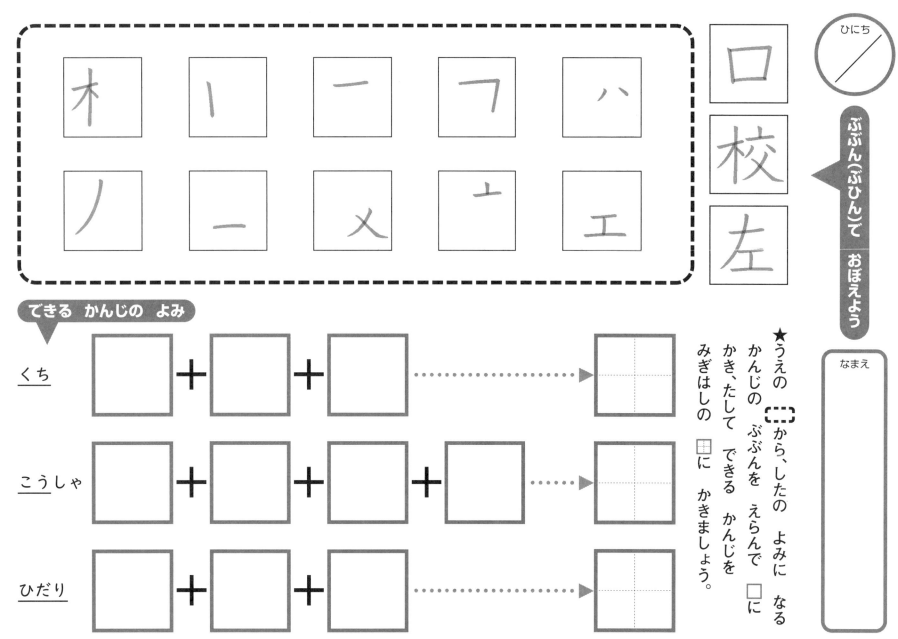

ひにち

なまえ

ぶぶん(ぶひん)で　おぼえよう

三

山

子

★うえの [dashed box] から、したの　よみに　なる　かんじの　ぶぶんを　えらんで　□に　かき、たして　できる　かんじを　みぎはしの　□に　かきましょう。

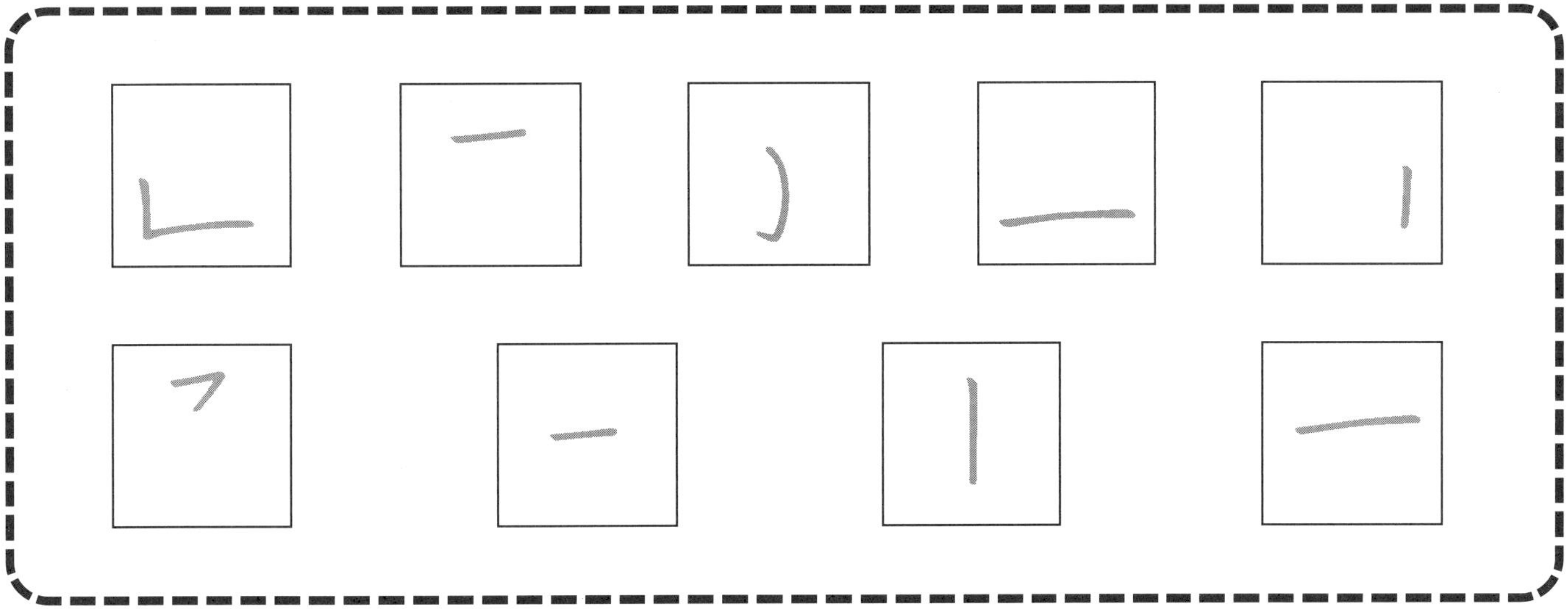

できる　かんじの　よみ

さん　□ ＋ □ ＋ □ ……▶ □

やま　□ ＋ □ ＋ □ ……▶ □

こども　□ ＋ □ ＋ □ ……▶ □

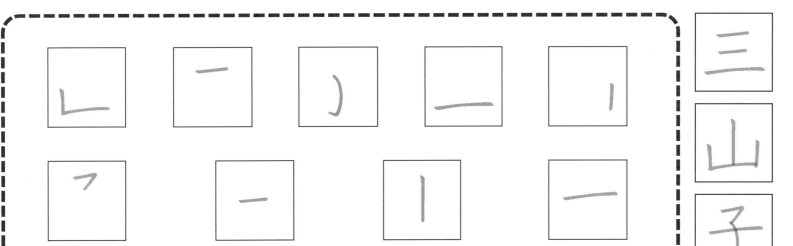

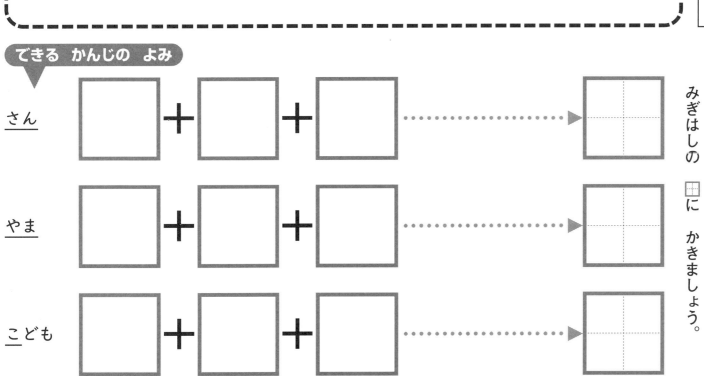

ひにち

ぶぶん(ぶひん)で おぼえよう

なまえ

★うえの ⬚ から、したの よみに なる かんじの ぶぶんを えらんで □に かき、たして できる かんじを みぎはしの □ に かきましょう。

四　糸　字

儿	㇇	く	丨	宀	丨
ム	一	㇇	亅	ハ	一

できる かんじの よみ

よん　□ ＋ □ ＋ □ ＋ □ ……▶ □

いと　□ ＋ □ ＋ □ ＋ □ ……▶ □

じ　□ ＋ □ ＋ □ ＋ □ ……▶ □

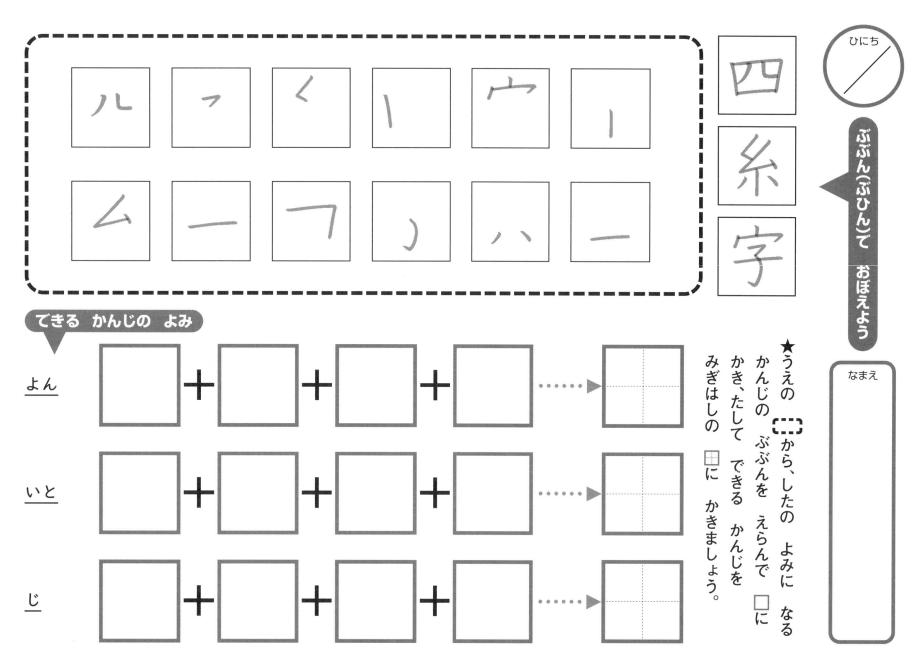

ぶぶん（ぶひん）で　おぼえよう

ひにち　／

なまえ

耳

七

車

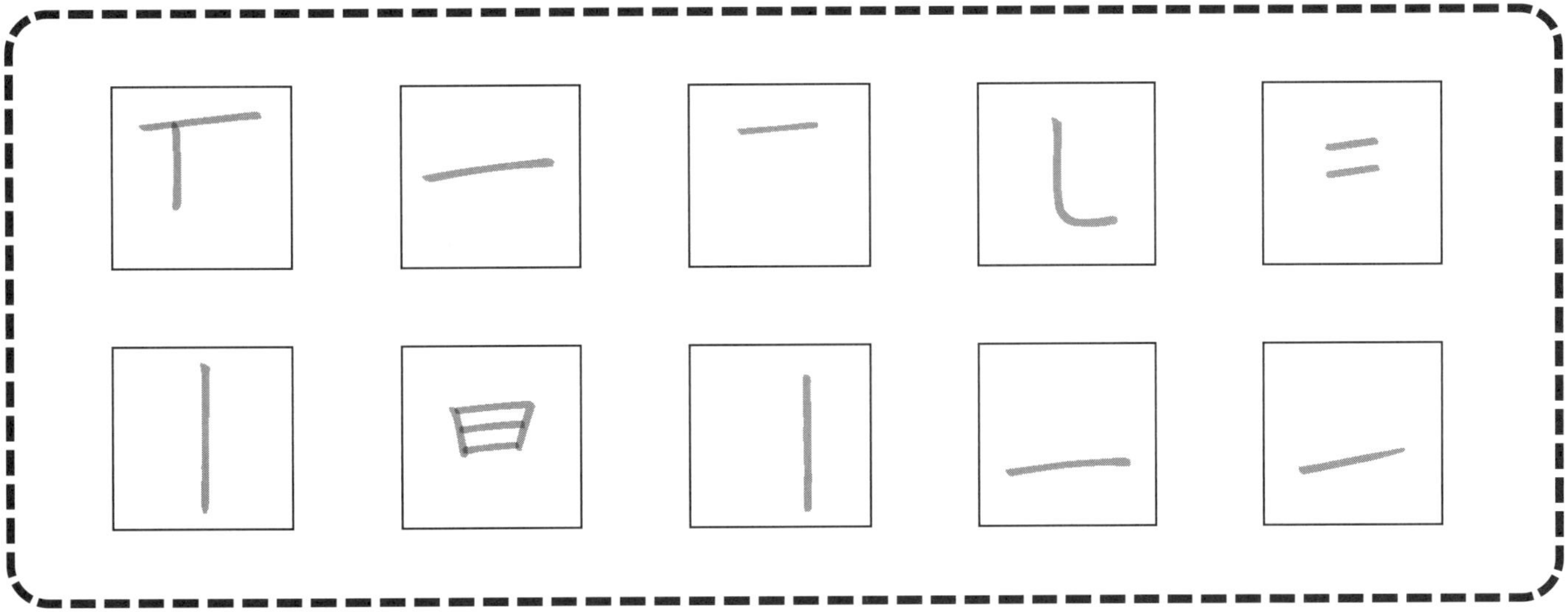

★うえの ⬚ から、したの　よみに　なる　かんじの　ぶぶんを　えらんで　□に　かき、たして　できる　かんじを　みぎはしの　⊞に　かきましょう。

できる　かんじの　よみ

みみ　□＋□＋□＋□ ……▶ ⊞

しち　□＋□ ……▶ ⊞

くるま　□＋□＋□＋□ ……▶ ⊞

ひにち　／

ぶぶん(ぶひん)で　おぼえよう

なまえ

★うえの □ から、したの　よみに　なる
かんじの　ぶぶんを　えらんで　□に
かき、たして　できる　かんじを
みぎはしの　□に　かきましょう。

手　十　出

丿	山	丨	一
ノ	丨	凵	二

できる　かんじの　よみ

て　□＋□＋□ → □

じゅう　□＋□ → □

でる　□＋□＋□ → □

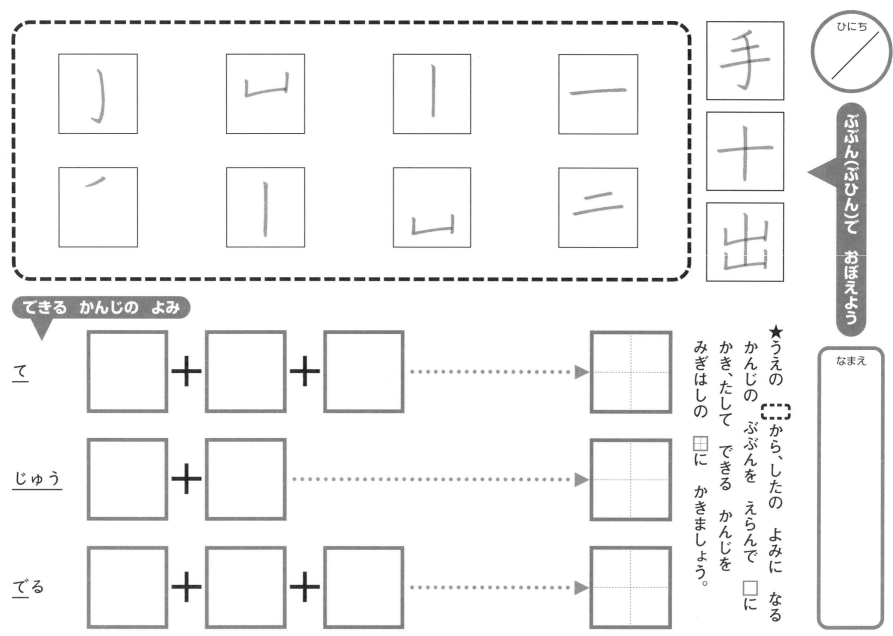

ひにち　／

なまえ

ぶぶん（ぶひん）で　おぼえよう

女

小

上

★うえの　[ ]から、したの　よみに　なる　かんじの　ぶぶんを　えらんで　□に　かき、たして　できる　かんじを　みぎはしの　□に　かきましょう。

く　一　ノ　丨

亅　一　八　一

できる　かんじの　よみ

おんな　□＋□＋□ ……▶ □

ちいさい　□＋□ ……▶ □

うえ　□＋□＋□ ……▶ □

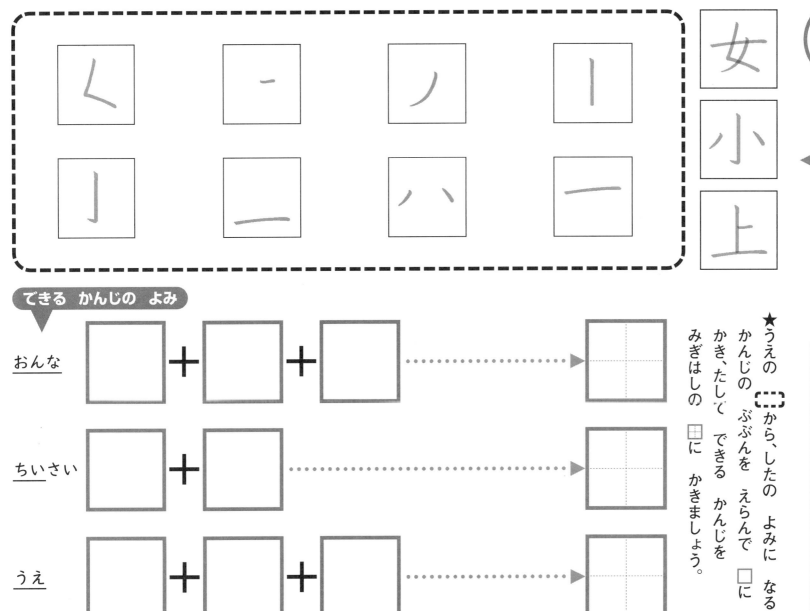

ひにち

なまえ

ぶぶん(ぶひん)で　おぼえよう

★うえの から、したの　よみに　なる　かんじの　ぶぶんを　えらんで　□に　かき、たして　できる　かんじを　みぎはしの　□に　かきましょう。

森　人　水

木　亅　㇏　㇏　木
ノ　木　フ　㇀

できる　かんじの　よみ

もり　□＋□＋□ ……▶ □

ひと　□＋□ ……▶ □

みず　□＋□＋□＋□ ……▶ □

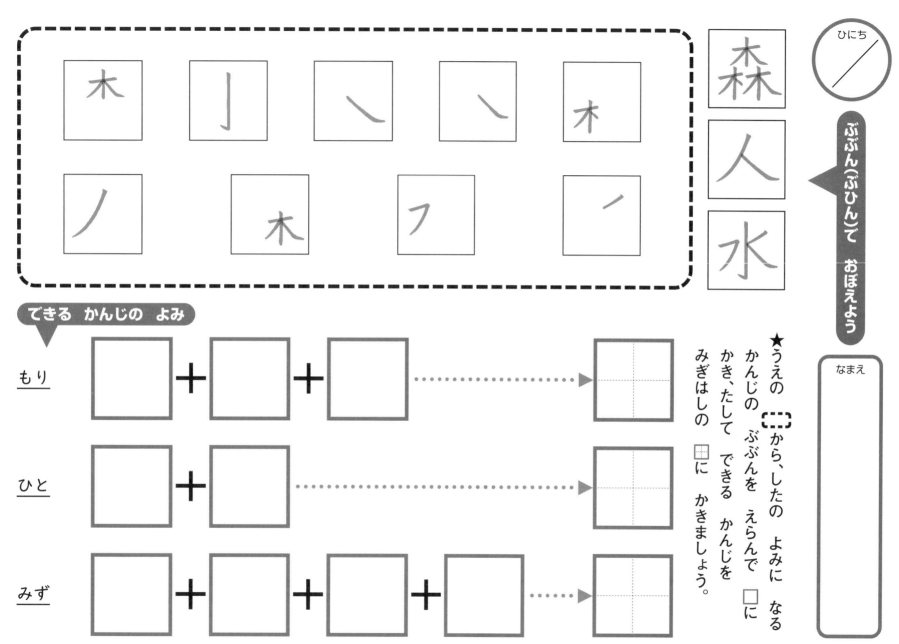

ひにち

ぶぶん(ぶひん)で おぼえよう

正 生 青

★うえの かんじの ぶぶんを えらんで □に かき、たして できる かんじを みぎはしの □に かきましょう。

十 ト 二 ｜ 一 月

ノ 一 ｜ 一 二

なまえ

できる かんじの よみ

ただしい □ ＋ □ ＋ □ ＋ □ → □

いきる □ ＋ □ ＋ □ ＋ □ → □

あおい □ ＋ □ ＋ □ → □

ひにち ／

なまえ

ぶぶん（ぶひん）で　おぼえよう

タ
石
赤

★うえの　かんじの　ぶぶんを　えらんで　□に　かき、たして　できる　かんじを　みぎはしの　□に　かきましょう。

★うえの ⬚ から、したの　よみに　なる

ハ	丶	刂	ノ	口
フ	一	ノ	土	

できる　かんじの　よみ

ゆうやけ　□＋□＋□ ……→ □

いし　□＋□＋□ ……→ □

あかい　□＋□＋□ ……→ □

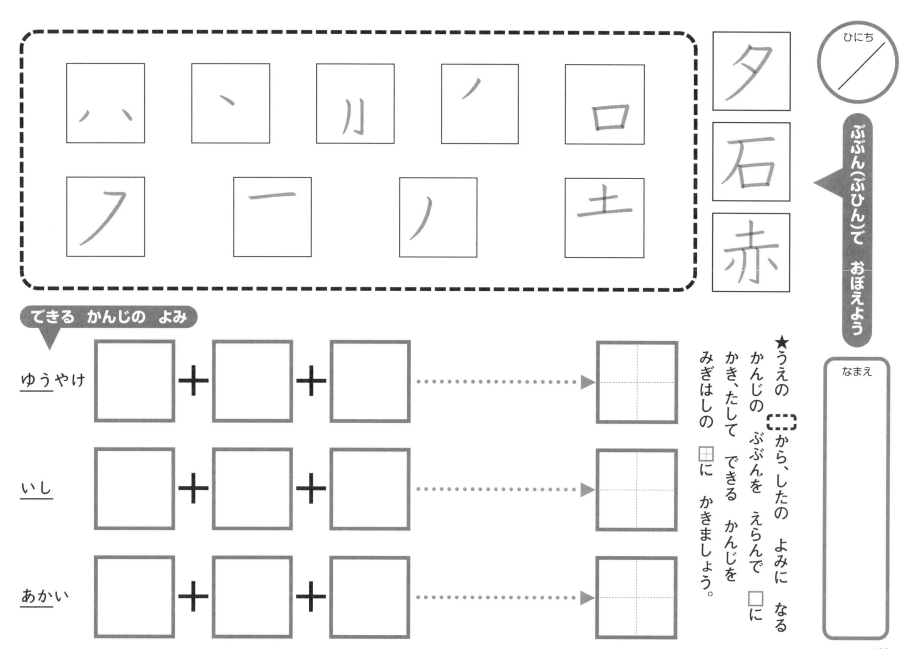

ひにち

ぶぶん(ぶひん)で おぼえよう

なまえ

★うえの から、したの よみに なる かんじの ぶぶんを えらんで に かき、たして できる かんじを みぎはしの に かきましょう。

千 川 先

丨 ノ ノ 一 ノ
儿 丨 土 丨

できる かんじの よみ

せんえん ＋ ＋

かわ ＋ ＋

さき ＋ ＋

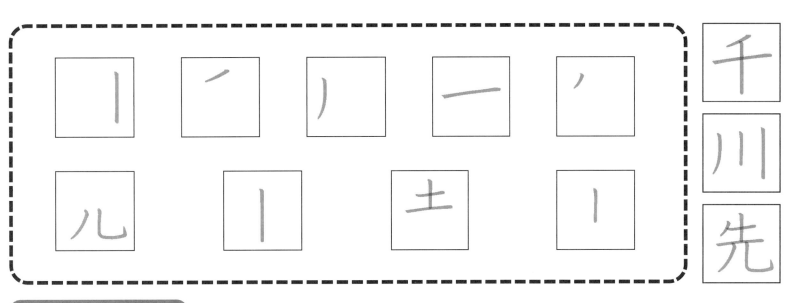

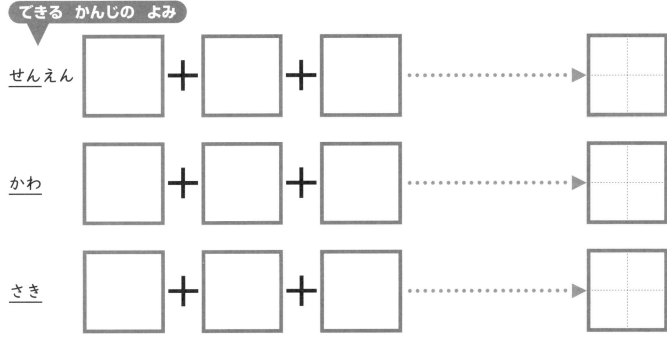

ひにち

ぶぶん(ぶひん)で おぼえよう

なまえ

早
草
足

★うえの ⬚ から、したの よみに なる かんじの ぶぶんを えらんで □に かき、たして できる かんじを みぎはしの ⊞に かきましょう。

ノ　十　口　艹　十

日　㇏　ト　日

できる かんじの よみ

はやく　□ + □ ……… ⊞

くさ　□ + □ + □ ……… ⊞

あし　□ + □ + □ + □ ……… ⊞

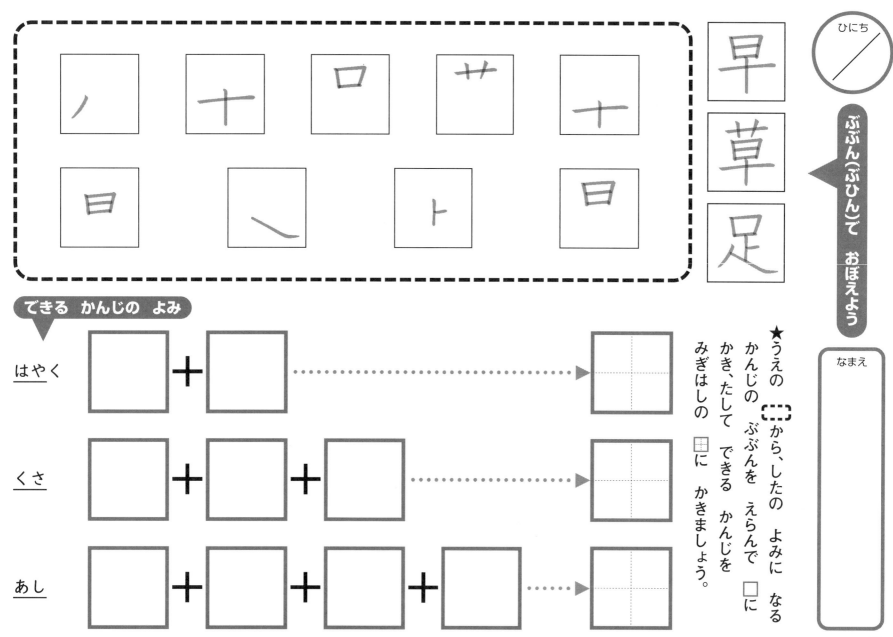

ひにち

なまえ

ぶぶん（ぶひん）で　おぼえよう

村

大

男

★うえの　かんじの　⬚から、したの　よみに　なる　かんじの　ぶぶんを　えらんで　□に　かき、たして　できる　かんじを　みぎはしの　⊞に　かきましょう。

人	木	一	田
丶	力	亅	一

できる　かんじの　よみ

むら　□＋□＋□＋□ ……▶ ⊞

おおきい　□＋□ ……▶ ⊞

おとこ　□＋□ ……▶ ⊞

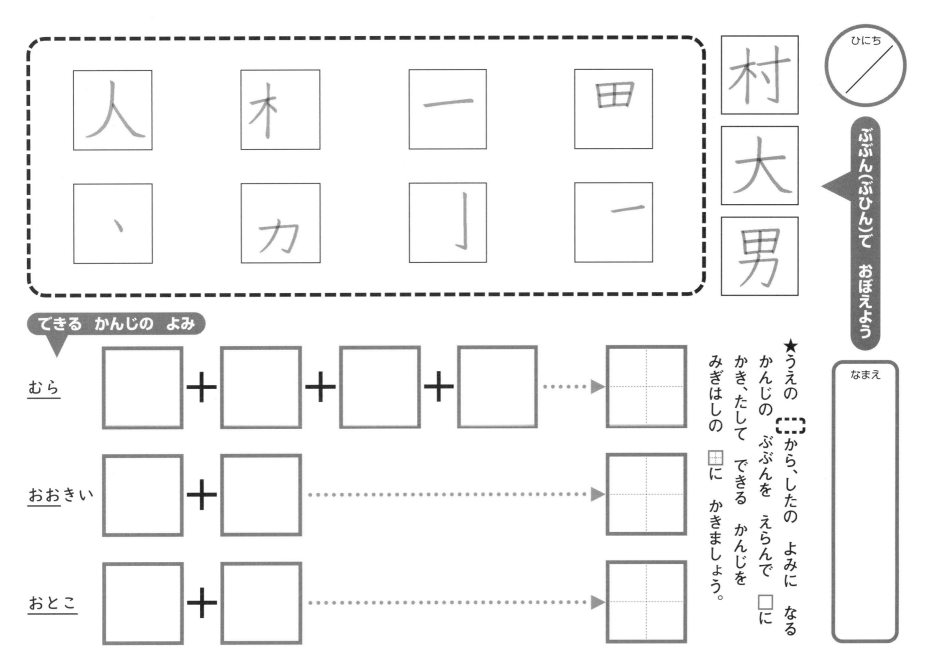

ひにち　／

ぶぶん(ぶひん)で　おぼえよう

なまえ

★うえの　□から、したの　よみに　なる　かんじの　ぶぶんを　えらんで　□に　かき、たして　できる　かんじを　みぎはしの　□に　かきましょう。

竹

中

虫

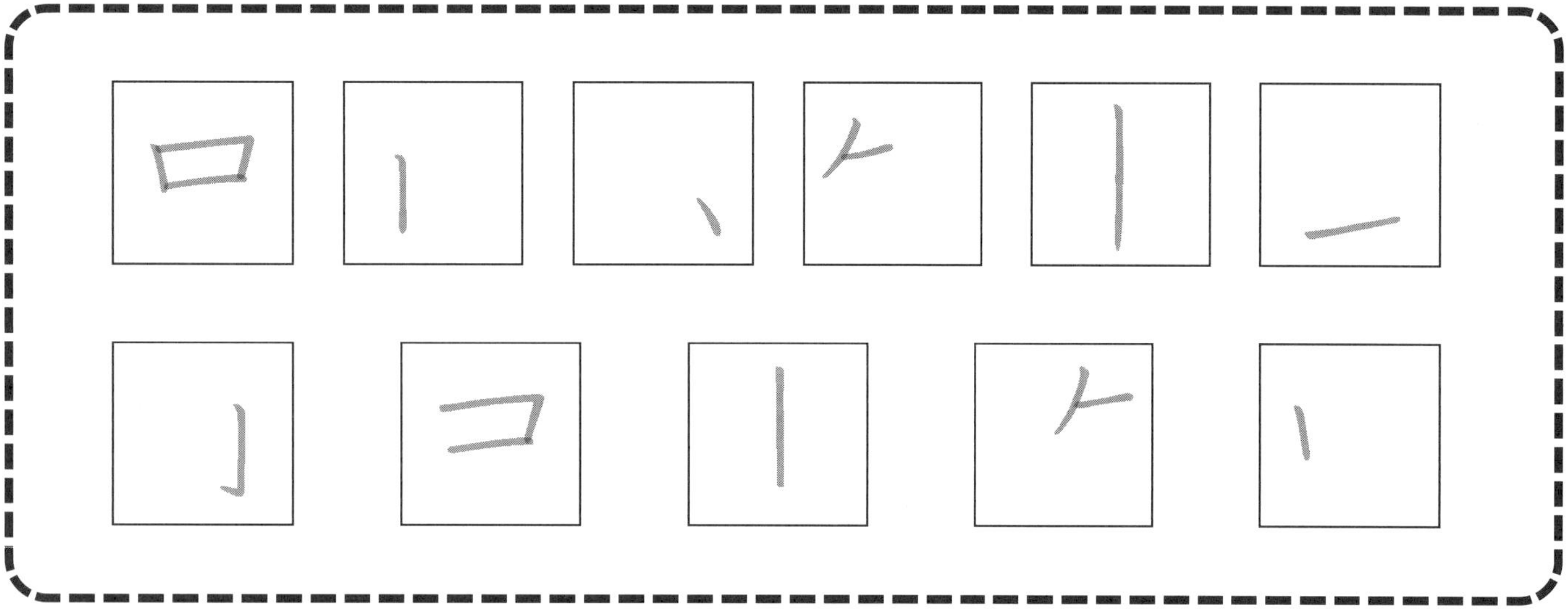

できる　かんじの　よみ

たけ　□ + □ + □ + □ → □

なか　□ + □ + □ → □

むし　□ + □ + □ + □ → □

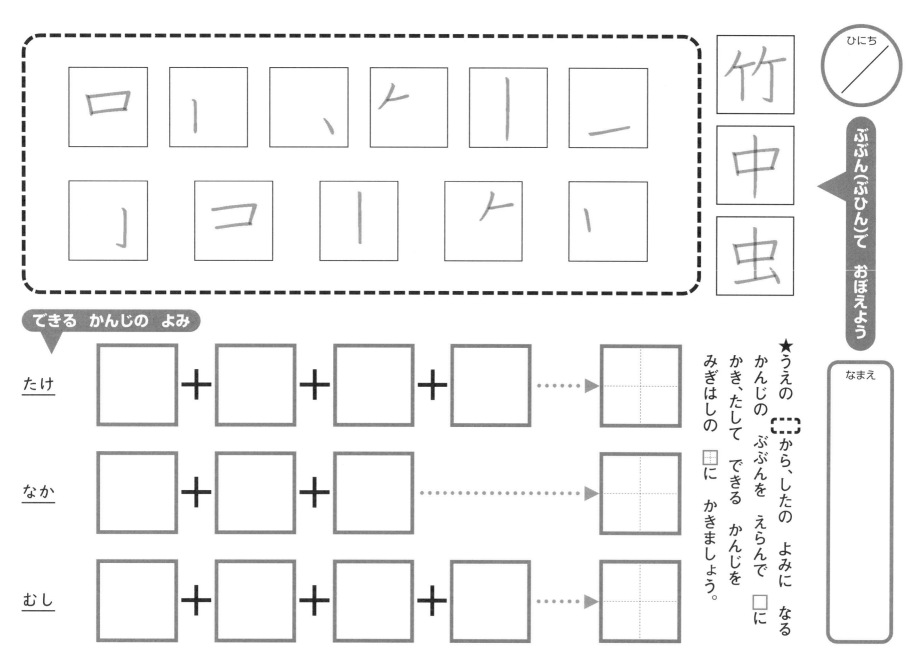

ひにち　／

ぶぶん(ぶひん)で　おぼえよう

なまえ

★うえの ［　］ から、したの　よみに　なる　かんじの　ぶぶんを　えらんで　□に　かき、たして　できる　かんじを　みぎはしの　□に　かきましょう。

町　天　田

人　二　丨　フ　一

一　亅　一　田　丨

できる　かんじの　よみ

まち　□ ＋ □ ＋ □ → □

てん　□ ＋ □ ＋ □ → □

たんぼ　□ ＋ □ ＋ □ ＋ □ → □

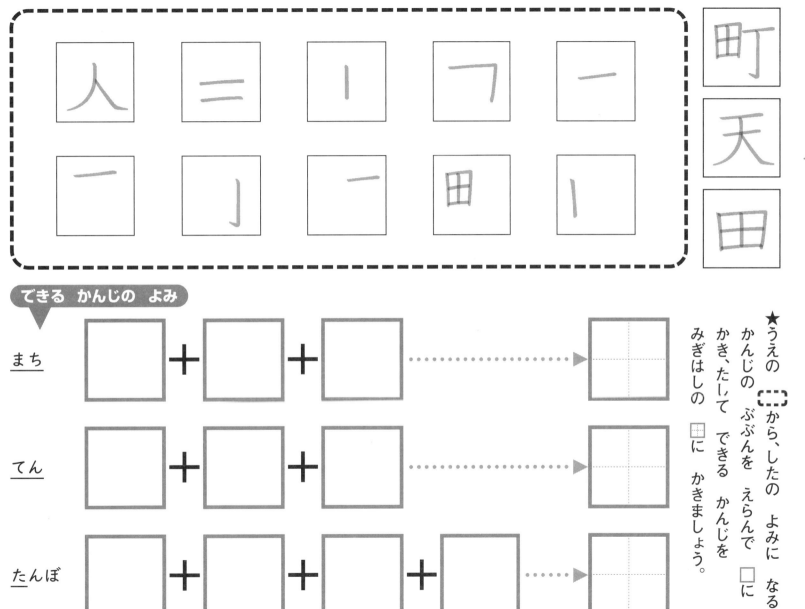

ひにち　／

なまえ

ぶぶん(ぶひん)で　おぼえよう

土
二
日

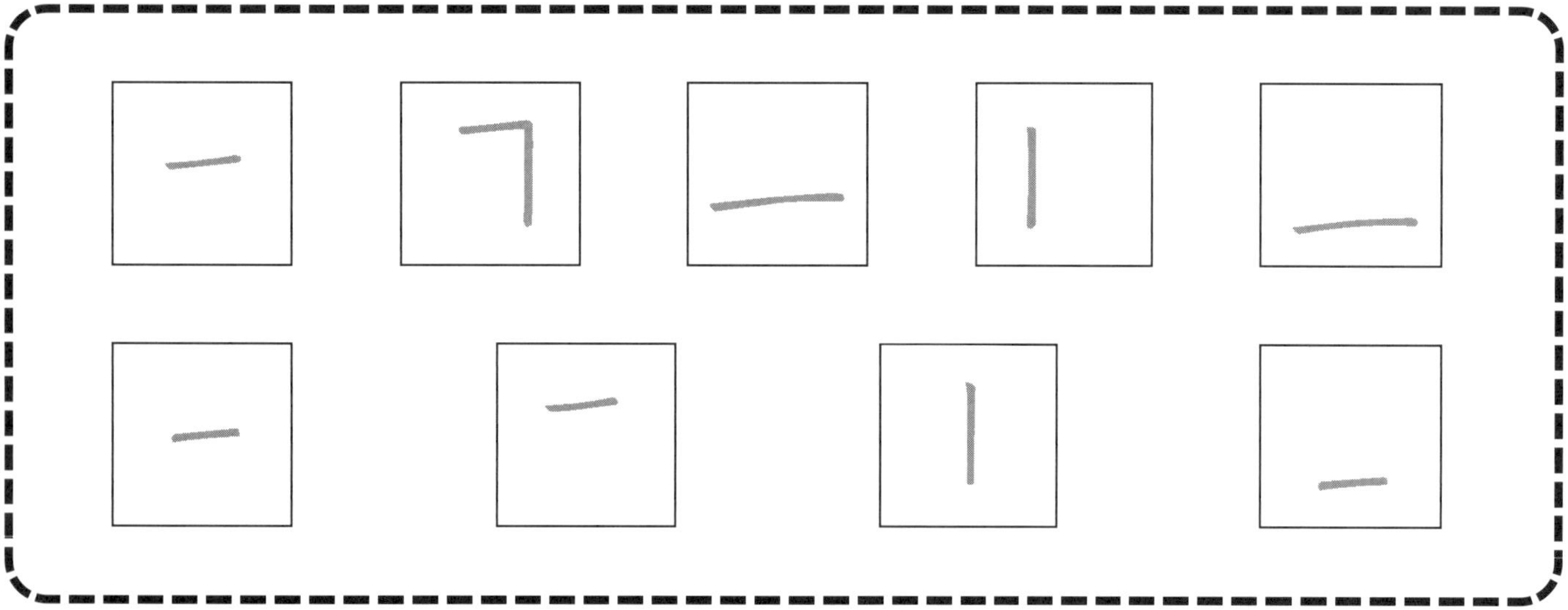

★うえの ⬚ から、したの　よみに　なる　かんじの　ぶぶんを　えらんで　□に　かき、たして　できる　かんじを　みぎはしの　□に　かきましょう。

できる　かんじの　よみ

つち　□ ＋ □ ＋ □ ……▶ □

にまい　□ ＋ □ ……▶ □

ひにち　□ ＋ □ ＋ □ ＋ □ ……▶ □

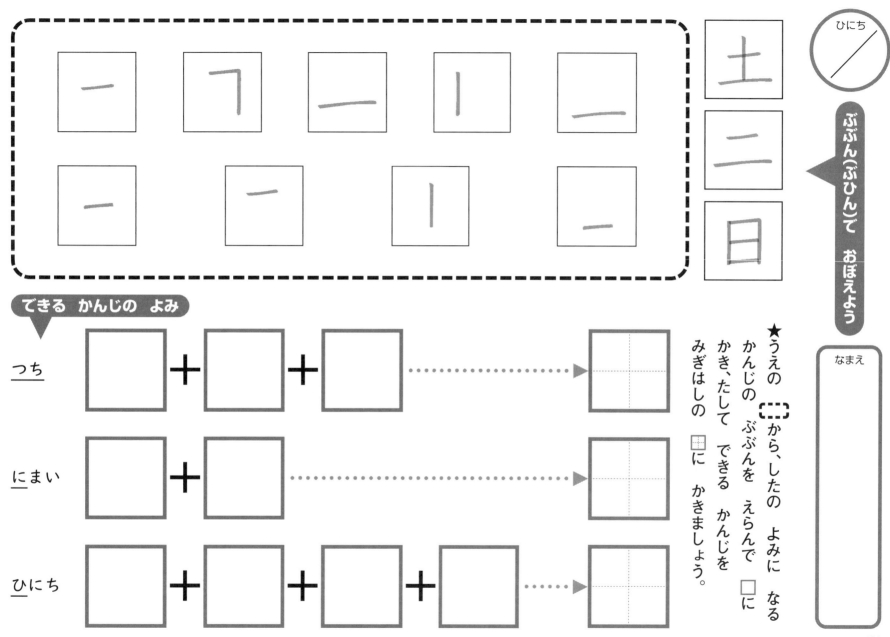

ひにち

ぶぶん(ぶひん)で　おぼえよう

なまえ

入

年

白

★うえの　よみに　なる　かんじの　ぶぶんを　えらんで　□に　かき、たして　できる　かんじを　みぎはしの　□に　かきましょう。

できる　かんじの　よみ

はいる　□＋□ → □

ねん　□＋□＋□＋□ → □

しろい　□＋□ → □

ひにち

ぶぶん(ぶひん)で　おぼえよう

なまえ

★うえの　よみに　なる　かんじの　ぶぶんを　えらんで　□に　かき、たして　できる　かんじを　みぎはしの　□に　かきましょう。

八
百
文

日　丶　㇏　丿　一
一　㇏　丿　丿

できる　かんじの　よみ

はちほん　□ ＋ □ ……▶ □

ひゃくえん　□ ＋ □ ＋ □ ……▶ □

ぶん　□ ＋ □ ＋ □ ＋ □ ……▶ □

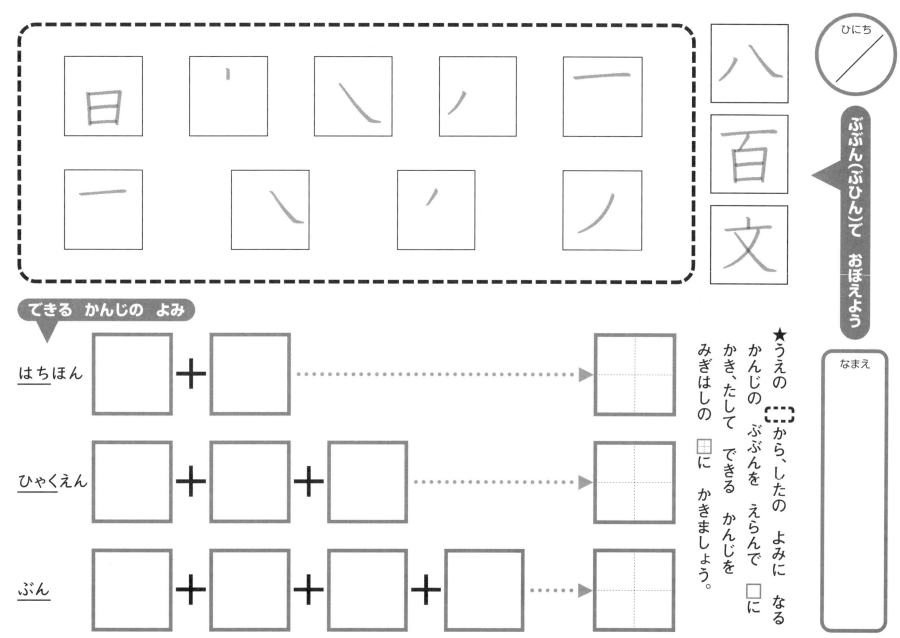

ひにち　／

なまえ

ぶぶん（ぶひん）で　おぼえよう

★うえの ⬚ から、したの　よみに　なる　かんじの　ぶぶんを　えらんで □に　かき、たして　できる　かんじを　みぎはしの ⊞ に　かきましょう。

木

本

名

丶　口　十　ノ　丨

一　一　ノ　夕　㇏

できる　かんじの　よみ

き　□＋□＋□＋□ ……▶ ⊞

ほん　□＋□＋□＋□ ……▶ ⊞

なまえ　□＋□ ……▶ ⊞

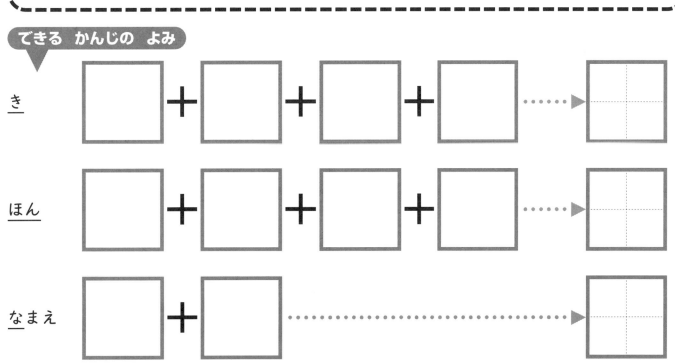

ひにち

なまえ

ぶぶん(ぶひん)で おぼえよう

★うえの ⬚ から、したの よみに なる かんじの ぶぶんを えらんで □に かき、たして できる かんじを みぎはしの □に かきましょう。

目

立

力

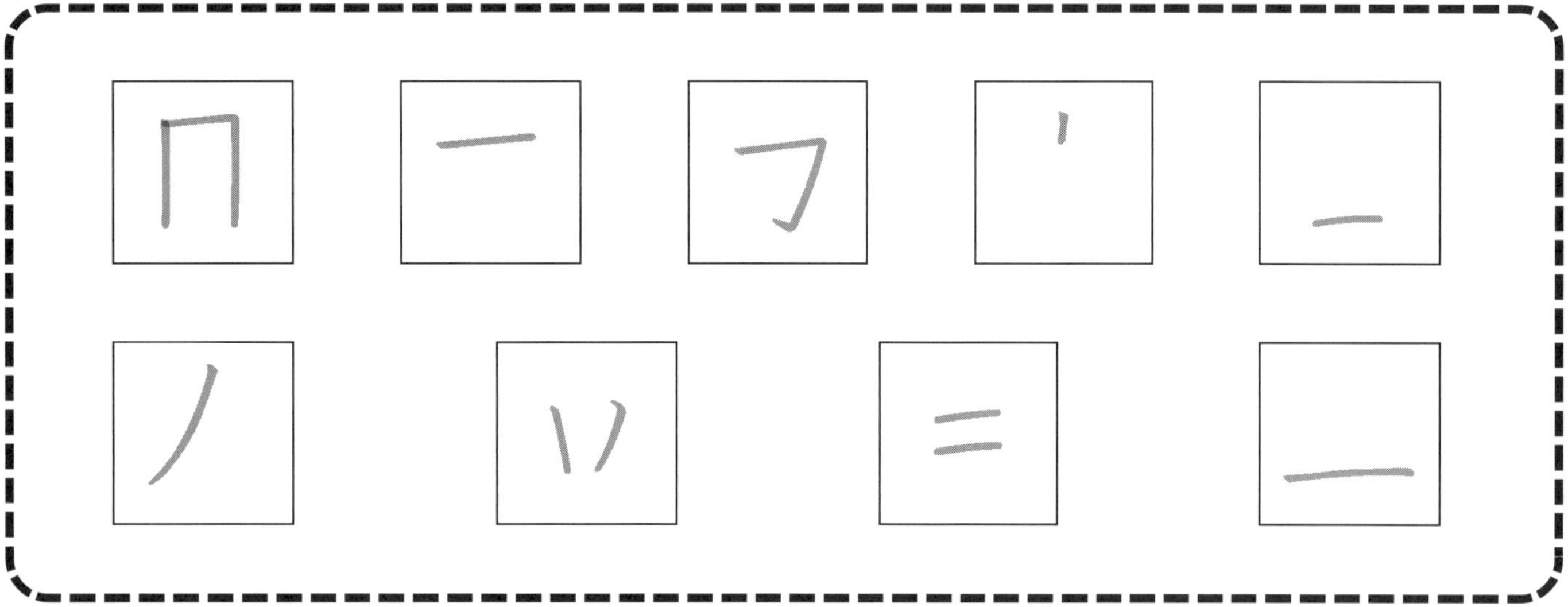

できる かんじの よみ

め　□ ＋ □ ＋ □ ……▶ □

たつ　□ ＋ □ ＋ □ ＋ □ ……▶ □

ちから　□ ＋ □ ……▶ □

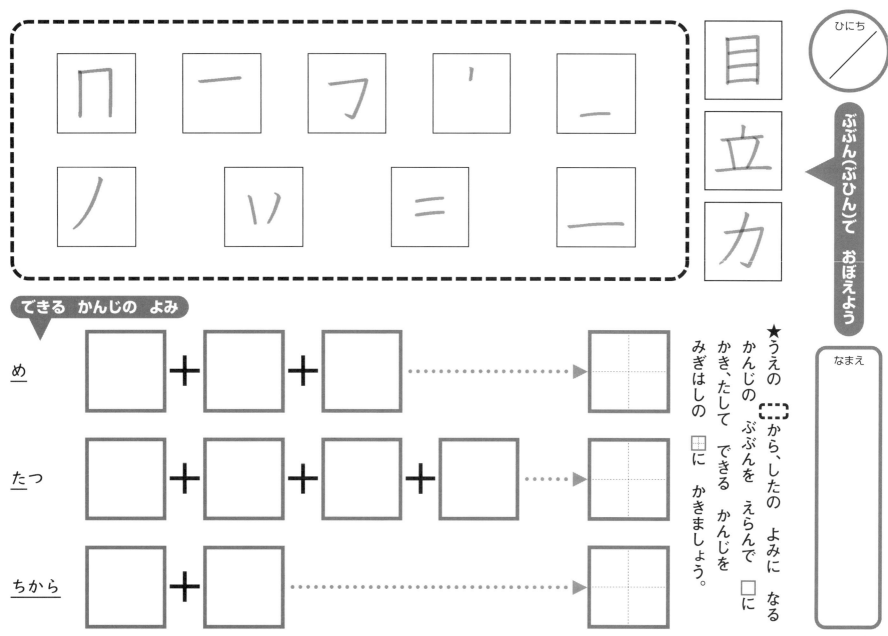

ひにち

ぶぶん(ぶひん)で　おぼえよう

なまえ

林

六

目

★うえの ┌┄┐ から、したの　よみに　なる　かんじの　ぶぶんを　えらんで　□に　かき、たして　できる　かんじを　みぎはしの　⊞に　かきましょう。

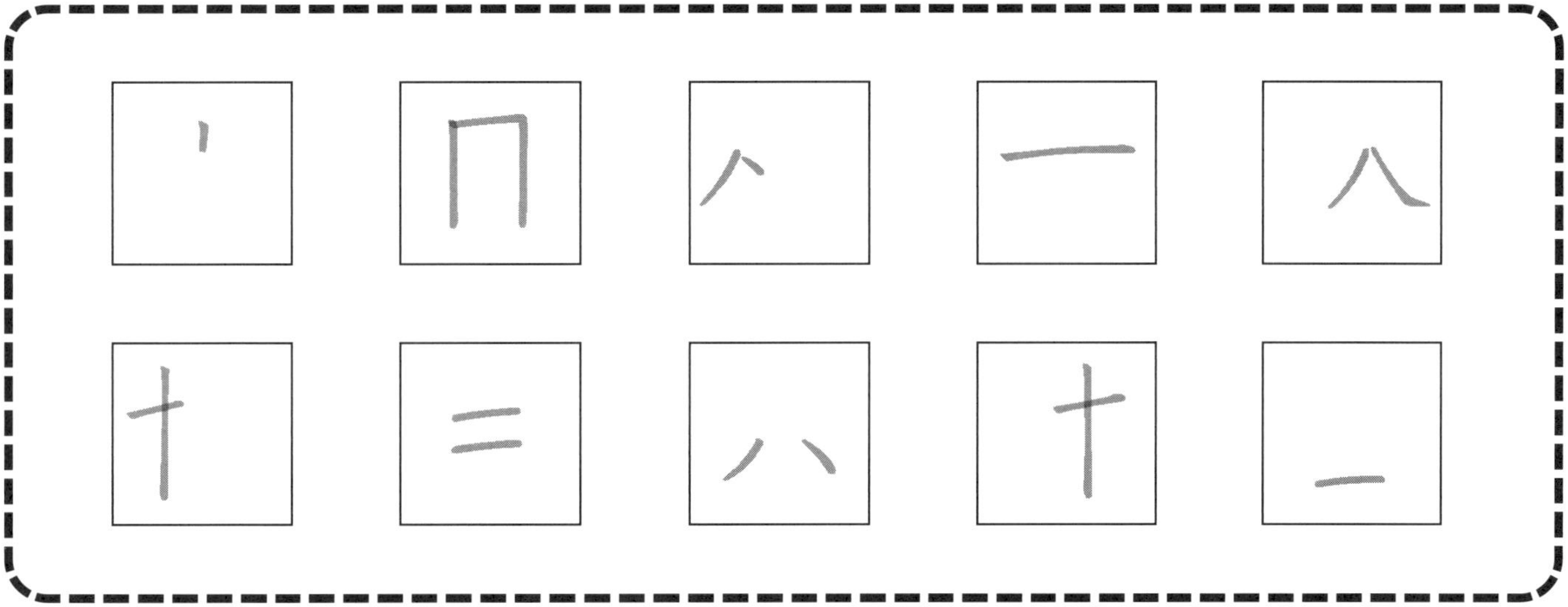

できる　かんじの　よみ

はやし　□＋□＋□＋□ ┈┈▶ ⊞

ろくまい　□＋□＋□ ┈┈▶ ⊞

め　□＋□＋□ ┈┈▶ ⊞

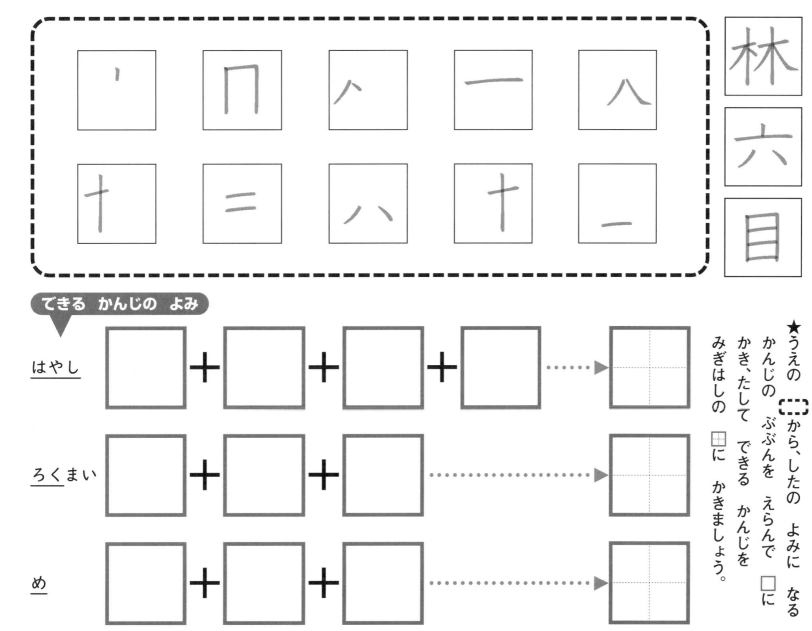

ひにち

なまえ

ぐるぐる　かんじ・文づくり

★かんじが　ゆがんでいます。□に　ただしい　かんじを　かきましょう。

★うえの　かんじを　つかった　ぶんを　かんがえて　かきましょう。

〈れい〉一《いち》ねんせい

〈れい〉右《みぎ》に　まがる。

〈れい〉雨《あめ》が　ふる。

〈れい〉五百円《ごひゃくえん》

〈れい〉王《おう》さま

〈れい〉音《おと》を　出《だ》す。

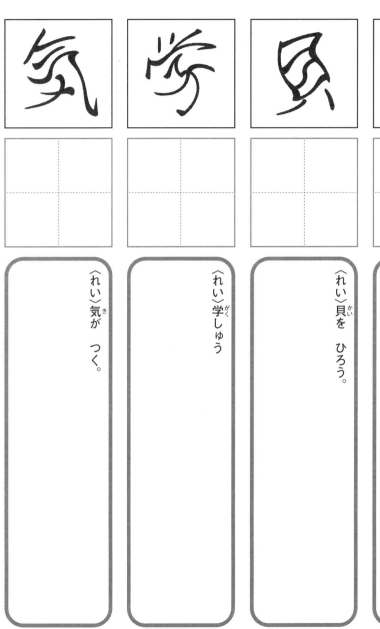

ひにち

なまえ

ぐるぐる　かんじ・文づくり

★かんじが　ゆがんでいます。□に　ただしい　かんじを　かきましょう。

★うえの　かんじを　つかった　ぶんを　かんがえて　かきましょう。

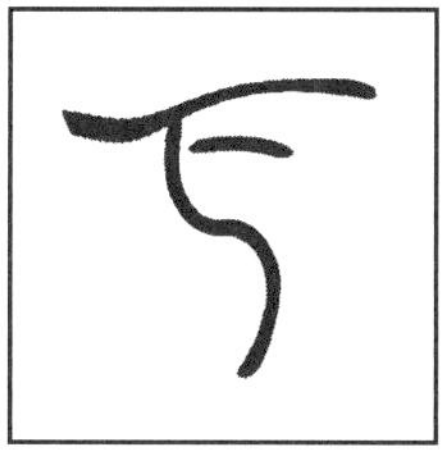

〈れい〉きの　下《した》。

〈れい〉はな火《び》

〈れい〉花《はな》が　さく。

〈れい〉貝《かい》を　ひろう。

〈れい〉学《がく》しゅう

〈れい〉気《き》が　つく。

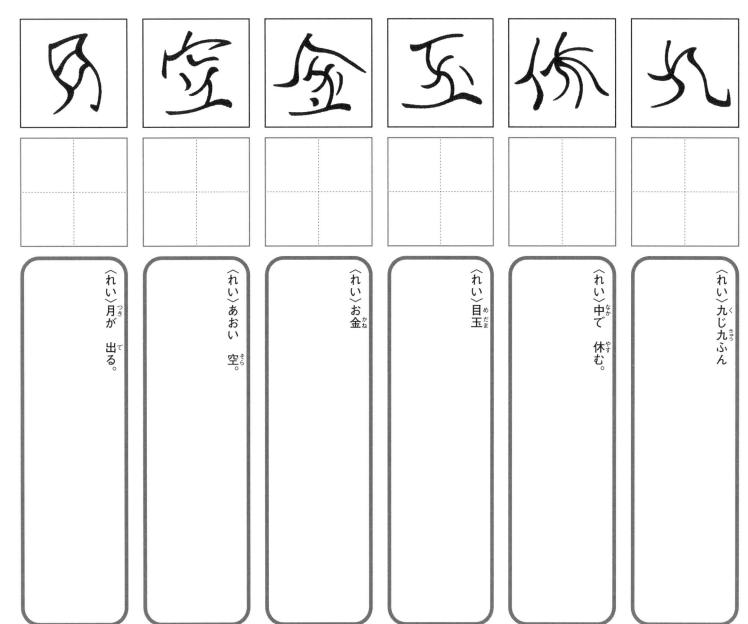

ひにち　／

ぐるぐる　かんじ・文づくり

なまえ

★かんじが　ゆがんでいます。□に　ただしい　かんじを　かきましょう。

★うえの　かんじを　つかった　ぶんを　かんがえて　かきましょう。

〈れい〉九《く》じ九《きゅう》ふん

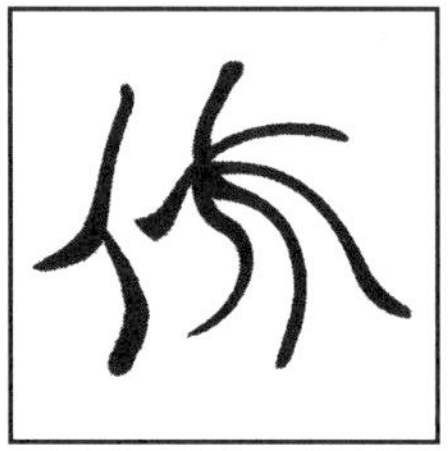

〈れい〉中《なか》で　休《やす》む。

〈れい〉目玉《めだま》

〈れい〉お金《かね》

〈れい〉あおい　空《そら》。

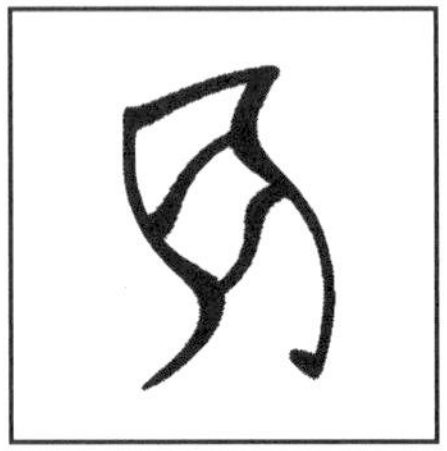

〈れい〉月《つき》が　出《で》る。

ひにち

ぐるぐる かんじ・文づくり

なまえ

★かんじが ゆがんでいます。□に ただしい かんじを かきましょう。

★うえの かんじを つかった ぶんを かんがえて かきましょう。

〈れい〉犬《いぬ》を かう。

〈れい〉よく 見《み》る。

〈れい〉五《ご》ほん

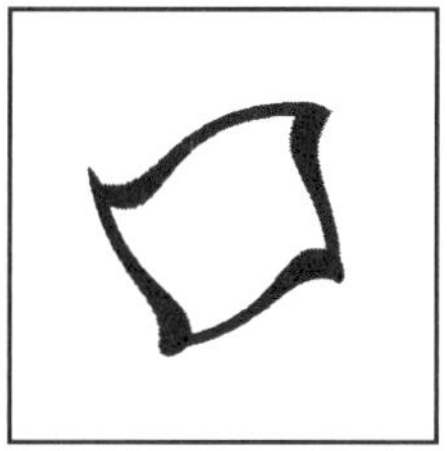

〈れい〉口《くち》を あける。

〈れい〉校《こう》しゃ

〈れい〉左《ひだり》を 見《み》る。

ひにち

ぐるぐる かんじ・文づくり

なまえ

★かんじが ゆがんでいます。□に ただしい かんじを かきましょう。

★うえの かんじを つかった ぶんを かんがえて かきましょう。

〈れい〉三《さん》りんしゃ

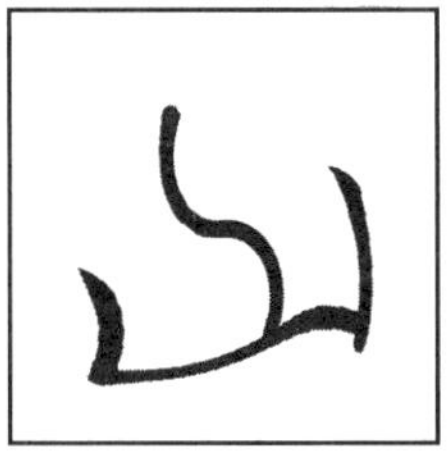

〈れい〉たかい 山《やま》。

〈れい〉子《こ》ども

〈れい〉四《し》かく

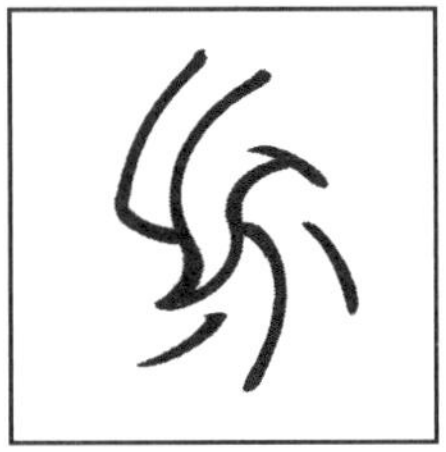

〈れい〉糸車《いとぐるま》

〈れい〉字《じ》を かく。

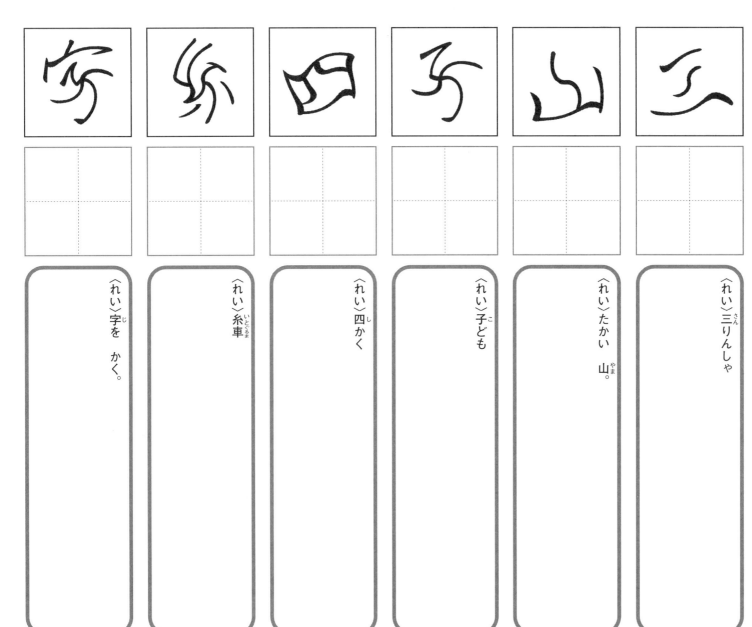

ひにち　／

ぐるぐる　かんじ・文づくり

なまえ

★かんじが　ゆがんでいます。□に　ただしい　かんじを　かきましょう。

★うえの　かんじを　つかった　ぶんを　かんがえて　かきましょう。

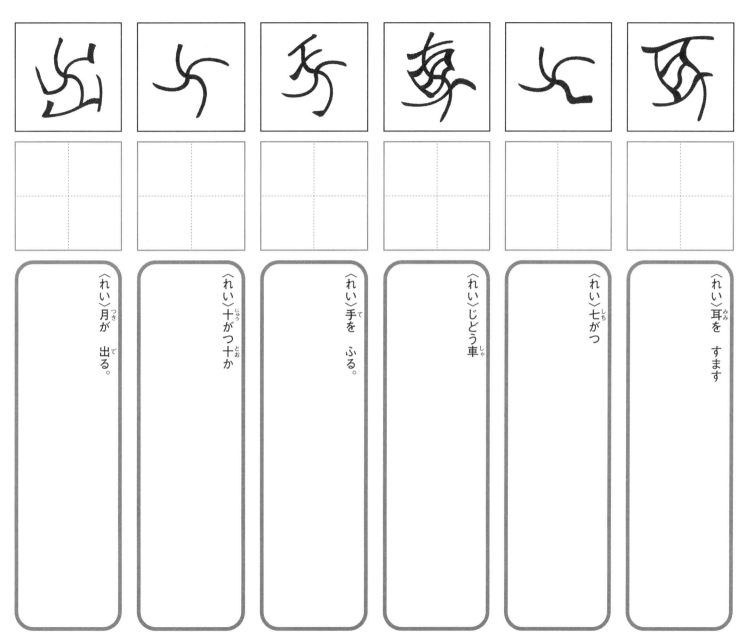

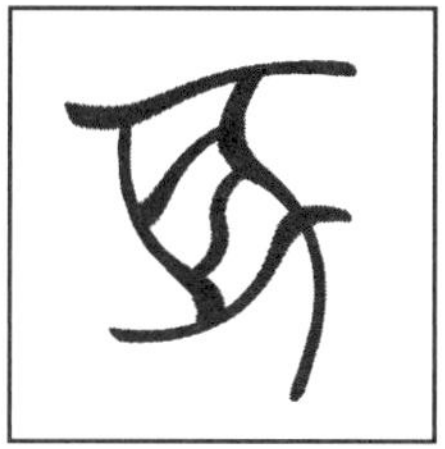

〈れい〉耳《みみ》を　すます

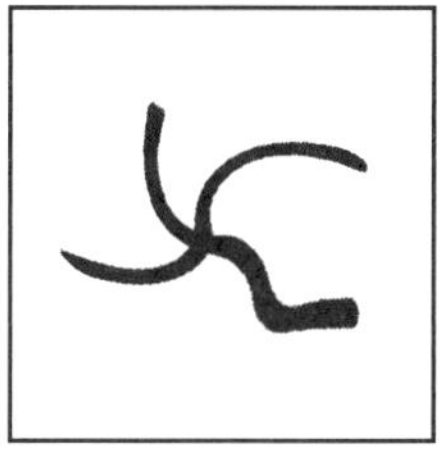

〈れい〉七《しち》がつ

〈れい〉じどう車《しゃ》

〈れい〉手《て》を　ふる。

〈れい〉十《じゅう》がつ十《とお》か

〈れい〉月《つき》が　出《で》る。

ひにち　／

ぐるぐる　かんじ・文づくり

なまえ

★かんじが　ゆがんでいます。□に　ただしい　かんじを　かきましょう。

★うえの　かんじを　つかった　ぶんを　かんがえて　かきましょう。

〈れい〉女《おんな》の子《こ》

〈れい〉小《ちい》さい　子《こ》。

〈れい〉山《やま》の　上《うえ》。

〈れい〉森《もり》へ　いく。

〈れい〉人《ひと》が　くる。

〈れい〉水《みず》あそび

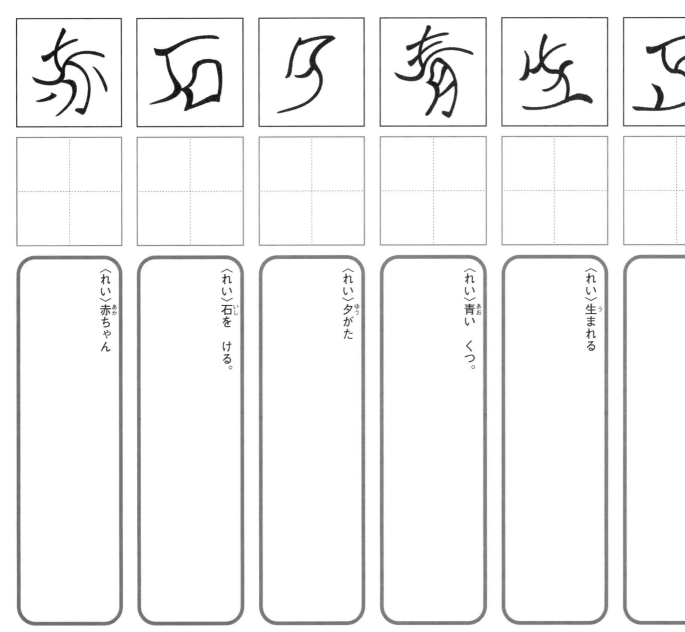

ぐるぐる　かんじ・文づくり

ひにち　／

なまえ

★かんじが　ゆがんでいます。□に　ただしい　かんじを　かきましょう。

★うえの　かんじを　つかった　ぶんを　かんがえて　かきましょう。

〈れい〉正《ただ》しい　字《じ》。

〈れい〉生《う》まれる

〈れい〉青《あお》い　くつ。

〈れい〉夕《ゆう》がた

〈れい〉石《いし》を　ける。

〈れい〉赤《あか》ちゃん

ひにち

ぐるぐる かんじ・文づくり

なまえ

★かんじが ゆがんでいます。□に ただしい かんじを かきましょう。

★うえの かんじを つかった ぶんを かんがえて かきましょう。

〈れい〉千円《せんえん》さつ

〈れい〉川《かわ》ぎし

〈れい〉足《あし》の 先《さき》。

〈れい〉早《はや》く ねる。

〈れい〉草《くさ》を とる。

〈れい〉右足《みぎあし》を 出《だ》す。

ひにち

ぐるぐる　かんじ・文づくり

なまえ

★かんじが　ゆがんでいます。□に　ただしい　かんじを　かきましょう。

★うえの　かんじを　つかった　ぶんを　かんがえて　かきましょう。

〈れい〉村《むら》まつり

〈れい〉大《おお》きな　木《き》。

〈れい〉男《おとこ》の子《こ》

〈れい〉竹《たけ》やぶ

〈れい〉はこの　中《なか》。

〈れい〉虫《むし》の　こえ。

ひにち

ぐるぐる かんじ・文づくり

なまえ

★かんじが ゆがんでいます。□に ただしい かんじを かきましょう。

★うえの かんじを つかった ぶんを かんがえて かきましょう。

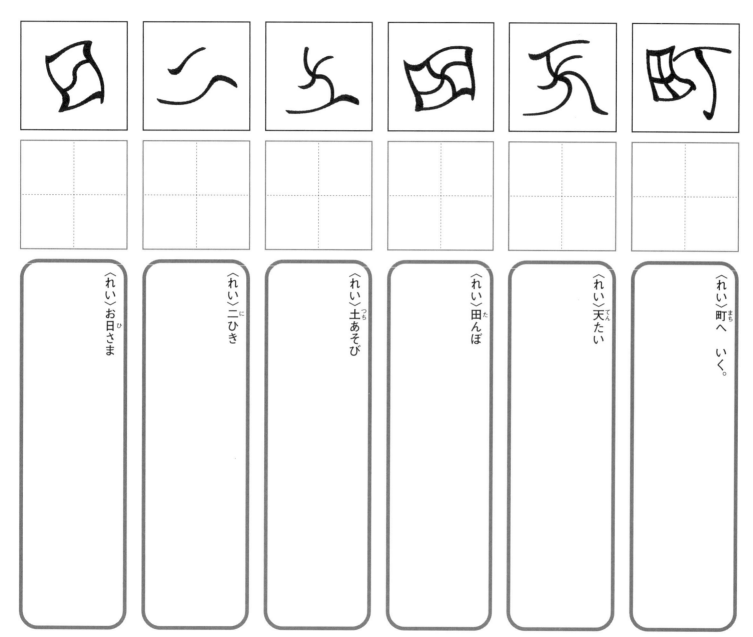

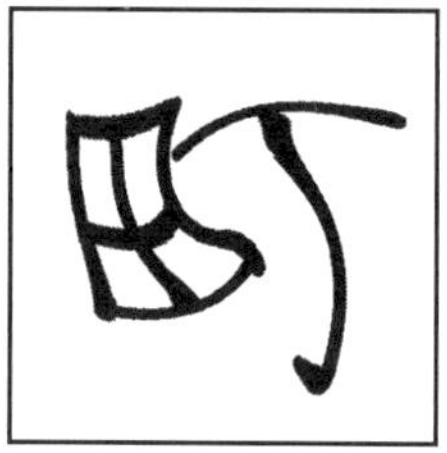

〈れい〉町《まち》へ いく。

〈れい〉天《てん》たい

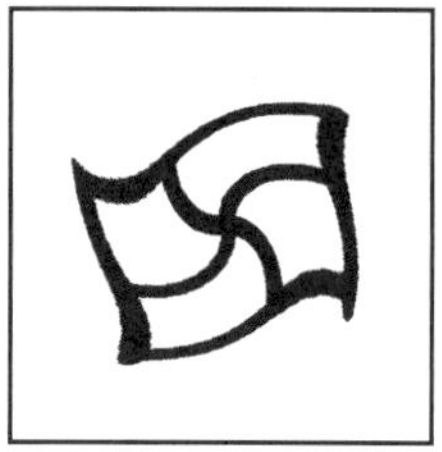

〈れい〉田《た》んぼ

〈れい〉土《つち》あそび

〈れい〉二《に》ひき

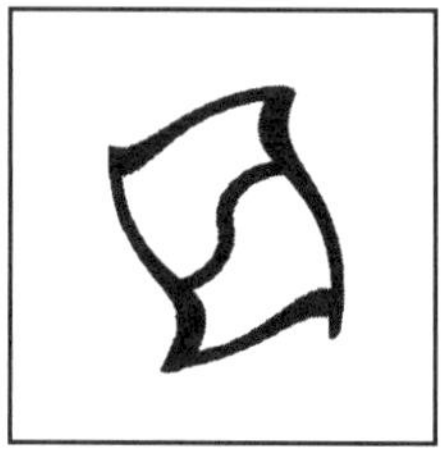

〈れい〉お日《ひ》さま

ひにち

なまえ

ぐるぐる かんじ・文づくり

★かんじが ゆがんでいます。□に ただしい かんじを かきましょう。
★うえの かんじを つかった ぶんを かんがえて かきましょう。

〈れい〉へやに 入《はい》る。

〈れい〉一年一《いちねんいち》くみ

〈れい〉白《しろ》い 糸《いと》。

〈れい〉八《はち》にん

〈れい〉百《ひゃく》てん

〈れい〉文《ぶん》を よむ。

ひにち　／

ぐるぐる　かんじ・文づくり

なまえ

★かんじが　ゆがんでいます。□に　ただしい　かんじを　かきましょう。
★うえの　かんじを　つかった　ぶんを　かんがえて　かきましょう。

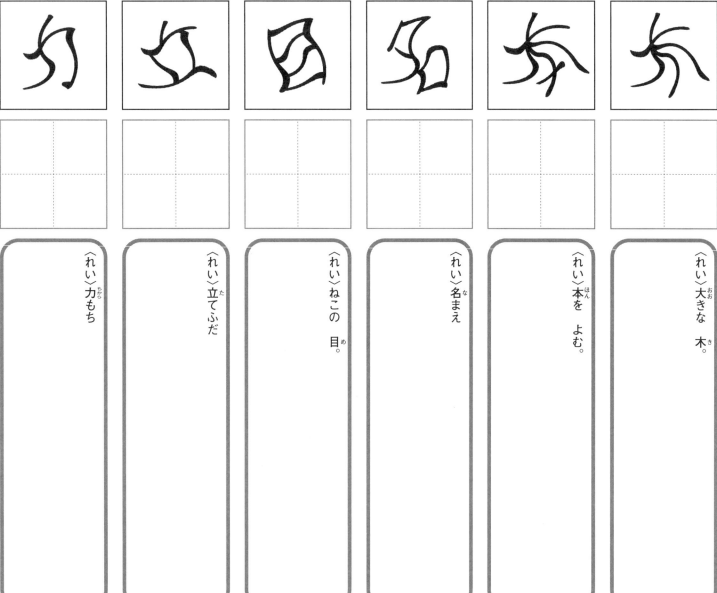

〈れい〉大《おお》きな　木《き》。

〈れい〉本《ほん》を　よむ。

〈れい〉名《な》まえ

〈れい〉ねこの　目《め》。

〈れい〉立《た》てふだ

〈れい〉力《ちから》もち

ひにち

ぐるぐる　かんじ・文づくり

なまえ

★かんじが　ゆがんでいます。□に　ただしい　かんじを　かきましょう。

★うえの　かんじを　つかった　ぶんを　かんがえて　かきましょう。

〈れい〉林《はやし》の　なか。

〈れい〉六《ろく》まい

【監　修】

小池 敏英（こいけ・としひで）

尚絅学院大学教授。東京学芸大学名誉教授。博士（教育学）。

ＮＰＯ法人スマイル・プラネット理事（特別支援担当）。

1976年，東京学芸大学教育学部を卒業。同大学大学院教育学研究科修士課程，東北大学教育学研究科博士課程を修了。

東京学芸大学教育学部講師，助教授をへて2000年より教授に。

専門はＬＤの子の認知評価と学習支援，発達障害の子や重症心身障害の子のコミュニケーション支援。読み書きが苦手な子の相談を受け，支援を実践している。ＬＤ，ディスレクシアに関する研修や講演で講師歴多数。主な書籍に『“遊び活用型”読み書き支援プログラム 学習評価と教材作成ソフトに基づく統合的支援の展開』（図書文化社，共編著）など。

【共　著】
ＮＰＯ法人スマイル・プラネット
すべての子どもたちが，笑顔で自分らしく成長していくためには，学校教育を通して，生涯教育の基礎を身につけていくことが必要です。ＮＰＯ法人スマイル・プラネットは，特別支援が必要な児童が“学びの基礎”を身につけるサポート，また，夢・キャリア教育を通した子どもたちの学習意欲の向上や学習習慣の定着のサポートを中心に事業を展開しています。

▶認知特性別プレ漢字プリント教科書準拠版（光村・東書）
▶プレ漢字プリント標準版（１～３年）
▶読み書きスキル簡易アセスメント
などのダウンロードプリント教材を，Webサイトより無償提供。
https://www.smileplanet.net/

読み書きが苦手な子どもに漢字を楽しむ１冊を！

プレ漢字ワーク１年

2021年6月1日　第1版第1刷発行
監　修　小池敏英
共　著　ＮＰＯ法人スマイル・プラネット
発行者　長谷川知彦
発行所　株式会社　光文書院
〒102-0076　東京都千代田区五番町14
電話　03-3262-3271（代）
https://www.kobun.co.jp/
表紙デザイン　株式会社エイブルデザイン

2021 Printed in Japan ISBN978-4-7706-1126-0
＊落丁・乱丁本は，送料小社負担にて，お取り替えいたします。